Zu diesem Buch

Sie planen einen Casino-Coup – ohne krumme Tricks, versteht sich. Was sollten Sie beachten? Nichts, weil ohnehin alles nur Zufall ist? – Weit gefehlt! Es *gibt* beim Roulette Erkenntnisse über Abweichungen vom reinen Zufall, und einige von ihnen konnten zu wissenschaftlich fundierten Methoden mit positiver Gewinnerwartung ausgebaut werden.

Aber das gilt nicht nur für den Spieltisch, sondern auch für die Welt und das tägliche Leben – jeder Auswahlvorgang ist auch ein Roulette-problem: die Evolution, die Berufs- oder Partnerwahl, Entscheidungen jeder Art. Dabei kommt es auf die Qualität der Informations-gewinnung genauso an wie auf die richtigen Strategien, mit den oft vagen, ungewissen Informationen umzugehen.

Der Zufall läßt sich zähmen. Dazu ist neben dem Denken in Wahrscheinlichkeiten das Denken in Erwartungen notwendig, das die Probabilistik umfaßt und ergänzt.

Der Autor
Naturwissenschaftlich-mathematisches Studium mit einer Dissertation über Unternehmensforschung beziehungs-weise Spieltheorie. In den achtziger Jahren bei multinationalen Konzernen in leitenden Positionen für Planung, Steuerung und Logistik verantwortlich. Seit 1990 selbständiger Unternehmens-berater. Weitere Buchveröffent-lichungen: *Roulette: Die Zähmung des Zufalls* (3. Auflage, München 1993) und *Roulette im Zoom: Anatomie des Kugellaufs* (München 1989).

Pierre Basieux

Die Welt als Roulette

Denken in Erwartungen

Rowohlt

rororo science
Lektorat Jens Petersen

Originalausgabe
Veröffentlicht im Rowohlt Taschenbuch Verlag GmbH,
Reinbek bei Hamburg, November 1995
Copyright © 1995 by Rowohlt Taschenbuch Verlag GmbH,
Reinbek bei Hamburg
Umschlaggestaltung Barbara Hanke (Foto: Fred Dott)
Graphiken Pierre Basieux
Der Abschnitt «Markteffizienz, Nutzenfunktion und Innovation»
entstammt dem gleichnamigen Artikel (1991, privat im Umlauf)
von Stefan Mehlisch und Pierre Basieux
(mit freundlicher Genehmigung von Stefan Mehlisch)
Satz Sabon (Linotronic 500)
Gesamtherstellung Clausen & Bosse, Leck
Printed in Germany
1690-ISBN 3 499 19707 3

Den Opfern des agonalen Prinzips gewidmet

Hope for the best and expect the worst

Englisches Sprichwort

Inhalt

Einführung in die Roulettewelt   11
Ein denkwürdiger Casinobesuch   11
Die Zufallsmaschine und die Spielregeln   16
Einfache Wahrscheinlichkeiten und Erwartungen   22

Das agonale Prinzip und die Zufallsgesetze: Startpunkt   27
Spiel: Begriff, Typen, Theorie   27
Subjektive Motivationen und das agonale Prinzip   29
Gesetze, *gambler's fallacy* und das «3-sigma-Kriterium»   33
Ecarts, Spannungen, Signale… und der Ausgleich?   49

Alle Register werden gezogen: vergebliche Mühen   52
Die kommerziellen Spielsysteme   52
Märsche, Masse-égale-Spiele, Einsatzvariationen   53
Martingale-, Paroli- und Stellentilgungsspiele   56
Schwimmen, Segeln, Fliegen und Geheimcodes   61
Empirische Gewinnsystemsuche – ohne und mit Computer   64
Restanten- und Favoritenspiele – Kardinalfehler   65
Optimieren – aber auf welches Ziel hin?   67

Gewinnsaldo bei begrenzten Spielfolgen:
erster agonaler Angriff   69
Bold play, eine einfache optimale Strategie   69
Gewinnsaldo im klassischen Roulette?   71
Längste «erlaubte» Spielstrecken für die Martingale   73

Nichtklassisches Roulette: Übersicht und Vorgeschichte   76
Relevante Informationen über Abweichungen vom Zufall   76
Die Zähmung des Zufalls in der chaotischen Ballistik   79
Der Homu ludens rationalis in der Roulettegeschichte   82

Fehlerhaftes Menschenwerk: zweiter agonaler Angriff 90
Erste relevante Informationsgewinnung 90
Die richtige Kesselidentifikation 94
Wie ich auf die Nase fiel 96
Sinnvolle Erfassung der Permanenzen 98
Richtige Datenaufbereitung ist die halbe Miete 100
Bemerkungen zu den statistischen Tests 104

Die Handschrift des Croupiers: dritter agonaler Angriff 111
Zweite relevante Informationsgewinnung 111
Die Faktoren der Handhabung 112
Warum herkömmliche Permanenzen nichts verraten 118
Ein einfaches Beobachtungsspiel 120
Fehlerauswirkungen und Grenzbedingungen 131
Alles fließt! 133

Zielwürfe und Hebelwirkungen 136
Ist der aktive Zielwurf möglich? 136
Die Wurfmaschine und der Croupier 137
Die Hebelwirkung eines kleinen Vorteils 140

**Die Kesselgucker kommen, gucken und...:
vierter agonaler Angriff** 143
Erste Gedanken zum Problem 143
«Adlerauge» trifft daneben und überzeugt 146
Die schöne C. macht eine Viertelmillion 147
Der «Professor» guckt auch mit den Ohren 149
Eine Frage der Selbstdisziplin 152

Vorteilhaftes Spiel: Psychologie und Strategie 155
Die Psyche leidet unter Schwankungen 155
Das Ruinproblem und der Kapitalbedarf 158
Das Kelly-System: Einsätze proportional zur Erwartung 164
Fredricksons Schätzungen für die Vorteilsbestimmung 167
Lernen, aufspüren, spielen und «spielen» 173
Setztechniken und Tarnung 177
Gewinne im physikalischen Roulette bergen hohe Risiken 180

Ballistikelemente für Computerprogramme:
fünfter agonaler Angriff 183
Die Anatomie des Kugellaufs und das Sprungverhalten 183
Die drei wichtigsten Variablen eines Coups 188
Die paradoxe Rolle der Rauten 189
Effekte und Kompensationseffekte 190
Die universelle, statistische Ballistiklösung 199

Ist der agonale Kampf noch zu gewinnen? 205
Hindernisse für den Spieler 205
Letzter Ausweg für das agonale Spiel 206
Der allerletzte Ausweg für das Casino 208

Die Welt als Roulette 211
Selbstorganisation, Evolutionsroulette, Humansysteme 211
Suboptima sind unser Schicksal: Klempnerroulette 213
Hochrisiko-Roulette und Angst 215
Partnerwahl: ein besonders pikantes Roulette 220

Informationsverarbeitung und Prognose 225
Wettervorhersage und Rouletteballistik 225
Die Simulation im Fadenkreuz der Methoden 227
Wahrscheinlichkeit, Glaubwürdigkeit und Plausibilität 228
Wo Psychologie Logik schlägt 235
Markteffizienz, Nutzenfunktion und Innovation 243

Risiko, Ratio und Nutzen 249
Risikosituationen und das Rationalitätsproblem 249
Die Nutzenfunktion als Bewertung von Risikosituationen 253
Das Prinzip der maximalen Nutzenerwartung 255

Arrow, Gödel & Co.: Was können wir wissen? 257
Der Unmöglichkeitssatz von Kenneth Arrow 257
Der Unvollständigkeitssatz von Kurt Gödel 260
Die Jagd nach Wahrheiten 262
Das Wissen über unser Wissen 264

Literatur 267

Register 272

Einführung in die Roulettewelt

Ein denkwürdiger Casinobesuch

Herr B. besucht das nahe gelegene Casino nicht zum erstenmal. Die Atmosphäre im Spielsaal, besonders um die Roulettetische herum, fasziniert ihn, und er genießt es, die Spieler zu beobachten, wie sie, in einer eigenen Realität abseits der täglichen Mühsal, gebannt auf die kleine ratternde Elfenbeinkugel starren. Er kann die Träume erahnen, die immer wieder in den Köpfen Gestalt annehmen, bevor eine kurze Entspannung nach dem Kugelfall spürbar wird.

Diesmal treiben Herrn B. jedoch konkrete Fragen ins Casino. Des öfteren schon hat er gehört, daß Gewinne im Roulette möglich seien. Nicht nur Zufallsgewinne, sondern auch systematische Gewinne, die sich mit Hilfe irgendeiner speziellen Taktik oder Strategie erzielen ließen. Namen wie Benno Winkel und Dr. Jarecki sowie Spekulationen über die sogenannten Kesselgucker schwirren ihm durch den Kopf.

Herr B. will im Casino Antworten auf Fragen der folgenden Art finden: Gibt es fundierte Gewinnsysteme? Wenn ja, auf welchen empirischen Grundlagen – natürlich *physikalischer* Natur – könnten sie fußen? Oder könnte auch ein *mathematisches* Spielsystem zu einem positiven Gewinnsaldo führen – zumindest für eine begrenzte Spielstrecke? Können heute noch Fehler und Verschleißerscheinungen des einen oder anderen Kessels ausgenutzt werden, oder ist das Kesselfehlerspiel im Zeitalter der technischen Perfektion *passé*? Andererseits: Werfen nicht manche Croupiers die Kugel so sanft und gleichmäßig, bei weitgehend gleichen Scheibendrehungen, daß sehr oft ähnlich große Wurfweiten entstehen müßten – nach dem einfachen Prinzip «Gleiche Anfangsbedingungen führen zu gleichen Resultaten»? Natürlich gibt es die Rhomben, rautenförmige Verzierungen im Kessel, die die Kugel zu unberechenbaren Sprüngen zwingen. Sind diese Sprünge aber wirklich so unberechenbar über die ganze Scheibe, oder lassen sich engere Zielsektoren ausmachen, in denen die Kugel mit größerer Wahrscheinlichkeit landet?

Herr B. hat eine intuitive und pragmatische Vorstellung von Wahrscheinlichkeitsrechnung: Für ihn ist sie einfach ein System, das uns beim Raten hilft. Im täglichen Leben können wir also durchaus vorliebnehmen mit der einfachsten Definition der Wahrscheinlichkeit eines Ereignisses A, p(A) – das Maß, das wir dem Eintreten dieses Ereignisses beimessen, also ein *Maß des Vertrauens* –, die wie folgt lautet[*]:

$$p(A) = \frac{N_A}{N}$$

Ertasten wir uns ein Verhältnis (günstiger zu möglicher Fälle) durch Probieren, dann nennen wir es *relative Häufigkeit*. Bei einer großen Anzahl von Versuchen werden wir feststellen, daß die relative Häufigkeit immer näher an die *wahre* Wahrscheinlichkeit herankommt, daß sie für diese eine immer genauere Schätzung darstellt. Dieser praktische Sachverhalt, genannt *Gesetz der großen Zahlen*, erlaubt es uns, von relativen Häufigkeiten auf noch unbekannte Wahrscheinlichkeiten zu schließen.

Nicht immer allerdings genügt es, seine Gewinnwahrscheinlichkeit zu maximieren, was Herr B. natürlich weiß. Denn im Roulette, wie bei den meisten anderen Geldspielen, ist ein Einsatz zu leisten. So auch bei den meisten «Spielen» oder Entscheidungen im Leben und in der Wirtschaft: Einsätze der eigenen Person beziehungsweise Arbeitskraft oder in Form eines Risikokapitals, einer Investition usw.

Hier geht es also nicht nur mehr um eine Alternativauswahl, die uns die größte Gewinnwahrscheinlichkeit beschert, sondern um den maximal *zu erwartenden Wert unter Berücksichtigung unseres Einsatzes*.

---

[*] Dabei steht p für «Wahrscheinlichkeit» (*probability*). N_A stellt die Anzahl der bezüglich der Ereignisqualität A günstigen Fälle dar (zum Beispiel «rote Nummer» im Roulettes, dann ist $N_A = 18$). N ist die Anzahl aller möglichen Fälle, unter denen Ergebnisse mit dem Ereignismerkmal A ausgewählt wurden (im Beispielsfall des Roulettes ist N = 37). p(A) ist also das Verhältnis der Anzahl der bezüglich A günstigen Fälle zur Anzahl aller möglichen Fälle, unter denen diejenigen mit dem Merkmal A ausgewählt wurden. Zum Beispiel gilt: p(«rote Nummer im Roulette») $\frac{18}{37}$.

Da die Zukunft und der zu erwartende Wert des (heutigen) Einsatzes prinzipiell ungewiß ist, brauchen wir eine Beziehung zwischen der Höhe dieses zukünftigen Werts und seiner Unsicherheit. Diese Beziehung drückt den *Erwartungswert eines ungewissen Ereignisses* aus und lautet:

E = erhoffter Wert × Wahrscheinlichkeit des Ereignisses

Herr B. setzt sich an einen der Seitentische, zückt Zettel und Schreibzeug und versucht auf einfachste Art, den Erwartungswert für die Nummer «13» auszurechnen. Der Erwartungswert dieses Ereignisses beträgt:

$$E(«13») = 35 \text{ Stücke} \times \frac{1}{37} = \frac{35}{37} \text{ oder } 0,9459... \approx 0,946 \text{ Stück}$$

Der *erhoffte* Wert eines Einsatzstücks beträgt (im Gewinnfall) eine Auszahlung von 35 Stücken laut offizieller Gewinntabelle. Im Gewinnfall erhält der Spieler auch noch sein Einsatzstück zurück − aber nur theoretisch: In der Praxis muß er ein Stück wohl oder übel dem Personal schenken. Das Einsatzstück ist also von vornherein bereits um 5,4 Prozent entwertet, wenn es in der Hoffnung auf das Eintreten der «13» (oder eines beliebigen anderen *Elementarereignisses*, genannt Zahl, Nummer oder auch *Plein*) eingesetzt wird.

Damit in der Erwartungsbeziehung auch der Einsatz (ein Stück) aufscheint, ergänzt Herr B. die Gleichung wie folgt:

$$E(«13») = [(35 - 1_{\text{Tronc}}) \times p(«13»)] + [(-1_{\text{Einsatz}}) \times p(«\text{nicht } 13»)]$$

Mit 1_{Tronc} wird im Gewinnfall das Stück für die Angestellten (Tronc) abgezogen.

Setzen wir $p(«13») = \frac{1}{37}$ und $p(«\text{nicht } 13») = \frac{36}{37}$, dann ergibt dies:

$$E(«13») = 34 \times \frac{1}{37} - 1 \times \frac{36}{37} = \frac{-2}{37} \text{ oder} -5,4\%$$

Herr B. erhält natürlich dasselbe Resultat, wenn er eine Auszahlung von 35 Stücken nimmt und bedenkt, daß das Einsatzstück sowohl im Verlust- als auch im Gewinnfall (Tronc) verloren ist:

$$E(«13») = 35 \times \frac{1}{37} - 1 \times \frac{37}{37} = \frac{-2}{37} \text{ oder} -5,4\%$$

Ganz egal also, welche (logisch richtigen) Gedanken eines Sachverhalts rechnerisch umgesetzt werden – es kommt dasselbe Ergebnis heraus.

Bewirkt nun eine Erhöhung der Gewinnwahrscheinlichkeit im Roulette ebenfalls eine Verbesserung des Erwartungswertes? Herr B. verdoppelt seine Gewinnwahrscheinlichkeit, indem er mit einem Einsatzstück auf zwei Nummern (*Cheval*) setzt, zum Beispiel auf «13/14». Die Gewinnwahrscheinlichkeit beträgt nun $\frac{2}{37}$, aber im Gewinnfall gelangen nur siebzehn Stücke zur Auszahlung...

Statt ein Stück auf ein *Cheval* zu setzen, könnte auch je ein Stück auf zwei volle Nummern (*Pleins*) gesetzt werden, mit der gleichen Gewinnwahrscheinlichkeit von $\frac{2}{37}$. Wie sieht hier die Gewinn-und-Verlust-Rechnung aus?

Herr B. erweitert dieses Verfahren und peilt immer höhere Gewinnwahrscheinlichkeiten an. Bei einer sogenannten einfachen Chance (zum Beispiel «Rot») beträgt die Gewinnwahrscheinlichkeit $\frac{18}{37}$, bei zwei Dutzend sogar $\frac{24}{37}$. Herr B. könnte durch Einsätze auf allen möglichen Nummern seine Gewinnwahrscheinlichkeit sogar auf einen maximalen Wert von $\frac{37}{37}$ oder 100 Prozent hinaufschrauben, er würde auch hundertprozentig gewinnen, und niemand würde ihn daran hindern! Aber trotz hundertprozentiger Gewinnwahrscheinlichkeit würde sein Erwartungswert negativ bleiben. Höhere Gewinnwahrscheinlichkeiten führen eben nicht immer zu einer besseren Qualität der Auswahlentscheidung oder Strategie; hier sind also höhere Gewinnwahrscheinlichkeiten nicht ausreichend für bessere Erwartungswerte.

Das *Denken in Wahrscheinlichkeiten* hilft uns in vielen Situationen, aber es ist nicht immer hinreichend für erfolgreiches Entscheiden und Verhalten. Dafür bietet sich das *Denken in Erwartungen* an – eine Erweiterung des Denkens in Wahrscheinlichkeiten.

Ist vielleicht das statistische Aufsuchen von Favoriten ein Ausweg? Dieser Gedanke ist Herrn B. schon oft in den Sinn gekommen. Aber er hält nicht viel davon, wohl wissend, daß es Lügen, verdammte Lügen und Statistiken gibt. Mit Statistik läßt sich alles beweisen. Und dennoch beweisen auch die wissenschaftlich ehrlichsten und strengsten statistischen Tests nichts wirklich.

Herr B. ist äußerst skeptisch hinsichtlich der Aussagefähigkeit von Formeln und Zahlen allein. Schließlich haben Formeln nicht mehr Wahrheitsgehalt als die Gedanken, die sie symbolisieren. Andererseits weiß Herr B., daß im Leben oft nur erkenntnisfördernde Faust- oder Daumenregeln genügen, auch *Heuristiken* genannt, die ganz pragmatisch größere Wahrscheinlichkeiten widerspiegeln und zumindest in den betrachteten Bereichen empirisch wahr und nützlich sind. Heuristiken bewähren sich offenbar, weil unsere Welt zahlreiche Spielräume und Puffer aufweist, die keine exakten Lösungen erfordern, sondern auch Näherungen zulassen. «Drum prüfe, wer sich ewig bindet...» ist eine solche – sehr dehnbare – Faustregel.

Die wichtigste Daumenregel, die Herr B. im Laufe seines Lebens immer wieder angewandt hat, ist eine abgeschwächte Form des Determinismus: *Wenn sich zwei Zustände, die einander völlig gleichen, in verschiedene Richtungen entwickeln, schau noch einmal gründlicher hin – eventuell unterscheiden sie sich doch!*

Wie verhält sich das nun mit der Roulettekugel? Können wir ihren Fall nur deshalb nicht exakt bestimmen, weil wir nicht in der Lage sind, alle Vorgänge zu berechnen, die auf sie einwirken? Da es sich bei fortgesetzten Roulettecoups um Wiederholungen physikalischer Vorgänge handelt, könnte doch der Versuch erfolgversprechend sein, die abgeschwächte Form des Determinismus als Leitlinie anzuwenden. Also gut, sagt sich Herr B., schauen wir ab jetzt gründlicher hin. Schließlich sind sogar metaphysische Probleme einer rationalen Behandlung zugänglich. Um so leichter müßte es doch fallen, konkrete, nachvollziehbare Gegebenheiten und Spielsituationen rational zu behandeln. Ganz klar: Herr B. will in die Rolle eines Homo ludens rationalis schlüpfen und als Grenzgänger auf eine kreative Entdeckungsreise gehen.

Während er die umlaufende Elfenbeinkugel und die entgegengesetzt rotierende Roulettescheibe nachdenklich beobachtet, sagt sein Nachbar kaum hörbar und monoton vor sich hin: «Jetzt kommt der Sektor um die Siebzehn...»

«Rien ne va plus!» proklamiert der Wurfcroupier ein paar Sekunden später.

Alles rotiert weiter, die Kugel rattert in kurzen Intervallen, stößt an eine Raute und stürzt dann zu den tieferen Lagen hinunter, wo sie noch herumspringt, bevor sie in einem Nummernfach liegenbleibt.

«Dix-sept, noir, impair et manque!» ruft der Croupier und zeigt mit seinem Rateau auf die Siebzehn.

«Sie haben gewonnen», sagt Herr B. zu seinem Nachbarn.

«Nein, noch nicht», erwidert dieser lächelnd, «ich schieße mich gerade erst ein. Es ist immer etwas schwierig, den richtigen Abbremsfaktor von einem solchen Rattermann zu erwischen.»

Herr B. schaut seinen Nachbarn verwirrt an, denn er versteht dessen Erklärung nicht. Noch nicht…

Die Zufallsmaschine und die Spielregeln

Herzstück des Spiels ist ein Zufallsgenerator in Form eines Kessels, der Roulettemaschine (Abb. 1). Diese besteht im wesentlichen aus einer Drehscheibe, die um eine vertikale Achse rotiert und an deren Rand 37 gleichgroße Fächer, getrennt durch Stege, angebracht sind. Diese Fächer sind zur Aufnahme einer kleinen weißen Kugel bestimmt. Konzentrisch zum Fächerkranz und fest verbunden mit ihm ist ein Nummernkranz mit den Zahlen 0 (Zéro), 1, 2, 3,…, 35 und 36 in einer bestimmten Reihenfolge angebracht. Die Drehscheibe wird durch ein an der Achse angebrachtes Drehkreuz in Rotation versetzt. Die Kugel wirft der Croupier entgegengesetzt zur Drehrichtung der Scheibe in den überhöhten Rand des Holzbeckens ein, das die Scheibe umgibt. In dem Holzbecken sind zudem metallene, rautenförmige Verzierungen befestigt, die dem Lauf der Kugel zur Drehscheibe hinunter Hindernisse entgegensetzen und sie zu einem schnelleren und vor allem regellosen Absturz zwingen. Da der Fächerkranz der Scheibe am tiefsten gelagert ist, kommt die Kugel in genau einem der 37 Fächer schließlich zur Ruhe.

Der Spieler kann bis zur Absage durch den Croupier («Rien ne va plus!») Spielmarken (Jetons, Chips) auf Nummern oder zulässige Nummernkombinationen des Tableau gegen die Bank setzen oder setzen lassen (Abb. 2a). Die Kugel entscheidet über Gewinn oder Verlust. Nach dem Gewinnplan (Abb. 2b) kann ein Gewinn vom Einfachen bis zum Fünfunddreißigfachen des Einsatzes erzielt werden. So ein Kugelwurf («Coup») ist also ein Zufallsexperiment, und die Zahl (Nummer), in deren Fach die Kugel schließlich zu liegen kommt, ist die Gewinnzahl des Coups.

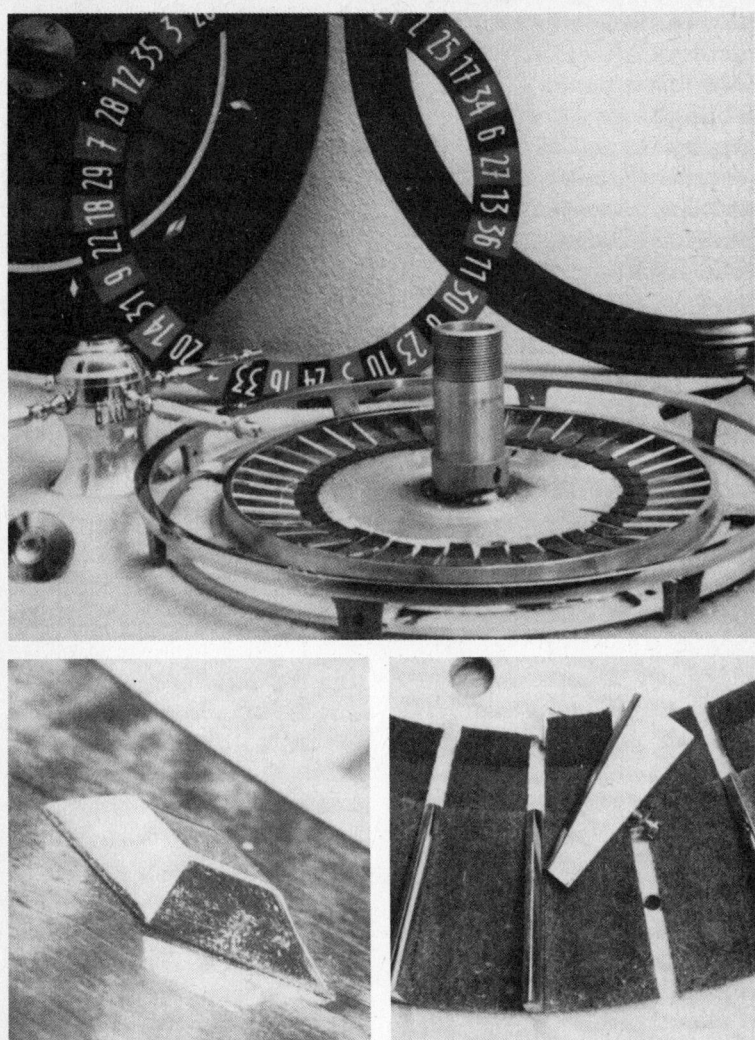

Abb. 1: Oben: Die Bestandteile des zerlegten Roulettekessels. Unten (links): eine Raute, auch «Obstacle» genannt; rechts: eine abgeschraubte Trennwand (Steg) zwischen zwei Nummernfächern (aus: Pierre Basieux, *Roulette im Zoom)*

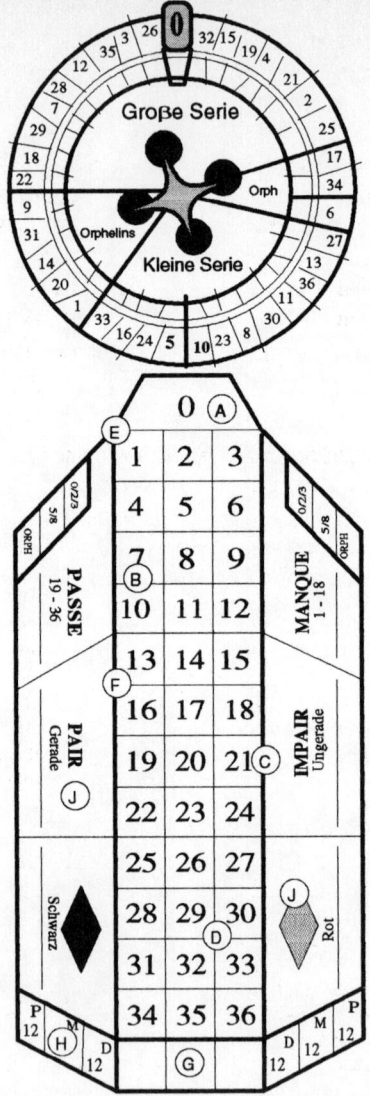

Abb. 2 a: Anordnung der Nummern im Roulettekessel und Tableau

Gewinnplan

A: Plein	35facher Einsatz
B: Cheval	17facher Einsatz
C: Transversale pleine	11facher Einsatz
D: Carré	8facher Einsatz
E: Die ersten vier Nummern	8facher Einsatz
F: Transversale simple	5facher Einsatz
G: Kolonne	2facher Einsatz
H: Dutzend	2facher Einsatz
J: Einfache Chance	1facher Einsatz

Minima und (je nach Casino variable) Maxima

	Verschiedene Tische	
Mindesteinsatz alle Chancen	DM 5	DM 10
Höchsteinsätze wie folgt:	DM	DM
A: Plein	170 - 200	300 - 400
B: Cheval	350 - 400	600 - 800
C: Transversale pleine	550 - 600	1000 - 1200
D: Carré	750 - 800	1200 - 1600
E: Die ersten vier Nummern	750 - 800	1200 - 1600
F: Transversale simple	1200 - 1400	2000 - 2400
G: Kolonne	3000 - 3500	5000 - 7000
H: Dutzend	3000 - 3500	5000 - 7000
J: Einfache Chance	6000 - 7000	10000 - 14000

Traditionelle Kesselsektoren

0-Spiel:	(0/3, 12/15, 26, 32/35)	(7 Nummern):	4 Stücke
0/2/3:	Große Serie	(17 Nummern):	9 Stücke
5/8:	Kleine Serie	(12 Nummern):	6 Stücke
ORPH:	Orphelins	(8 Nummern):	5 Stücke

Abb. 2b: Einsatzminima und -maxima, Gewinnplan

Hat ein Spieler zum Beispiel 5 Mark auf eine volle Nummer («Plein») gesetzt, und ist dies die Gewinnzahl, dann wird ihm der Croupier das Fünfunddreißigfache als Gewinn auszahlen (also 175 Mark) und ihm außerdem erlauben, über seinen gewinnenden Einsatz frei zu verfügen. Folgt der Spieler dem weitverbreiteten Brauch, auch als ungeschriebenes Gesetz empfunden, bei einem solchen Gewinn eine Einsatzeinheit an die Angestellten abzugeben, dann muß er sich im klaren darüber sein, daß er als Gewinn für diesen Treffer nur das Vierunddreißigfache für sich verbuchen kann. Das «Stück für die Angestellten» kommt in einen separaten Behälter, den «Tronc». Es ist zu bemerken, daß alle Nummern gleich behandelt werden. Man kann genauso auf Zéro, also Null, setzen wie auf die rote 23 oder die schwarze 17. Die Gewinnchancen sind gleich und die Auszahlungen im Gewinnfall identisch für alle.

Beim Betrachten eines Roulettes fällt sofort auf, daß Zéro die einzige *grüne* Nummer ist. Alle anderen Nummern sind entweder rot oder schwarz, und zwar in alternierender Weise, wenn man den Nummernkranz durchgeht. «Rot» und «Schwarz» sind ein sich ausschließendes Paar der angebotenen «einfachen Chancen». Setzt ein Spieler beispielsweise 50 Mark auf das Feld «Rot», und tritt eine der achtzehn roten Nummern ein, bezahlt die Bank 50 Mark Gewinn aus. Wie gewöhnlich verbleibt dem Spieler der gewinnende Einsatz. Kommt eine der achtzehn schwarzen Nummern, dann ist der Einsatz auf Rot verloren. Bei Eintreten von Zéro werden alle Einsätze auf den einfachen Chancen in der Weise gesperrt, daß der Croupier sie auf einer dafür vorgesehenen Linie («Prison», Gefängnis) plaziert. Erst der nächste Coup entscheidet über Verlust oder Freiwerden (ohne Gewinn) dieser Einsätze. Kommt es zu einer unmittelbaren Wiederholung von Zéro, werden die bereits schon einmal gesperrten Einsätze doppelt gesperrt, das heißt, daß nun zweimal hintereinander eine Nummer des gesetzten Feldes kommen muß, damit der Einsatz wieder frei wird. Einfach und doppelt gesperrte Einsätze sind verloren, sobald eine Nummer aus dem entsprechenden Gegenfeld kommt, aber auch wenn Zéro dreimal hintereinander erscheint. Dem Spieler bleibt jedoch bei Eintreten von Zéro eine alternative Entscheidungsmöglichkeit: Er kann auf die Hälfte seines einfach gesperrten Einsatzes zugunsten der Bank verzichten und die andere Hälfte zurückbehalten. Selbstverständlich kann er einen gesperrten Einsatz auch auf eine andere einfache Chance verlegen lassen, wobei natürlich dieser Einsatz auf der gewählten Chance ebenfalls gesperrt ist.

Außer «Rot» und «Schwarz» gehören noch die Paare «Impair» (Ungerade) und «Pair» (Gerade) sowie «Manque» (1 bis 18) und «Passe» (19 bis 36) zu den einfachen Chancen.

Auch «kombinierte Einsätze» sind möglich. Darunter versteht man ein Einsatzstück, das auf mindestens zwei Nummern gesetzt werden kann. Jedes Setzen auf einfache Chancen ist nach dieser Definition ein kombinierter Einsatz, weil er sogar achtzehn Nummern abdeckt. Außer den einfachen Chancen besitzen noch die «Dutzende» und die «Kolonnen» besondere Felder auf dem Tableau für kombinierte Einsätze. Das Tableau und die Spielregeln erlauben aber auch kombinierte Einsätze auf zwei, drei, vier und sechs jeweils bestimmte Nummern. Sie haben alle ihre Namen, Einsatzorte und Auszahlungsquoten, die Sie der abgebildeten Gewinntabelle entnehmen können.

Manchmal gibt es auf dem Tableau noch spezielle Felder für die traditionsreichen Kesselspiele «große Serie», «kleine Serie» und die «Orphelins» (Waisen), die bestimmte Sektoren des Nummernkranzes darstellen. Diese Kesselspiele können jedoch nicht mit einem einzigen Einsatzstück gespielt werden, und daher sind die dafür vorgesehenen Felder nicht zur Selbstbedienung des Spielers bestimmt. Für die große Serie (siebzehn Nummern) sind neun Stücke erforderlich, für die kleine Serie (zwölf Nummern) sechs und für die Orphelins (acht Nummern) fünf Stücke. Diese Stücke werden jeweils nach feststehenden Regeln plaziert, und zwar vorwiegend à *cheval*.

Darüber hinaus gibt es noch eine Menge festgelegter spezieller «Spiele» wie beispielsweise die «Finalen», auf die wir aber hier nicht weiter einzugehen brauchen.

Da die Spielbank in aller Regel und jedenfalls auf Dauer Gewinne erzielt, liegt es in ihrem Interesse, möglichst viel Umsatz zu machen. Damit das Unternehmen ausreichend rentabel ist, muß es Mindesteinsätze einführen. Um andererseits kein zu hohes Risiko einzugehen, wird es auch gleichzeitig ein Einsatzmaximum bestimmen. 5 und 10 Mark sind die gebräuchlichsten Minima. Das Maximum beträgt in der Regel das Zwölfhundertfache des jeweiligen Minimums. Minimum und Maximum eines jeden Spieltisches sind gut ersichtlich gekennzeichnet.

Bedeutet dies nun, daß man auf eine volle Nummer bei einem Fünfertisch das Maximum, also 6000 Mark, setzen kann? Keineswegs. Das Maximum ist definiert als die maximale Gewinnauszahlung der Bank pro Coup, pro Spieler und pro Chance (pro Setzort). Eine bestimmte Nummer dürfen Sie also in unserem Beispiel nur mit einer Summe besetzen, die die Bank im Falle ihres Eintretens nicht mehr als 6000 Mark kosten würde. Da die Bank einen Pleingewinn 35 zu 1 ausbezahlen muß, wird das Maximum auf der vollen Nummer in der Regel 170 Mark sein (170 Mark × 35 = 5950 Mark, aber 175 Mark × 35 = 6125 Mark, und das übersteigt bereits das Maximum). Die jeweiligen Maxima, besonders für kombinierte Einsätze, brauchen Sie nicht mühsam zu errechnen; die Banken halten Tabellen bereit, die darüber Auskunft geben.

Bei einer Gewinnauszahlung 1 zu 1, das heißt auf einfachen Chancen, dürfen Sie sehr wohl 6000 Mark setzen. Und selbstverständlich dürfen Sie gleichzeitig mehrere Chancen (Setzorte) mit den jeweiligen Maxima belegen.

Einfache Wahrscheinlichkeiten und Erwartungen

Wie bereits erwähnt, möchte ich Sie nicht mit einem strengen Definitions- und Formelaufbau belasten. Versuchen Sie, die vorkommenden Begriffe und die einfachen Formeln, die meistens nur die vier Grundrechenarten verwenden, vorerst *intuitiv* zu erfassen. Verständnis ist allemal wichtiger und nützlicher als strenger Formalismus. Nur selten werden wir in formalistische Details eindringen, um den einen oder anderen darin lauernden Teufel zu entlarven.

Die Spielbank zahlt für ein *Plein* (Wahrscheinlichkeit: $\frac{1}{37}$) nur das Fünfunddreißigfache des Einsatzes aus. Das ist ihr Vorteil. Und damit sind ihre strategischen Möglichkeiten im Spiel auch schon erschöpft – im Gegensatz zu denen des Spielers.

Der Spieler *muß* nicht spielen, er *kann*. Und wenn er spielt, hat er eine ganze Reihe von Alternativen. Im Laufe des Spiels kann er die Höhe seiner Einsätze variieren. Er kann auf jede beliebige Nummer oder Nummernkombination setzen und damit die Wahrscheinlichkeit eines Gewinns erhöhen, logischerweise auf Kosten der Gewinnhöhe. Er kann jederzeit aussetzen oder aufhören, ob im Verlust oder im Gewinn.

Ob alle diese Möglichkeiten zu einem Vorteil zu führen vermögen – vorerst im Sinne eines Dauergewinns –, ist allerdings eine heikle Frage. Um das herauszufinden, gibt es eine simple Methode: Man errechnet die Gewinnerwartung für jede prinzipielle Möglichkeit des Spielers. Diese Gewinnerwartung ist nichts anderes als eine Art Gewinn-und-Verlust-Rechnung, in die Einsätze, einfache Wahrscheinlichkeiten und Auszahlungen eingehen.

Wenn ein (ehrlicher) Casinogast nicht spielt, kann er zwar nichts verlieren, aber auch nichts gewinnen. (Das Eintrittsgeld lassen wir außer Betracht.) Seine Gewinnerwartung ist somit Null.

Wie sehen die Möglichkeiten bei den einfachen Chancen aus? Wie wir bereits wissen, beträgt die Wahrscheinlichkeit für jede einfache Chance $\frac{18}{37}$. Bei Erscheinen des Zéro stehen dem Spieler zwei Möglichkeiten offen: Er kann seinen Einsatz sperren lassen, oder aber er verzichtet sofort auf eine Hälfte seines Einsatzes zugunsten der Bank und läßt sich die andere Hälfte auszahlen. Einzige Voraussetzung für das Halbieren des Einsatzes ist, daß sich dieser hinsichtlich des Minimums auch tatsächlich halbieren läßt, daß also die Hälfte ein ganzzahliges Vielfaches des Minimums beträgt. Ist der Einsatz gesperrt und kommt im darauffolgenden Coup die vorher gesetzte einfache Chance, so wird der Einsatz lediglich wieder frei. Kommt jedoch weder diese einfache Chance noch Zéro, so ist der gesperrte Einsatz verloren. Kommt nach dem ersten Zéro ein zweites, so wird der bereits gesperrte Einsatz wie geschildert doppelt gesperrt. Nun müßte die gesetzte einfache Chance zweimal hintereinander erscheinen, damit der Einsatz befreit würde. Beim dritten Zéro hintereinander ist der Einsatz verloren.

Berechnen wir die Gewinnerwartung für den Fall, daß der Spieler sich bei Eintreten von Zéro für die Halbierung des Einsatzes entscheidet. Wir interpretieren den Gewinn als eine zufällige Größe oder *Zufallsvariable* X und erhalten folgendes *Verteilungsschema*, wobei jedem Zustand von X dessen Wahrscheinlichkeit p(X) zugeordnet ist:

X	1	-1	$-\frac{1}{2}$
p(X)	$\frac{18}{37}$	$\frac{18}{37}$	$\frac{1}{37}$

Die Gewinnerwartung (*Mittelwert der Zufallsvariablen* X) erhalten wir, indem wir jedes spezielle X mit der dazugehörigen Wahrscheinlichkeit p(X) multiplizieren und dann diese Teile aufsummieren; sie beträgt also

$$E = 1 \times \frac{18}{37} + (-1) \times \frac{18}{37} + \left(-\frac{1}{2}\right) \times \frac{1}{37} = -\frac{1}{74}$$

oder rund − 1,35 Prozent unseres Einsatzes. (Statt E für Erwartungsbeziehungsweise Mittelwert wird oft auch der griechische Buchstabe μ verwendet.)

Die Berechnung der genauen Gewinnerwartung für den Fall, daß man nach Eintreten von Zéro den Einsatz sperren läßt und abwartet, verlangt etwas mehr Geschick, führt aber prinzipiell zum gleichen Ergebnis.

Alle übrigen Chancen, das heißt alle übrigen Nummernkombinationen, die mit einem Einsatzstück bespielt werden können, bestehen aus k Nummern, wobei k den Wert 1, 2, 3, 4, 6 oder 12 annehmen kann, und besitzen die Wahrscheinlichkeit $\frac{k}{37}$. Erscheint die gesetzte Chance von k Nummern, so wird als Gewinn das $\frac{36-k}{k}$ fache ausbezahlt, wie ein Blick auf den Gewinnplan bestätigt. Die Gewinnverteilung ergibt sich wie folgt:

X	$\dfrac{36}{k} - 1$	− 1
p (X)	$\dfrac{k}{37}$	$1 - \dfrac{k}{37}$

k = 1, 2, 3, 4, 6, 9, 12

(Für k = 9 erhält man die sogenannte *Viertelchance* von Bad Homburg: I: 1 bis 9, II: 10 bis 18, III: 19 bis 27 und IV: 28 bis 36.)

Somit beträgt die Gewinnerwartung

$$E = \frac{36-k}{k} \times \frac{k}{37} + (-1) \times \frac{37-k}{37} = -\frac{1}{37}$$

oder rund − 2,7 Prozent des Einsatzes.

Für Pleins und Chevaux (k = 1, k = 2) gilt jedoch wegen der Abgabe eines beziehungsweise eines halben Stücks an die Angestellten (Tronc) im Gewinnfall eine andere Gewinnverteilung für den Spieler. Der Gewinn bei einem Plein schlägt dann mit 34 Einsatzstücken zu Buche, wodurch sich eine Gewinnerwartung von $-\frac{2}{37} \approx -5,4$ Prozent ergibt. Der Spieler sollte sich im klaren darüber sein, daß sich sein durchschnittlicher Verlust bei diesem Spiel verdoppelt. Daß er dies zumeist nicht so empfindet, ist vermutlich auf die Psychologie des Gewinnmoments zurückzuführen. Jedenfalls hat der Spieler heute kaum eine Chance, gegen dieses ungeschriebene Gesetz anzukämpfen, das die existentielle Grundlage des Spielbankpersonals bildet und von dem indirekt hauptsächlich die Konzessionäre und der Fiskus profitieren. Wie dem auch sei, die Tronc-Abgabe verdoppelt den Verlust der auf Pleins und Chevaux setzenden Spieler und muß daher in die Berechnung der Gewinnerwartung einbezogen werden.

Es stellt sich die Frage, ob sich die berechneten Erwartungen in Abhängigkeit von den Aktionen des Spielers variieren lassen, ob sie also vor allem positiv gemacht werden können. Dazu brauchen wir uns vorerst nur zu vergegenwärtigen, daß wir es mit unabhängigen Wiederholungen von gleichbleibend wahrscheinlichen Experimenten zu tun haben und daß daher vergangene Ereignisse keinen Einfluß auf künftige haben; mit anderen Worten: Die Kugel hat kein Gedächtnis. Und unser gesunder Menschenverstand müßte uns folglich sagen, daß die Erwartungen konstant bleiben müssen, wenn nur die Wahrscheinlichkeiten und die Gewinnauszahlungen konstant bleiben. Diese Voraussetzungen sind aber tatsächlich erfüllt – vor allem bleiben die Wahrscheinlichkeiten konstant. Ein *Ausgleichsgesetz* als Folge des *Gesetzes der großen Zahlen* gibt es nicht, wie wir sehen werden. Somit hilft also weder ein Umsteigen auf andere Chancen noch eine Variation der Einsatzfolge, um die Gewinnerwartung zu verbessern.

Was bewirken dann die Möglichkeiten des Spielers? Ich habe bereits angedeutet, daß er seine Gewinnwahrscheinlichkeit auf Kosten der Gewinnhöhe vergrößern kann. Ein einfaches Beispiel: Spieler A setzt ein Stück *en plein* auf die «17», Spieler B ein Stück *à cheval* auf «17/20». Spieler B hat eine doppelt so hohe Gewinnwahrscheinlichkeit wie Spieler A, doch gilt für beide die gleiche Gewinnerwartung von etwa $-5,4$ Prozent ihres Einsatzes.

Ein Beispiel mit sehr hoher Gewinnwahrscheinlichkeit ist das sogenannte Rentensystem: Man setzt drei Stücke auf die einfache Chance

Passe «18 bis 36» und zwei Stücke auf das erste Dutzend «1 bis 12»; oder umgekehrt drei Stücke auf *Manque* «1 bis 18» und zwei Stücke auf das dritte Dutzend «25 bis 36». Es bleibt also immer eine *Transversale simple* (sechs Nummern) und Zéro offen, womit die Gewinnwahrscheinlichkeit $\frac{30}{37}$ oder etwa 81,08 Prozent beträgt. Jedoch zeigt eine einfach zu erstellende Bilanz, daß die Erwartung negativ bleibt; versuchen Sie es.

Die maximale Gewinnwahrscheinlichkeit, bei der Sie im günstigen Fall noch etwas gewinnen können, beträgt sogar $\frac{36}{37}$ oder etwa 97,3 Prozent! Sie erreichen sie, indem Sie 36 der 37 Nummern etwa wie folgt belegen: 72 Stücke auf *Manque* «1 bis 18», 48 Stücke auf das letzte Dutzend «25 bis 36», 16 Stücke auf das *Carré* «19/23», 4 Stücke *en plein* auf die Nummer «21» und 3 Stücke auf Zéro. Jedesmal, wenn nun eines der 36 Elementarereignisse der gesetzten Chancen erscheint, gewinnen Sie ein Stück; dabei muß der *Tronc* außer acht bleiben. Erscheint jedoch die Nummer «24», die in diesem Beispiel als einzige nicht belegt ist, so verlieren Sie 143 Stücke. Wiederum zeigt eine einfach zu erstellende Bilanz, daß die Erwartung negativ bleibt.

Das agonale Prinzip und die Zufallsgesetze: Startpunkt

Spiel: Begriff, Typen, Theorie

Der Begriff *Spiel* ist als wissenschaftlicher Terminus problematisch geworden. Das mag wohl daran liegen, daß die Analyse zahlloser menschlicher Tätigkeiten im Lauf der Zeit immer mehr gemeinsame Grundstrukturen offenbarte. Glücksspiele, Geschicklichkeitsspiele, *gemischte* Spieltypen, Wettbewerbssituationen in Sport, Beruf und Wirtschaftsleben, Plan- und auch Darstellungsspiele stellen ständig sich wiederholende Lebenssituationen mit teilweise gleichen oder ähnlichen Grundregeln dar. Das Spiel ist Bestandteil des Lebens.

Für konkrete Analysen von Spielsituationen werden die Spiele in Grundkategorien mit gemeinsamen spezifischen Merkmalen eingeteilt:

- Glücksspiele, auch *aleatorische* Spiele genannt (von «alea», der Würfel),
- Geschicklichkeitsspiele, auch *agonale* Spiele genannt (von «agon», der Wettkampf), und
- Darstellungsspiele (Nachahmung, Verstellung, «Mimikry», Maskierung).

Zu jedem Spiel gehört die Freiheit, es zu unterlassen oder sich seinen Regeln zu fügen. Die Regeln legen den Spielablauf nicht restlos fest, sondern lassen gewisse Möglichkeiten offen. Diese Unbestimmtheit ist der *Spielraum*, der zum Wesen des Spiels gehört und es vor Erstarrung bewahrt.

Ist der Ausgang des Spiels dem Zufall überlassen, spricht man von einem *Glücksspiel*; man müßte es eher *Zufallsspiel* nennen. Damit der Zufall in seiner Rolle als nicht vorhersehbarer Bestandteil des Spiels wirksam werden kann, muß er in dessen räumlichen und zeitlichen Grenzen verfügbar und wiederholbar sein. Die Regeln des Glücksspiels fordern einen klar umgrenzten Bereich zufälliger Ereignisse, den sogenannten Ereignisvorrat. Die Ereignisse selbst werden durch einen Mechanismus hervorgebracht, ohne daß das Ergebnis im einzelnen vorher bekannt ist. Würfelspiele, Schwarzer Peter, Lotto und Roulette gehören zu den klassischen Glücksspielen.

Die *Geschicklichkeitsspiele* fordern von den Spielern besondere Fähigkeiten. Der Umstand, ob diese Fähigkeiten größer oder geringer sind, füllt hier den Spielraum aus. Die Entscheidungen werden nicht durch einen Zufallsmechanismus, sondern von den spielenden Personen getroffen. Jede Handlung unterliegt dem Anspruch auf Qualität. Wenn jemand beim Roulette auf Rot setzt, ist das weder gut noch schlecht; der Zufall entscheidet über Gewinn oder Verlust. Wenn aber jemand beim Schach eine Figur bewegt, so ist der Zug schwach oder stark; das Urteil ist prinzipiell sofort möglich, auch wenn es erst später offenbar wird. Es gibt viele verschiedene Arten von Geschicklichkeit, die in ein Spiel eingehen können. Die Anforderungen reichen von körperlichen bis zu geistig-seelischen Fähigkeiten, die meistens verbunden eingesetzt werden müssen, wobei die eine oder die andere Seite überwiegt. Dame, Schach, Fußball, Tennis und Seiltanz sind beispielhafte Geschicklichkeitsspiele.

Darstellungsspiele sind gekennzeichnet durch das Heraustreten aus dem gewöhnlichen Leben und das Schaffen einer Welt des Spiels mit eigener Ordnung. Ein kleines Mädchen, das mit einer Puppe spielt, ahmt nach, was es bei Erwachsenen gesehen hat, und zugleich macht es vor, was es später vielleicht einmal tun wird. Außer den Kinderspielen gehören zu dieser Grundkategorie alle Arten von Spielen, die etwas darstellen: von Verkleidungen beim Karneval bis zu den künstlerischen Darbietungen in Filmen und auf den «Brettern, die die Welt bedeuten».

Die drei Grundkategorien von Spielen treten häufig miteinander verknüpft auf. Reine Glücksspiele kommen verhältnismäßig selten vor. Werden Zufall und Geschicklichkeit in gewissen Situationen vereinigt, so entsteht ein *gemischter Spieltyp*. Zu ihnen gehören die meisten Kartenspiele. Über die Verteilung der Karten entscheidet vorwiegend der Zufall, bei den weiteren Entscheidungen kommt es auch auf vernünftige Überlegungen an. Black Jack und Poker sind bekannte Beispiele.

Neben den meisten Kartenspielen können auch Sportwetten und Börsenspekulationen als gemischte Spieltypen angesehen werden.

Aber selbst das Roulette, das von jeher als reines Glücksspiel galt, läßt sich, wie wir noch sehen werden, unter gewissen Voraussetzungen als gemischter Spieltyp betreiben.

Die Existenz gemischter Spieltypen mit einer Imitationskomponente leuchtet sofort ein: Jemand, der ein Geschicklichkeitsspiel lernen will, muß bessere Spieler nachahmen. Umgekehrt bedürfen die Darstellungsspiele einer besonderen Geschicklichkeit. Der Zufall scheint, als ein Grundmuster der realen Welt, bei jedem Spieltyp eine mehr oder weniger große Rolle zu spielen.

Welche Spiele sind nun einer mathematischen Behandlung zugänglich? Und mit welchen Spieltypen befaßt sich die Spieltheorie, die 1994 durch die Verleihung des Nobelpreises für Wirtschaftswissenschaften an die Spieltheoretiker John Nash, John Harsanyi und Reinhard Selten ins öffentliche Interesse gerückt wurde?

Gegenstand der mathematischen Erfassung, bei der es in erster Linie um die formalen Strukturen geht, sind die Glücksspiele und die durch feste, übersichtliche Regeln geordneten Gesellschaftsspiele, vor allem Karten- und Brettspiele, sowie die strategischen Spiele, die den eigentlichen Inhalt der Spieltheorie bilden. Die *reinen* Glücksspiele hingegen treten als Modelle und Anwendungsbeispiele der Wahrscheinlichkeitsrechnung auf. Der Statistik, das heißt der Wissenschaft der Massenerscheinungen, fällt bei der mathematischen Untersuchung von Spielen keine vorgezeichnete Rolle zu. Dennoch – oder gerade deshalb – leistet sie unschätzbare Dienste bei der Auffindung besserer Wahlalternativen durch Simulation, bei der Entscheidung über die Richtigkeit bestimmter Hypothesen oder bei der Schätzung mannigfacher Größen, um nur ein paar Beispiele zu nennen.

Subjektive Motivationen und das agonale Prinzip

Die Motive, ein Casino zu besuchen, sind vielfältig. Lust am Nervenkitzel und Schicksalsspruch, die Hoffnung zu gewinnen, ein bißchen Spielleidenschaft, etwas Unterhaltung: Heute ist das Spielcasino eine gesellschaftliche Experimentierstube, die Zerstreuung bietet, ein Ort der ungezwungenen Begegnungen und (ent)spannenden Traumfreiheit, der die hohe Regelungsdichte unserer Gesellschaft mildert.

Speziell das Roulette hat noch einen weiteren, nämlich einen faszinierenden wissenschaftlichen Aspekt. Analytische Untersuchungen von Universalisten wie Pascal, Fermat, Bernoulli, Gauß, Laplace und anderen mündeten früh in die Begründung einer elementaren, sehr fruchtbaren Wahrscheinlichkeitsrechnung, und bald etablierte sich die Quantifizierung von Glück, Unglück und Massenerscheinungen in statistischen Tabellen. Als man erkannte, daß Zufälligkeit ein Strukturmerkmal unserer Welt ist, wurde *stochastisch* ein komplementärer Begriff zu *deterministisch*. Das Kausalitätsprinzip und die Stochastik führten sogar über instabile dynamische Prozesse zur Chaos- und Komplexitätstheorie, der modernen Erforschung komplexer sensibler Systeme. Roulette ist ein solches komplexes sensibles System, das durch eine Ordnung auf einer gröberen (statistischen) Skala *gezähmt* werden kann, ein Aspekt, der in diesem Buch den weitaus größeren Teil der Roulettefaszination ausmachen wird.

Das agonale Prinzip

Das agonale Prinzip besagt, daß jedes Spiel von Kampf und Wettstreit durchdrungen ist. Diesem Prinzip liegt der Ehrgeiz zugrunde, allein aufgrund eigenen Verdienstes in einem geregelten Wettkampf zu siegen. Voraussetzung ist natürlich, daß das jeweilige Spiel zumindest einen Anteil von Geschicklichkeit zuläßt. Die Olympischen Spiele tragen deutlich dieses Gepräge.

A priori und aus rationaler Sicht erscheint es nicht sinnvoll, das agonale Prinzip auch den *aleatorischen*, den reinen Glücksspielen zugrunde legen zu wollen. Das wäre paradox, da in ihnen eine dem agonalen Prinzip entgegengesetzte Haltung zum Tragen kommt, die nur die Gunst des Schicksals abwartet. So betrachtet, muß uns der leidenschaftliche und abergläubische Homo ludens tatsächlich als ein Homo irrationalis erscheinen. Doch wie der Blick auf die subjektiven Motivationen bereits gezeigt hat, ist das Problem wesentlich vielschichtiger. Beispielsweise schreibt Otto Walter Haseloff: «Spiel in seiner Mischung *agonaler* und *aleatorischer* Elemente ist Wagnis und zugleich Ringen um die Berechenbarkeit der Welt – Ringen um den Segen eines anonymen Schicksals. Dabei geht es nicht nur um den sofortigen, sondern vorrangig gerade um den unwahrscheinlichen Erfolg. Dafür ist der Spieler bereit, lächelnd zu scheitern und unterzugehen.»

Nun gibt es eine große Vielfalt von Spielerkategorien: Dauerspieler und Gelegenheitsspieler, Spieler ohne spezielles Konzept und Systemspieler, Spieler mit hohem Spielkapital und solche, die sich auch vor dem Spiel kein gutes Essen oder kein gutes Buch leisten können. Es gibt Spieler, die Geselligkeit suchen und nur nebenbei ein paar Einsätze riskieren, und Spieler, die täglich verbissen mit Heldenmiene kämpfen – allerdings gegen den falschen Feind. Es gibt Spieler, die ein Vermögen verspielen, und solche, die resigniert haben. Scharfe Grenzlinien lassen sich zwischen diesen Kategorien nicht ziehen, und die jeweiligen Anteile sind sehr unterschiedlich. Den harten Kern der Rouletteszene bilden zum größten Teil Fanatiker, hypnotisiert von irrationalen Vorstellungen und Hoffnungen.

Illusionary correlation ist ein häufig vorkommendes Phänomen, das bei *Systemspielern*, aber auch bei Anlegern an der Börse zu beobachten ist. Der typische Systemspieler verfolgt mit seinen Einsätzen einen Plan, eine bestimmte, vorher festgelegte Taktik – sein *System* –, oft in Abhängigkeit von den laufenden Spielergebnissen, um damit Gewinne zu erzielen. Beispielsweise macht er mit seinem System manchmal Gewinne und manchmal Verluste, so daß bestimmte Hypothesen und Erwartungen in verzerrter Weise verstärkt werden. Der typische Systemspieler unterliegt einer ständigen Fehlinterpretation seiner Erfahrungen. «In Leidenschaften mögen wir richtige Beobachtungen machen, aber wir ziehen falsche Schlüsse daraus», schrieb schon Jean Paul. Trotz gegenteiliger Erfahrungen glauben Systemspieler an mathematische Gewinnsysteme. Diese paradoxe Hartnäckigkeit bedarf einer einleuchtenden Erklärung.

Der Mensch besitzt eine elementare Fähigkeit, durch Versuch und Irrtum zu lernen. Es werden Verhaltensweisen beibehalten, die eine *Belohnung* zur Folge haben. Beim Roulette hat das Verhalten *Spielen* mal eine Strafe, mal eine Belohnung zur Folge. Deswegen funktioniert der Lernprozeß nicht, stellen sich doch Strafen (Verluste) und Belohnungen (Gewinne) unabhängig von der vorher fixierten Spielweise ein. Paradox ist dabei, daß eine Folge von Bestrafungen und Belohnungen unter dem Strich immer eine Strafe darstellt, und deshalb ist es nicht verwunderlich, daß der Systemspieler unaufhörlich nach einer Spielmethode sucht, die durch die Addition von Minuszahlen zu einer Pluszahl kommt.

Das agonale Prinzip scheint das Hauptmotiv der meisten Spielsystemsucher zu sein. Ein laienhafter, ehrlicher Systemtüftler im Roulette will aufgrund eigenen geistigen Verdienstes und auf faire Weise in einem geregelten Wettkampf siegen. Warum nur? Einige erkenntnistheoretische Gründe liegen auf der Hand. Erstens wirkt das eine oder andere Spielsystem so überzeugend, daß sich selbst Naturwissenschaftler und Mathematiker bei der Überlegung ertappen, ob ein solches System nicht doch funktionieren könnte. Genauer, es ist nicht immer auf Anhieb möglich zu begründen, warum es nicht funktionieren kann.

Zweitens spielt der Glaube an die positive Lösbarkeit aller Probleme eine entscheidende Rolle: Die meisten Systemkäufer und auch Tüftler scheinen von der Voraussetzung auszugehen, daß sich alle Probleme positiv lösen lassen, wenn nur die Rahmenbedingungen dafür erkannt werden und die Zeit dazu reif ist. Besonders die Geschichte der Technik bietet ein unerschöpfliches Reservoir an Beispielen, die eine solche Einstellung begründet erscheinen lassen und nähren. Beispielsweise waren die materiellen Voraussetzungen für den Segelgleitflug bereits vor zweitausend Jahren bei den alten Griechen gegeben, aber sie wurden nicht erkannt; sogar ein Universalgenie wie Leonardo da Vinci blieb später in den Denkbahnen der viel zu komplexen Flügelschlagtechnik gefangen. Andererseits waren es nicht zuletzt die exakten Wissenschaften, die «bewiesen», daß es unmöglich ist, Flugmaschinen zu bauen. Wer wollte da schon einem Roulettesystemtüftler Einfalt, Täuschung oder gar Betrug unterstellen – zumindest solange er nicht seine wertlosen Produkte unter Vorspiegelung falscher Tatsachen vermarktet.

Schließlich nährt die hohe Wissenschaft selbst die Gläubigkeit der Systemiers. Es waren anerkannte Wissenschaftler, die bereits um die Jahrhundertwende bestimmte Lösungsaspekte der Rouletteprobleme diskutierten und aufzeigten. Allerdings sahen diese Lösungen anders aus, als die meisten Wunderformelsucher erwartet hatten – sofern sie überhaupt davon Kenntnis erhielten.

So kam es, daß dank kluger Beobachtung und Informationsverarbeitung im «real-existierenden Roulette» immer mehr Ansatzpunkte für Abweichungen vom reinen Zufall bekannt wurden. Einige dieser Ansätze konnten zu wissenschaftlich fundierten Methoden mit positiver Gewinnerwartung ausgebaut werden.

Das klingt verdächtig nach der Philosophie des Laplaceschen Dämons. Ein Wesen, das alles wüßte, könnte jedes zukünftige Ereignis mit Gewißheit vorhersagen. Wir wissen: Diese extreme Sicht des Determinismus ist illusorisch, weil wir – prinzipiell – nicht alles wissen können. Andererseits wäre uns schon geholfen, wenn unser Teilwissen es erlauben würde, bestimmte künftige Ereignisse zwar nicht mit Gewißheit, aber mit einer überdurchschnittlich hohen Wahrscheinlichkeit vorherzusagen. Wir fühlen uns also bis zu einem gewissen Grad als Lehrlinge des Laplaceschen Dämons und werden versuchen, relevante Informationen und Abweichungen vom Zufall zu nutzen, um die Erwartung unserer Vorhersagen zu erhöhen, sie sogar positiv zu machen.

Ich beziehe auch das klassische, also fehlerfreie, zufällige Roulette ein, denn ich bin davon überzeugt, daß die Berechnung von Chancen besser ist als blinder Fanatismus, auch wenn sie dazu führen mag, ein Spielangebot mit großer Verlustaussicht aus rationalen Gründen abzulehnen.

Gesetze, *gambler's fallacy* und das «3-sigma-Kriterium»

Sie wissen bereits intuitiv, was unter einer zufälligen Größe, einer Zufallsvariablen, zu verstehen ist. Wir werden nun ein paar Gesetze Revue passieren lassen, die die Wahrscheinlichkeiten von Zufallsvariablen regieren, und dann kurz auf weitere Hilfsbegriffe und Aussagen hierzu eingehen, die uns bei unseren Überlegungen pragmatisch weiterhelfen. Zum Schluß werden wir uns ein paar gängige «Gesetze» vor Augen führen, die in der Spielerszene offenbar unausrottbar sind – wahre psychische Fallen. Um nicht mit Wahrscheinlichkeiten irgendwelcher abstrakter Ereignisse zu operieren, legen wir unseren Überlegungen einfach anschauliche Rouletteereignisse zugrunde.

Da dies aber kein Aufbaukurs in Wahrscheinlichkeitsrechnung sein soll und kann, verweise ich im folgenden nur fallweise auf die einfachsten Grundregeln für den Umgang mit Wahrscheinlichkeiten, speziell auf die einleuchtende «Produktregel» für die *Wahrscheinlichkeit des Auftretens voneinander unabhängiger Ereignisse A und B*, $p(A \text{ und } B) = p(A) \times p(B)$. Spielen wir jeden auftretenden Fall mit gesundem Menschenverstand durch, statt uns in einem Labyrinth abstrakter Regeln zu verirren. Welche Begriffe, Regeln und Gesetze bestimmen nun das klassische, das heißt fehlerfreie und zufällige Roulette?

Ein Kugelwurf oder Coup ist ein *Laplace-Experiment*, ein Zufallsexperiment mit endlich vielen (37) gleich wahrscheinlichen ($\frac{1}{37}$)

Elementarereignissen oder Nummern (0, 1, 2, 3, …, 36). Betrachten wir die mehrfache Wiederholung eines solchen Laplace-Experiments. Es ist einleuchtend, daß das Ergebnis eines beliebigen Coups keinen Einfluß auf die Ereignisse anderer Coups hat, denn andernfalls wären die Nummern bei jedem Coup nicht gleich wahrscheinlich, oder wir müßten postulieren, daß die Kugel oder der Kessel ein Gedächtnis hat. Eine bestimmte Anzahl solcher voneinander unabhängiger Wiederholungen bezeichnet man als *Bernoulli-Experiment*. Auch auf Würfe mit einem perfekten Würfel oder einer idealen Münze treffen diese Begriffe zu. Unabhängige Zufallsexperimente haben den Vorteil, daß sie eine relativ einfache Struktur unter den sogenannten *stochastischen Prozessen* (das sind Zufallsprozesse, also Folgen von Zufallsexperimenten) besitzen und daher relativ leicht analysiert werden können («stochastisch» kommt vom griechischen στοχος für *Ziel*: Die Stochastik befaßt sich mit dem *Anvisieren* und Abschätzen von Zufallserscheinungen und ist ein Synonym für Zufalls- oder Wahrscheinlichkeitslehre).

Ein Beispiel: Die Wahrscheinlichkeit, daß bei zehn Coups die Ergebnisfolge

(R, R, R, R, R, R, R, R, R, R)

eintritt (R = Rot), beträgt wegen $p(R) = \frac{18}{37}$ und der Produktregel

$$\frac{18}{37} \times \frac{18}{37} \times \frac{18}{37} \times \frac{18}{37} \times \frac{18}{37} \times \frac{18}{37} \times \frac{18}{37} \times \frac{18}{37} \times \frac{18}{37} \times \frac{18}{37} = \left(\frac{18}{37}\right)^{10} \approx 0,07425\,\%$$

Wie groß ist nun die Wahrscheinlichkeit, daß die Ergebnisfolge

(R, S, S, R, S, R, R, R, S, S)

eintritt (S = Schwarz; zudem ist $p(S) = p(R) = \frac{18}{37}$)?

Die Antwort: Sie brauchen gar nicht erst zu rechnen, denn das Resultat ist das gleiche wie bei zehnmal Rot. Und dennoch: Beschleicht Sie nicht das Gefühl, daß zehnmal Rot seltener vorkommt *und daher unwahrscheinlicher* ist als die zweite, schön mit Rot und Schwarz durchmischte Folge? Wenn Sie standhaft bei «Nein – beide Folgen sind gleich wahrscheinlich!» bleiben, dann ist Ihnen das Wesentliche schon klar. Natürlich ist eine Folge von zehnmal Rot seltener als *irgendeine* Folge, in der Rot und Schwarz gemischt vorkommen. Aber deswegen ist sie nicht unwahrscheinlicher, denn es gibt ja sehr viele *verschiedene* durchmischte Folgen. Davon abgesehen gibt es auch nur *eine einzige* geordnete Zehnerfolge (R, S, S, R, S, R, R, R, S, S), womit die Gleichwahrscheinlichkeit mit (R, R, R, R, R, R, R, R, R, R) wieder einleuchtend ist. Hüten Sie sich davor, sich *optisch täuschen* zu lassen.

Gambler's fallacy (Spielerirrtum)

So einfach dieses Beispiel auch ist, es hat eine enorme Bedeutung. Viele Spieler und Systemerfinder fallen immer wieder auf den als *gambler's fallacy* bekannten Trugschluß herein. Eine Bemerkung in Dostojewskis (weitgehend autobiographischer) Erzählung *Der Spieler* illustriert ihn: «Selbstverständlich setzt beim Roulette niemand mehr auf Rot, wenn die Kugel bereits zehnmal auf Rot stehengeblieben ist.» Wer so denkt, wiegt sich in falscher Sicherheit. Daß Serien von elfmal Rot seltener sind als solche von zehnmal Rot, hat damit nichts zu tun; auch Serien von zehnmal Rot sind seltener als solche von neunmal Rot usw. Wir werden dem *gambler's fallacy* noch in etlichen Variationen begegnen – und zwar nicht nur in Spielbankkreisen des Homo ludens irrationalis, sondern auch in der Börse des vermeintlich rationalen Homo oeconomicus.

Was ist eine Verteilung?

Betrachten wir als Zufallsgröße die individuellen Gewichte einer bestimmten Menge von Personen, und fertigen wir in bekannter Weise eine Strichliste an. Die Gesamtheit aller Werte, die die Zufallsgröße «Gewicht» mit ihrer jeweiligen Häufigkeit annimmt, stellt die *Häufigkeitsverteilung* (oder kurz *Verteilung*) dieser Zufallsgröße für die betrachtete Personengruppe dar. Da es unzählige Zufallsvariable gibt sowie zugrundeliegende Mengen von Elementen, gibt es auch unzählige Verteilungen.

Im Laufe der Zeit haben sich jedoch häufig vorkommende, typische Verteilungen herauskristallisiert. Die *Bernoulli-* oder *Binomialverteilung* und die *Gauß-* oder *Normalverteilung*, von deren zentraler Rolle noch die Rede sein wird, sind zwei der bekanntesten Verteilungsklassen.

Die Binomialverteilung, von James Bernoulli Ende des 17. Jahrhunderts entdeckt, hat ihren Namen vom *binomischen Lehrsatz*, $(a + b)^n = \ldots$, der uns in seinen einfacheren Formen noch aus dem Schulunterricht bekannt ist:

$$n = 0: \quad (a + b)^0 = 1$$
$$n = 1: \quad (a + b)^1 = a + b$$
$$\mathbf{n = 2: \quad (a + b)^2 = a^2 + 2ab + b^2}$$
$$n = 3: \quad (a + b)^3 = a^3 + 3a^2b + 3ab^2 + b^3$$

Interpretiert man a als Wahrscheinlichkeit p eines Ereignisses, b als die *Gegenwahrscheinlichkeit* $q = 1 - p$ und n als die n-malige Ausführung von Zufallsexperimenten mit der Wahrscheinlichkeit p, dann ergibt sich eine Binomialverteilung. Im Falle des Roulettes kann für p die Wahrscheinlichkeit eines jeden Ereignisses genommen werden – mit $q = 1 - p$ als dessen Gegenwahrscheinlichkeit –, um eine Binomialdarstellung zu erhalten.

Bei mehr als zwei betrachteten Ereignissen mit jeweiligen Wahrscheinlichkeiten p_i ($i = 1, 2, 3, \ldots$) sowie bei einer n-maligen Ausführung des Experiments gelangt man zur schnell unüberschaubaren *Multinomialverteilung* $(p_1 + p_2 + p_3 + \ldots)^n$, die auch weitaus schwieriger zu handhaben ist als die Binomialverteilung. Dies spiegelt auch unzählige Situationen im Roulettespiel mit seinen 37 Nummern und zahlreichen mehrfachen Chancen wider.

Eine ausgezeichnete Veranschaulichung der Binomialverteilung für den Fall $p = \frac{1}{2}$ gibt das *Galton-Brett*. In ein senkrecht stehendes Brett sind in konstantem Abstand a in n parallelen Reihen Nägel eingeschlagen, und zwar so, daß sich jeder Nagel in der Reihe k genau auf Lücke zwischen zwei Nägeln der darüberliegenden Reihe $k - 1$ befindet. Durch einen Trichter am oberen Ende läßt man Kugeln vom Durchmesser a einlaufen, die ohne Spielraum und ohne Reibung zwischen den Nägeln hindurchfallen können. Trifft eine Kugel auf einen Nagel, so kann sie entweder nach rechts oder nach links weiterfallen. Dies wiederholt sich in jeder Nagelreihe: Die Kugel legt einen Zufallsweg durch das Nagelbrett zurück, und zwar so, daß sie an jedem Nagel mit der Wahrscheinlichkeit $p = \frac{1}{2}$ nach rechts und mit der Wahrscheinlichkeit $1 - p = \frac{1}{2}$ nach links abgelenkt wird. Es handelt sich also um zwei gleich wahrscheinliche Elementarereignisse beim Einzelexperiment.

Nach dem Durchlaufen der n Nagelreihen werden die Kugeln in $n + 1$ Fächern aufgefangen. Eine Kugel fällt in das Fach Nr. i genau

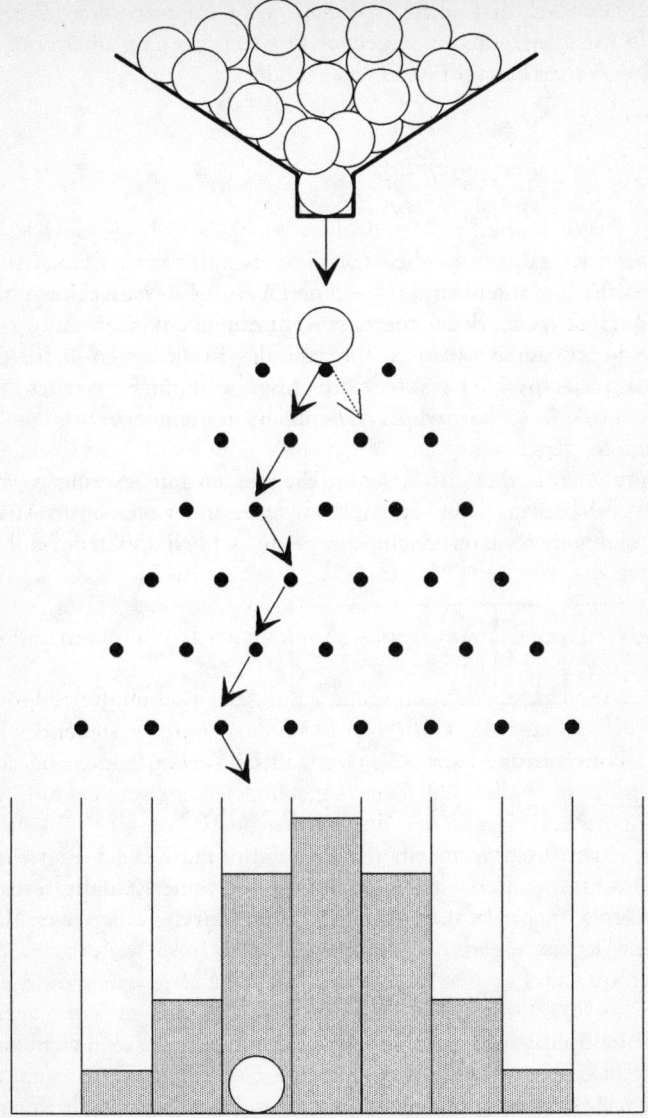

Abb. 3: Schematische Darstellung eines Galton-Bretts mit Nagelreihen, Einfülltrichter und Auffangfächern für die Kugeln

dann, wenn sie i-mal nach rechts und $(n - i)$-mal nach links abgelenkt wurde. Bei idealen Bedingungen werden wir eine «Verkörperung» der Binomialverteilung vorfinden, wie Abbildung 3 zeigt.

Kennzahlen einer Verteilung

In der Praxis kommt es oft nur darauf an, die Aussage einer Häufigkeitsverteilung durch möglichst wenige, aber informative Größen (charakteristische Zahlen) zu kennzeichnen. Beispielsweise ist eine spezielle Binomialverteilung durch die zwei Kennzahlen n (Anzahl der Zufallsexperimente) und p (Wahrscheinlichkeit des betrachteten Zufallsereignisses) vollständig charakterisiert. Man sagt auch, eine derartige Zufallsgröße X sei *binomialverteilt mit den Parametern n und p.*

Weitere, abgeleitete Kennzahlen einer Zufallsvariablen sind der Erwartungswert μ, die Varianz V und die Standardabweichung σ. (Diese Buchstaben des griechischen Alphabets, *my* und *sigma*, haben sich zur Darstellung dieser Begriffe eingebürgert.) Hat X die Verteilung

x_i	x_1	x_2	...	x_n
$p(X = x_i)$	p_1	p_2	...	p_n

so ist der Erwartungswert $\mu(X)$ dieser Zufallsgröße definiert durch:

$$\mu(X) = x_1 \times p(X = x_1) + x_2 \times p(X = x_2) + \ldots + x_n \times p(X = x_n)$$

Dieser Erwartungswert stellt also die Summe der mit den zugehörigen Einzelwahrscheinlichkeiten gewichteten Werte der Zufallsgröße dar. Für $p(X = x_i)$ schreibt man auch kurz p_i und für die vielen + ein Σ (ein großes griechisches S für «Summe»):

$$\mu(X) = \sum_{i=1}^{n} (x_i \times p_i) \text{ oder } \sum_{i=1}^{n} x_i p_i$$

(Das Multiplikationszeichen $\times$ können wir weglassen, wenn keine Verwechslungen zu befürchten sind.)

Für viele Untersuchungen reicht jedoch die Erwartung als Kennzahl einer Zufallsvariablen nicht aus; sehr oft interessiert auch die Streuung um den Mittelwert. Ein solches Streuungsmaß bildet die Varianz

$$V = \mu(X - \mu(X))^2$$

oder, in der Praxis etwas anschaulicher, die Standardabweichung

$$\sigma = \sqrt{V}$$

als positive Quadratwurzel der Varianz. (Wir können auch $\sigma^2 = V$ schreiben.)

Dieses Maß gibt Auskunft darüber, wie stark die Einzelwerte x_i um ihren Mittelwert $\mu(X)$ herum streuen (oder *verteilt* sind). Speziell für eine binomialverteilte Zufallsvariable (siehe oben) beträgt der Erwartungswert $\mu = np$ und die Varianz $V = np(1 - p)$.

Lassen wir nun die theoretischen Deutungen auf sich beruhen und schauen uns ein paar einfache, praktische Beispiele an.

Beispiel 1
Bei einhundert Würfen einer idealen Münze ist die erwartete, das heißt mittlere Anzahl von Kopf gleich $\mu = np = 100 \times \frac{1}{2} = 50$. Die Standardabweichung ist gleich

$$\sigma = \sqrt{np(1-p)} = \sqrt{100 \times \tfrac{1}{2} \times \tfrac{1}{2}} = 5$$

Beispiel 2
Bei 3700 Coups im klassischen Roulette ist die erwartete Häufigkeit jeder Nummer $\mu = np = 3700 \times \frac{1}{37} = 100$ und die Standardabweichung

$$\sigma = \sqrt{np(1-p)} = \sqrt{3700 \times \tfrac{1}{37} \times \tfrac{36}{37}} \approx 9,86$$

Die *dreifache* Standardabweichung, um die es im folgenden Abschnitt geht, beträgt also etwa 29,6.

Das «3-sigma-Kriterium»

Damit die Zuverlässigkeit eines Geräts wie des Roulettekessels gewährleistet ist, sollten keine systematischen Fehler auftreten, die über die Zufallsschwankungen hinaus *signifikante* (statistisch überzufällige) Abweichungen produzieren, denn das liefe, würde es bekannt werden, dem vitalen Interesse der Spielbanken zuwider. Aber welche Grenze sollte man denn zwischen *zufälligen* und *systematischen* Abweichungen für eine entsprechende Beurteilung zugrunde legen? Eine ganz scharfe Grenze kann es offenbar nicht geben, zumal der Zufall alles mögliche produziert. In der statistisch-technischen Welt hat es sich eingebürgert, als Grenze die *dreifache Standardabweichung* der Zufallsvariablen zu nehmen. Deren Werte liegen nämlich zu über 99,7 Prozent innerhalb dieser Grenzen um den Mittelwert herum. Deshalb die Bezeichnung «3-sigma-Kriterium».

In unserem Beispiel 2 betrug die dreifache Standardabweichung jeder Nummer bei 3700 Coups etwa $29{,}6 \approx 30$, was bedeutet, daß jede Nummer praktisch zwischen 70mal ($= 100 - 30$, 100 war der Mittelwert) und 130mal ($= 100 + 30$) erscheinen muß, wenn die Spielbank sich nicht mutwillig einem Schadensrisiko aussetzen will. Wir werden dem 3-σ-Kriterium noch in einer nicht minder ernsten Angelegenheit begegnen, nämlich wenn es um die Schwankungen der Geldeinsätze des Spielers geht.

Die Normalverteilung und ihre zentrale Rolle

Es gibt eine Vielzahl klassischer Wahrscheinlichkeitsverteilungen, die sich mehr oder weniger auf spezifische Zufallsvariable beziehen: neben der Bernoulli- oder Binomialverteilung, die wir speziell auf Bernoulli-Experimente (Roulette, Würfel, Münze) angewandt haben, zum Beispiel die sogenannte *Poisson-Verteilung* (nach ihrem französischen Entdecker Siméon Denis Poisson), die etwa Flugzeugabstürze oder radioaktive Emissionen, also Einzelereignisse mit sehr geringer Wahrscheinlichkeit, adäquat beschreibt. Viele Verteilungen sind diskret, das heißt, sie sind nur für bestimmte ganzzahlige Werte der Zufallsvariablen definiert. Daneben gibt es auch *stetige* Verteilungen, die auf kontinuierlichen Werten der zugrundeliegenden Zufallsvariablen basieren.

Eine zentrale Rolle unter allen Verteilungen spielt die *Normalverteilung*, auch Gauß-Verteilung genannt; ihre graphische Darstellung wird als *Gaußsche Fehlerkurve* oder, wegen ihrer Form, als Glockenkurve bezeichnet.

Die Normalverteilung ist zweifellos die wichtigste einfache Verteilung, die in allen Bereichen der angewandten Statistik benutzt wird: in der Ökonomie, der Erziehungswissenschaft, der Biologie, der Physik – oder im Bereich der Spiele. Weithin bekannt ist zum Beispiel der *Intelligenzquotient* (IQ): Seit Anfang des 20. Jahrhunderts versucht man,

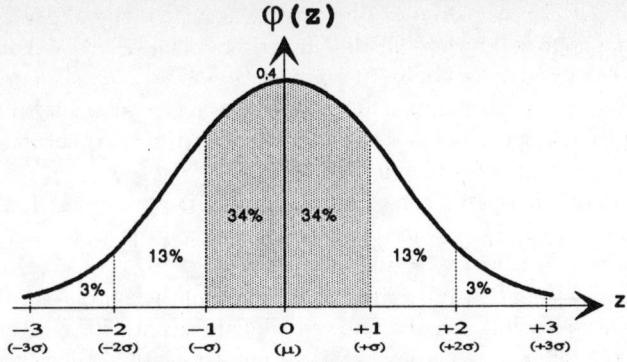

Abb. 4: Darstellung der standardisierten Normalverteilung

mittels verschiedener Tests den IQ von Menschen zu messen. Wer einen hohen Wert erreicht, gilt als intelligent – obwohl niemand sagen kann, was Intelligenz eigentlich ist. Zugrunde gelegt für die Bewertung von Intelligenztests wird die Glockenkurve, die um den Mittelwert IQ = 100 symmetrisch ist. Bei rund 50 Prozent der Menschen liegt der IQ unter, bei den anderen 50 Prozent über 100.

Wird die Glockenkurve auf den Mittelwert $\mu = 0$ und auf die Standardabweichung $\sigma = 1$ *normiert*, erhält man die sogenannte *Standardform*

$$\varphi(z) = \frac{1}{\sqrt{2\pi}} e^{-\frac{1}{2}z^2}$$

wie sie in Abbildung 4 graphisch dargestellt ist.

Die Kurve ist um den Mittelwert $\mu = 0$ symmetrisch. Die Gesamtfläche, die durch die Glockenkurve und die z-Achse begrenzt wird, ist gleich 1 oder 100 Prozent. Deshalb stellt die Fläche unter der Kurve, die zwischen einem $z = a$ und einem $z = b$ liegt, die Wahrscheinlichkeit dar, daß die Zufallsgröße zwischen a und b liegt, in Zeichen $p(a < z < b)$. Die Fläche zwischen Kurve und z-Achse, die durch $-1 \leq z \leq 1$ begrenzt ist, beträgt etwa 68,3 Prozent. Das heißt, daß die Zufallsvariable z mit Wahrscheinlichkeit 68,3 Prozent von ihrem Mittelwert $\mu = 0$ nicht mehr abweicht, als ihre Standardabweichung ausmacht (schraffierte Fläche).

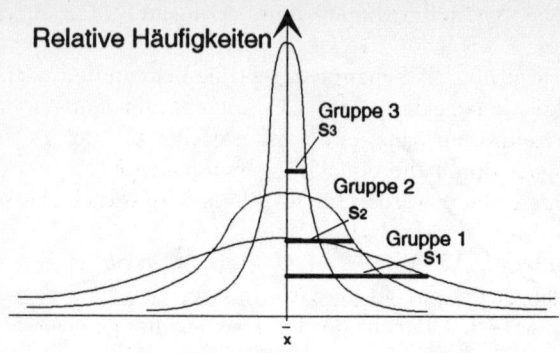

Abb. 5: Gruppierte Meßergebnisse um den Mittelwert

Ebenso erhält man die Wahrscheinlichkeit dafür, daß z zwischen − 2 und 2 liegt: etwa 95,4 Prozent.

Obwohl die Flächen in den Schwänzen nach links und rechts unbegrenzt sind, liegt praktisch die gesamte Fläche, nämlich etwa 99,73 Prozent, zwischen − 3 und 3.

Selbst die Mathematiker berechnen derartige Funktionswerte nicht selbst, denn diese Werte sind für alle brauchbaren z längst tabelliert, in speziellen Software-Paketen implantiert beziehungsweise aus Chips und Datenträgern abrufbar.

Wie erwähnt, heißt die graphische Darstellung der Normalverteilung auch *Gaußsche Fehlerkurve*, da zufällige Meßfehler die Eigenschaft haben, um den Mittelwert normalverteilt zu sein. Lassen wir die Länge eines Gegenstands von drei Personengruppen wiederholt messen: Gruppe 1 soll ohne Meßgerät schätzen, Gruppe 2 soll mit dem Meterband messen, und Gruppe 3, die aus Physikern besteht, soll mehrfache Messungen mit Hilfe eines hochpräzisen Laser-Entfernungsmeßgerätes durchführen. Wir setzen voraus, daß niemand systematische Fehler bei den Messungen macht. Selbst wenn wir noch annehmen, daß die drei Mittelwerte ungefähr übereinstimmen, ist doch zu erwarten, daß die Streuungen um diesen gemeinsamen Mittelwert für die drei Gruppen ziemlich verschieden ausfallen werden − etwa nach der skizzenhaften Darstellung von Abbildung 5.

Je genauer die Meßmethoden, desto geringer die Streuungen um den Mittelwert.

Worin liegt nun die behauptete zentrale Bedeutung dieser Normalverteilung? Sie liegt darin, daß viele äußerst umständlich zu berechnende Verteilungen, wie die Binomialverteilung, unter gewissen Voraussetzungen durch die einfach zu handhabende Normalverteilung beliebig angenähert werden können. Dies wird mittels des sogenannten *zentralen Grenzwertsatzes* bewerkstelligt. In der Tat sind viele, vor allem natürliche Zufallsvariable *normalverteilt* (um einen Mittelwert). Man denke nur an die Größen oder Gewichte der Mitglieder einer Population. Oder an die Reihe möglichst genauer Messungen der Länge eines Gegenstandes – vorausgesetzt, es kommt zu keinen systematischen Meßfehlern.

Erinnern wir uns an das 3-σ-Kriterium: Da die Zufallsschwankungen praktisch alle (99,73 Prozent) innerhalb eines Streubereiches von drei Standardabweichungen vom Mittelwert anzutreffen sind, deuten Häufigkeiten außerhalb dieser Grenzen auf systematische Abweichungen hin. Werden solche Häufigkeiten, etwa einzelner Nummern im Roulette, gefunden, so stellt dies allerdings noch keinen Beweis für signifikante Fehler dar; das 3-σ-Kriterium ist lediglich eine Art statistischer Indikator.

Denken wir nun an das Auf und Ab der Gewinne und Verluste eines *Plein*-Spielers im Roulette. Er hat eine (negative) Erwartung von − 5,4 Prozent seiner Einsätze, Tronc berücksichtigt. Dieses Auf und Ab, diese Fluktuationen seines Spielkapitals stellen eine Zufallsvariable dar, die um den Mittelwert (− 5,4 Prozent der getätigten Einsätze) streut. Wie stark diese Streuungen sind, sagt uns die Standardabweichung der speziellen Normalverteilung: Rund 68 Prozent der Fluktuationen bewegen sich innerhalb einer Standardabweichung, rund 95 Prozent innerhalb von zwei und praktisch alle Fluktuationen innerhalb von drei Standardabweichungen.

In der Anfangsphase, solange der Spieler noch nicht sehr viele Einsätze getätigt hat, verlaufen die Grenzen der positiven Standardabweichungen noch eine Weile im positiven Bereich, weshalb Saldogewinne zu Beginn wahrscheinlicher sind als später, wenn die negative Erwartung auch den Verlauf der positiven (einfachen, zweifachen und dreifachen) Standardabweichung sozusagen unter die Nullinie mitgezogen hat.

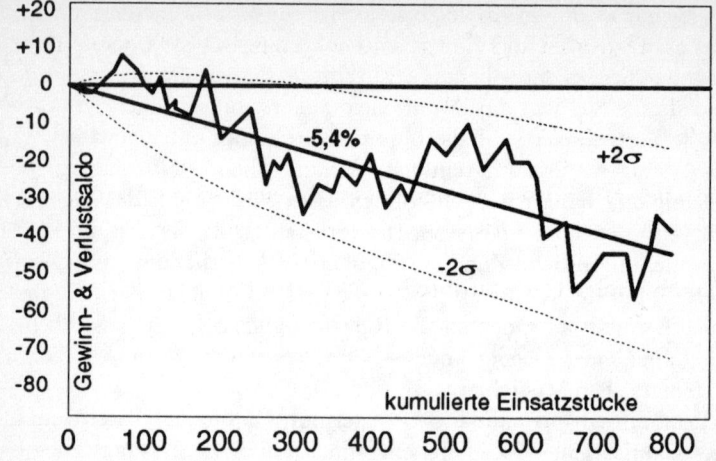

Abb. 6: Gewinn-und-Verlust-Entwicklung (Gesamtrisiko) im Laufe des Spiels bei konstanten Einsätzen und einem Bankvorteil von 5,4 Prozent.

Abbildung 6 veranschaulicht diese unvermeidliche Entwicklung. Der Übersichtlichkeit halber wurden für die Standardabweichung nur die Grenzen $\pm 2\sigma$ eingetragen, was, wie erwähnt, bedeutet, daß sich etwa 95 Prozent aller Fluktuationen innerhalb dieser Grenzen abspielen. Tatsächlich bewegt sich der Saldo nicht sehr lange im positiven Bereich.

Die (empirische) Streuung

Was soll das: Streuung, Varianz, Standardabweichung? Sind das nicht alles Streuungsparameter, Abweichungsmaße vom Mittelwert, vom Durchschnitt, vom Erwartungswert einer Zufallsvariablen? Ganz recht. Aber Statistik und Wahrscheinlichkeitstheorie sind unterschiedliche Disziplinen, mit verschiedenen Blickwinkeln. Und dennoch vertragen sie sich sehr gut, was, wie wir sehen werden, im Gesetz der großen Zahl zum Ausdruck kommt.

Hat man aus der Praxis die Zahlenreihe einer nicht weiter bekannten Zufallsvariablen vorliegen, kennt man also die zugrundeliegende Verteilung gar nicht – geschweige denn ihre speziellen Parameter –, dann geht man wie folgt vor. Zuerst wird der (empirische) Mittelwert $\overline{x}$ der Einzelwerte gebildet:

$$\overline{x} = \frac{x_1 + x_2 + \dots + x_n}{n}$$

Wie wir bereits wissen, genügt die Angabe eines noch so genauen Mittelwertes nicht, weil die Einzelwerte *mehr oder weniger* um diesen *streuen*. Zu jedem Mittelwert ist stets noch die Streuung s anzugeben, die mittels folgender (statistisch-empirischer) Formel berechnet wird:

$$s = \sqrt{\frac{(x_1 - \overline{x})^2 + (x_2 - \overline{x})^2 + \dots + (x_n - \overline{x})^2}{n - 1}}$$

Liegen beispielsweise die Einzelwerte 2, 7, 6, 1, 9 und 5 vor, so ist der Mittelwert $\frac{2+7+6+1+9+5}{6} = 5$, und die Streuung beträgt

$$\sqrt{\frac{(2-5)^2 + (7-5)^2 + (6-5)^2 + (1-5)^2 + (9-5)^2 + (5-5)^2}{6-1}} = 3{,}03.$$

Nun kommt aber – und das war der Zweck der Ausführungen – ein ganz interessantes Gesetz über Streuungen ins Spiel. Dieses Gesetz der mathematischen Statistik besagt, daß sich die Einzelstreuungen nicht einfach addieren, sondern daß *die Summe der Streuungen gleich der Quadratwurzel aus der Summe der Quadrate aller Einzelstreuungen* ist. Die entsprechende Formel ist recht einprägsam und auch einfach:

$$s = \sqrt{s_1^2 + s_2^2 + \dots + s_n^2}$$

Unter dieser Aussage kann sich allerdings kein Mensch auf Anhieb etwas vorstellen. Es lohnt sich aber – nicht zuletzt für Ihre Geldbörse –, dieses merkwürdige Gesetz an einem Alltagsbeispiel zu verdeutlichen. Stellen Sie sich vor, Sie hatten einen Unfall mit Ihrem Wagen und lassen den Schaden von Ihrer Autowerkstatt prüfen, die Ihnen dann folgenden Kostenvoranschlag für eine Totalrevision schickt:

`Totalrevision Ihres Wagens    DM 2500,– ± 20%`

Das heißt: DM 2500 ± eine Streuung von DM 500. Theoretisch müßten Sie eine Summe zwischen DM 2000 und 3000 veranschlagen, realistischerweise eher DM 3000. Sie überschlafen das Angebot. Dann fordern Sie die Werkstatt auf, einen detaillierten Kostenvoranschlag zu machen, mit etwa vier Positionen und gleicher Ungenauigkeit von ± 20 Prozent pro Position. Ein paar Tage später erhalten Sie den neuen Kostenvoranschlag:

```
Totalrevision Ihres Wagens:
Mechaniker                  DM   600,- ± 20%
Karosseriearbeiten          DM   800,- ± 20%
Lackierarbeiten             DM   700,- ± 20%
Ersatzteile & Material      DM   400,- ± 20%

Total                       DM  2500,-
```

Jetzt sieht die Sache etwas anders aus. Der Mittelwert bleibt der gleiche. Die totale Streuung hat sich aber jetzt fast halbiert: Die Streuungen der einzelnen Posten ergeben sich absolut zu 120, 160, 140 und 80, und das Gesetz für die Gesamtstreuung liefert

$$s = \sqrt{120^2 + 160^2 + 140^2 + 80^2} = 256{,}90$$

womit die Obergrenze des Kostenvoranschlags nicht mehr DM 3000, sondern etwa DM 2750 beträgt.

Mit Rücksicht auf dieses Gesetz sollten also, wo immer es möglich ist, Gesamtgrößen in einzelne Posten unterteilt werden. Und überall, wo man es mit Mittelwerten und Streumaßen zu tun hat, spielt dieses Gesetz eine Rolle. So auch im Roulette: Ein «Platzer» oder Totalverlust durch Zufallsfluktuationen wird weniger wahrscheinlich, je mehr Chancen Sie belegen (mit dem erhöhten Einsatz verschlechtert sich aber auch Ihre zu erwartende absolute Bilanz). Nicht zuletzt beruht die allseits bekannte *Risikostreuung* in allen wirtschaftlichen Belangen auf diesem Gesetz der Gesamtstreuung.

Das Gesetz der großen Zahlen: Brücke zwischen Praxis und Theorie

Eine zentrale Frage bei allen Zufallsexperimenten lautet: Welche Beziehung herrscht zwischen Theorie und Praxis, das heißt zwischen Wahrscheinlichkeitstheorie und angewandter Statistik? Sagt die Theorie die Praxis richtig voraus, und kann umgekehrt aus den Beobachtungen auf die theoretischen Werte geschlossen werden? Für den Physiker Ernst Mach (nach dem die Mach-Zahl als Maß für hohe Fluggeschwindigkeiten benannt ist) ist eine Theorie ganz schlicht «die Zusammenfassung der Beobachtungen unter dem Prinzip der Denkökonomie». Andererseits meinte Albert Einstein: «Die Theorie bestimmt, was wir beobachten können.» Eine gute Theorie soll also nicht nur Vorhandenes erklären können, sondern auch Neues vorhersagen und entdecken helfen.

Das *Gesetz der großen Zahlen* verkörpert genau diese Brücke zwischen Wahrscheinlichkeitstheorie und praktischer Statistik. Es kann wie folgt formuliert werden: Je größer die Anzahl der Versuche, desto kleiner die *prozentuellen* Abweichungen von der erwarteten (oder durchschnittlichen) Anzahl von Erfolgen. Oder: Je größer die Anzahl der Versuche, desto kleiner die Differenz zwischen der empirischen relativen Häufigkeit eines Ereignisses und dessen Wahrscheinlichkeit – vorausgesetzt, die einzelnen Versuche werden, wie beim Münzwurf, unabhängig voneinander durchgeführt. Je öfter ich also eine faire Münze werfe, desto genauer wird die Schätzung $p(\text{Kopf}) = \frac{1}{2}$. Wenden wir diese Interpretationsregel an, werden wir in den seltensten Fällen falsch handeln. Im Grenzfall, wenn n, die Anzahl der Versuche, beliebig groß wird (der Mathematiker schreibt dafür n → ∞ und sagt «wenn n gegen Unendlich strebt»), sind relative Häufigkeit und Wahrscheinlichkeit angeglichen. Ausnahmeserien sind nie ganz auszuschließen, auch wenn n noch so groß gewählt wird; sie kommen jedoch höchst selten vor. Das Gesetz der großen Zahlen ist also eine Art *Grenzwertaussage* und mahnt zu besonderer Vorsicht bei Folgerungen.

Hier nun das häufigste Beispiel einer Folgerung, die aus dem Gesetz der großen Zahlen *nicht* geschlossen werden kann und der dennoch unzählige Spieler Tag für Tag auf den Leim gehen. Es ist der Glaube an den *Ausgleich*, an ein Ausgleichsgesetz als Folge des Gesetzes der großen Zahlen. Warum ist dies eine unzulässige Folgerung? Antwort: Die Schwankungen der *relativen* Häufigkeiten eines Ereignisses um dessen Wahrscheinlichkeit können auch dann noch ständig kleiner werden, wenn die *absoluten* Häufigkeiten des Ereignisses sich von den theoretischen absoluten Häufigkeiten ständig weiter entfernen! Mit anderen Worten: Das Gesetz der großen Zahlen ist auch dann noch erfüllt, wenn kein *absoluter Ausgleich* zwischen gleich wahrscheinlichen, zueinander komplementären Ereignissen (wie Gerade und Ungerade oder

Rot und Schwarz) stattfindet. Das in Spielerkreisen unausrottbare Gesetz des Ausgleichs ist eine unzulässige Interpretation des Gesetzes der großen Zahlen, angewandt auf eine überschaubare Anzahl von Coups. Auf diesen Glauben werde ich im nächsten Abschnitt noch näher eingehen.

Das (Bernoullische) Gesetz der großen Zahlen schlägt aber nicht nur eine Brücke zwischen Wahrscheinlichkeit (p) und relativer Häufigkeit (h_n) eines Ereignisses in einem Bernoulli-Experiment. Ein ähnlicher Zusammenhang besteht nach dem sogenannten *schwachen Gesetz der großen Zahlen* zwischen dem Erwartungswert (μ) einer beliebigen Zufallsgröße und dem (empirischen) Mittelwert ($\bar{x}$) von n unabhängigen Wiederholungen des Zufallsexperiments. Interpretationsregel: Ist der Erwartungswert einer Zufallsgröße unbekannt, so erhält man dafür bei großen n mit $\bar{x}$ einen Näherungswert. Mit anderen Worten: Ganz ähnlich wie bei der Wahrscheinlichkeit und dem Erwartungswert, erhält man für große n durch die empirische Varianz s^2, auch «Streuungsquadrat» genannt, einen Näherungswert für die unbekannte Varianz $V = \sigma^2$.

Die folgende kleine Übersichtstabelle listet die Begriffe auf, die durch die verschiedenen Gesetze der großen Zahlen paarweise in eine Empirie-Theorie-Beziehung gebracht werden:

Statistik (Empirie)	Wahrscheinlichkeit
relative Häufigkeit h_n	Wahrscheinlichkeit p
empirischer Mittelwert $\bar{x}$	Erwartungswert μ
empirische Varianz s^2	Varianz $V = \sigma^2$
Streuung s	Standardabweichung σ

Gibt es noch weitere nennenswerte Gesetze – oder vermeintliche Gesetze? Das so oft angeführte «Gesetz der Serien» ist kein mathematisches Gesetz, eher ein emotionales. Es deutet auf Wiederholungen und *Klumpenbildungen* gleichartiger Ereignisse hin, die bereits durch die Wahrscheinlichkeitsrechnung die adäquate Beschreibung erfahren. Es würde den Rahmen dieses Buches sprengen, all die speziellen Wahrscheinlichkeiten und Funktionen zu behandeln, die mit diesem «Gesetz der Serien» in Verbindung gebracht werden. Das habe ich bereits in meinem Buch *Roulette: Die Zähmung des Zufalls* getan. Dort habe ich mich auch mit dem in Spielerkreisen kursierenden «Zwei-Drittel-Gesetz» auseinandergesetzt, dem zufolge angeblich innerhalb einer Rotation (bestehend aus 37 Coups) im Mittel nur 23 oder 24 Roulettenummern (Zwei Drittel von 37) erscheinen, 13 oder 14 Nummern dagegen ausbleiben. Dies ist in Wirklichkeit kein Gesetz, sondern nur eine Feststellung, die mit der Wahrscheinlichkeitsrechnung in Einklang steht. Es hat also nichts Abnormes an sich, wenn nicht jede Nummer innerhalb einer beliebigen Rotation auftaucht. Die Wahrscheinlichkeit dafür, daß *jede* Nummer innerhalb einer Rotation vorkommt, ist mindestens 55 millionenmal kleiner als ein Sechser im Lotto 6 aus 49! Und die ist ja schon unvorstellbar klein.

Befassen wir uns zum Abschluß des Kapitels noch mit dem «Ausgleichsgesetz».

Ecarts, Spannungen, Signale... und der Ausgleich?

Unter einem (absoluten) *Ecart* – das französische Wort für Abweichung – versteht man die Häufigkeitsdifferenz zweier gleich wahrscheinlicher, in der Regel komplementärer Chancenteile innerhalb einer Permanenz. (Eine Permanenz ist eine Mitschrift oder Anzeige der gefallenen Nummern an einem Tisch.) Für die beiden Teile der Farbchance beispielsweise ist der auf Rot bezogene absolute Ecart innerhalb einer vorgegebenen Permanenz also $E_{abs} = H_R - H_S$, wenn H_R und H_S die jeweiligen absoluten Häufigkeiten von Rot und Schwarz innerhalb einer Permanenz der Länge $N = H_R + H_S$ bezeichnen; Zérocoups werden hier ignoriert. Die folgenden drei Fälle sind nun möglich:

- Ist $H_R > H_S$, so ist der auf Rot bezogene absolute Ecart positiv und Rot, der häufiger erschienene Chancenteil, die «Dominante», während Schwarz die «Restante» genannt wird.
- Ist $H_R < H_S$, der Chancenteil Rot also die Restante, dann ist der absolute Ecart, bezogen auf Rot, negativ; man spricht von einem «Minusécart».
- Ist $H_R = H_S$, also $E_{abs} = 0$, dann hat ein absoluter Ausgleich innerhalb der betrachteten Permanenz stattgefunden.

Die meisten Spieler folgern nun aus dem Gesetz der großen Zahlen, daß sich nach anfänglichen Ecarts über viele Coups hinweg zwangsläufig wieder ein Gleichgewicht (*équilibre*) einstellen müsse. Dies ist eine Variante des *gambler's fallacy*, das ich im vorigen Abschnitt beschrieben habe. Als «Gesetz des Ausgleichs» bezeichnet, dient sie unzähligen Tüftlern als Grundlage für Spielsysteme. Dieses vermeintliche Gesetz des Ausgleichs, bezogen auf die absolute Häufigkeitsdifferenz zweier gleich wahrscheinlicher Chancenteile, existiert aber in Wirklichkeit gar nicht, und das bedarf einer Begründung.

Das Gesetz der großen Zahlen betrifft im wesentlichen zwei Sachverhalte, die mit der beschriebenen absoluten Häufigkeitsdifferenz nichts zu tun haben. Erstens bezieht es sich niemals auf eine beschränkte Permanenzlänge. Und zweitens macht es lediglich eine Aussage über *relative* Häufigkeitsdifferenzen.

Die Folgerung von einem Sachverhalt, der für eine beliebig große Anzahl von Coups zutrifft, auf einen beschränkten Umfang ist aber logisch unzulässig und kann niemals eine solide Basis für ein Spielsystem abgeben, da sie der Grundidee der Grenzwertbildung widerspricht. Und weiter: Aus dem Kleinerwerden der relativen Differenzen folgt zwingend weder eine Art «relatives Equilibre» noch ein Kleinerwerden der absoluten Differenz. Diese Aussage ist entscheidend, denn sie läßt die Möglichkeit zu, daß – trotz des Kleinerwerdens der relativen Differenz – die absolute Differenz, um die es ja im vermeintlichen Gesetz des Ausgleichs geht, sogar größer wird!

Mit Hilfe der Normalverteilung erhält die Wahrscheinlichkeit für einen absoluten Ausgleich folgende Form[*]:

$$p\,(E_{abs} = 0) = \frac{\text{Konstante}}{\sqrt{N}}$$

Überraschenderweise geht aus dieser Beziehung hervor, daß die Wahrscheinlichkeit für ein Gleichgewicht mit wachsender Gesamtzahl N keineswegs größer, sondern geringer wird – denn schließlich befindet sich N ja im Nenner des Bruchs.

Ist einmal ein Ecart zustande gekommen, dann besteht auch von diesem Punkt an keine rückläufige Tendenz (*Spannung*) in Richtung auf einen Nullécart. Wegen der Parität gleich wahrscheinlicher Chancen-

---

[*] Die rechnerische Herleitung findet der mathemathisch interessierte Leser in meinem Buch *Roulette – Die Zähmung des Zufalls*, 3. Auflage 1993, Seite 92.

teile zeichnet sich vielmehr letztlich die Tendenz ab, einen einmal entstandenen absoluten Ecart aufrechtzuerhalten – was aus psychologischer Sicht natürlich enttäuschend und sogar tragisch ist. Bei absoluten Ecarts ist die Lage also desolat: Ein Gesetz des Ausgleichs gibt es nicht, ebensowenig wie eine Spannung als rückläufige Tendenz; folglich gibt es auch keine wie auch immer gearteten Kriterien in Form von Signalen, die auf einen aussichtsreichen Angriff hindeuten könnten.

Neben dem absoluten Ecart wird auch der sogenannte *relative* oder *statistische Ecart* in Betracht gezogen, der für einfache Chancen wie folgt definiert ist:

$$E_{stat} = \frac{E_{abs}}{\sqrt{N}}$$

und der dem auf $\sqrt{N}$ bezogenen absoluten Ecart entspricht. Nach der 3-σ-Regel ist es fast sicher, daß die Grenzen -3σ und $+3\sigma$ nicht überschritten werden.

Wenn nun in einer beobachteten Permanenz ein gewisser statistischer Minusécart überschritten wird, raten einige Systemerfinder zu einem Angriff auf dem entsprechenden Chancenteil. Die Vorschläge unterscheiden sich im wesentlichen nur durch den zweckmäßigen Wert für die Festlegung der Signalgrenze. Doch selbst nach extremen Ecarts ändert sich ja nichts an der prinzipiell vollständigen Unabhängigkeit der Zufallsereignisse im klassischen Roulette; die Wahrscheinlichkeiten sind konstant, und «die Kugel hat weder Gedächtnis noch Gewissen» (Dostojewski). Ausgleichende Gerechtigkeit ist im Zufallsbereich also reines Wunschdenken.

Alle Register werden gezogen: vergebliche Mühen

Die kommerziellen Spielsysteme

«Das Spiel der Spiele mit Dauergewinn». «Das Einstein-Phänomen». «Sieg über Zéro». «Ein Stück pro Angriff – der vorprogrammierte Erfolg». «Das unverlierbare Roulette-System». «Geheimmanuskript des Professor Alyett». «Der Antiplatzer». «Zéro-Umwandlung». «Die unverlierbare Progression». «Quintessenz». «Auf Dauer gewinnen – der sichere Weg zum totalen Roulette-Erfolg, mit Garantie». «Der perfekte Mechanismus; mit Paternoster-Überlagerung»...

So vollmundig werden sie angeboten, die offen oder unterschwellig Gewinn garantierenden Spielsysteme, und es ist kein Ende abzusehen. Sie alle wenden sich sowohl an einen harten Kern von Systemiers als auch an Gelegenheitsspieler, die fortan in den Strudel ewig wiederkehrender Versprechungen hineingezogen werden. Das Resultat: die astronomischen Bruttospielerträge, auch Dummensteuer genannt, und die immerhin noch halb so hohen *Spenden* für den Tronc.

Darüber hinaus sahnen auch ein paar schlaue Systemhändler ab, die sich eines Fachmagazins als seriös wirkenden und effektiven Werbeträgers für sich und die Spielbanken bedienen. Es sind wahre Meister der Werbepsychologie für irrationale Aspirationen, die periodisch einige gewinnverheißende Titel gegen bis zu tausend Mark pro Exemplar absetzen, wobei das jeweils gerade erschienene System über den grünen Klee gelobt wird, während alle früheren Systeme als Mist abgetan werden. Abseits der aktiven Werbung beteuern die Gewinnsystemverkäufer, sie befriedigten ja nur eine bestehende Nachfrage, und die angebotenen Systeme seien selbstverständlich nur unverbindliche Spielanregungen. Manchmal gibt es dabei eine Art Geld-zurück-Garantie, wenn auch unter sehr schwer zu erfüllenden Bedingungen – jedenfalls leben Systemhändler und Spielbanken in einer lukrativen Symbiose zusammen.

Zugegeben, auf der Börse geht es oft nicht anders zu: Die Summe der Gewinne ist gleich der Summe der Verluste, und es teilen sich nur relativ wenige diese Gewinne. Andererseits führen typische Spekulations- und Spielmethoden dazu, öfters wenig zu gewinnen und eher selten sehr viel zu verlieren. Schlußfolgerung: Die Verlierer gewinnen die meiste Zeit. Auf dieses Paradoxon, das die motorische Kraft aller Neuangriffe darstellt, werden wir noch zurückkommen.

Große Gewinner hat es natürlich immer schon gegeben, das gebietet ja bereits die Wahrscheinlichkeit und liegt durchaus im Interesse der Spielbankwerbung und der Systemhändler. Mit den handelsüblichen Systemen kann jedoch nicht mehr gewonnen werden als durch Zufall, da die mathematische Gewinnerwartung im klassischen Roulette unabhängig von der Spielsystematik gleich negativ ist. Allen handelsüblichen Spielsystemen ist gemein, daß sie sich hinsichtlich des realisierbaren Gewinnerfolges letztlich nicht unterscheiden. Warum dennoch zahlreiche Systemerfinder unaufhörlich und unverbesserlich weitersuchen, hat einen einfachen idealistischen Grund, den ich bereits geschildert habe: das agonale Prinzip.

Märsche, Masse-égale-Spiele, Einsatzvariationen

Dieser Abschnitt soll eher die konkreten, möglichen Aktionen im klassischen Roulette im Überblick zeigen, als alle traditionellen Spielsysteme detailliert beschreiben.

Märsche

Das Bespielen bestimmter Chancenteile nach einem ausgewählten Muster, beispielsweise nach einer festgelegten Coupfolge, wird als «Marsch» bezeichnet. Der Marsch ist also eine Vorschrift, wann und wohin der Einsatz (oder die Einsatzfolge) zu tätigen ist. Je nachdem, ob der Spieler mit oder entgegen der augenblicklichen Tendenz der Ereignisse agiert, wird vom «Spiel mit der Bank» oder «Dominantenspiel» oder aber vom «Spiel gegen die Bank» oder «Restantenspiel» gesprochen. Märsche können äußerst kompliziert sein, aber sie setzen sich stets aus einer Anzahl klassischer, elementarer Märsche zusammen:

- die «Gagnante» oder «Sortante», das Nachsetzen auf den gerade erschienenen Coup;
- die «Perdante» oder Setzen auf den gerade verlorenen Coup;
- die «Avant-dernière» oder Nachsetzen auf den vorletzten Coup;
- die «Sauteuse» oder der intermittierende Wechsel zwischen beiden Teilen einer einfachen Chance;
- die «Tournante», das periodische Bespielen einer bestimmten Chancenfolge;
- das Spiel auf den Zweiercoup – oder dagegen;
- das Spiel auf den Dreiercoup – oder dagegen; usw.

Nur die hundertprozentig treffsichere «Prochaine» (die nächste) gibt es leider nicht…

Was von den Märschen zu halten ist, hat Claus Koken treffend und deutlich in seinem Buch über das (ausschließlich klassisch-mathematische) Roulette zum Ausdruck gebracht: «An und für sich zeugt bereits die Tatsache, daß solch widersprüchliche Marschstrategien praktiziert werden und sich offensichtlich keine Art gegenüber ihrem Gegenteil als nachweislich vorteilhaft herausgestellt hat, von der Unsinnigkeit aller Marschstrategien. Daß sogenannte Roulettewissenschaftler überhaupt bestimmte Marschstrategien als Objekte ernsthafter Untersuchungen würdigen und womöglich als empfehlenswert propagieren, darf als ein Beispiel irregeleiteten menschlichen Intellektes betrachtet werden… Der Traum vom *überlegenen Marsch*, den Generationen von Roulettespielern geträumt haben, ist also eine reine Illusion.»

Und doch: Im Grunde genommen ist – logisch betrachtet – *gegen* Märsche nichts einzuwenden, und ich kritisiere auch nicht die Märsche an sich, weil es vollkommen irrelevant ist, aus welchen Gründen von Schwarz auf Rot oder vom ersten Dutzend auf das dritte gewechselt wird; keiner dieser Gründe ist besser oder schlechter als ein anderer. Es ist nur ein Irrtum zu meinen, Märsche würden etwas helfen.

Masse-égale-Spiele

Beim Masse-égale-Spiel wird die Höhe des Einsatzes für die bespielte Chance konstant gehalten. Zumindest unter seriösen Systemtüftlern hat sich die Erkenntnis etabliert, daß die mathematische Erwartung bei einer Strategie mit beliebiger Einsatzvariation nur dann positiv sein kann, wenn sie auch bei der entsprechenden Masse-égale-Strategie positiv ist.

Masse-égale-Spiele im klassischen Roulette weisen keine positiven Gewinnerwartungen auf und führen nach gewissen Spielstrecken unweigerlich, also mit verschwindender Restwahrscheinlichkeit eines Gesamtgewinns, in die Verlustzone.

Spiele mit Einsatzvariationen

Gemeint sind hier in erster Linie sogenannte Progressionsspiele, bei denen sich also die jeweilige Einsatzhöhe nach den vorangegangenen Coupergebnissen richtet. Als Progressionen im Verlustfall, kurz «Verlustprogressionen», werden Progressionsspiele bezeichnet, bei denen Satzerhöhungen unmittelbar oder auch mittelbar nach Verlustcoups vorgenommen werden. Im Gegensatz hierzu erfolgen bei Progressionen im Gewinnfall, kurz «Gewinnprogressionen» genannt, Satzerhöhungen nach Treffern. Auf der Basis dieser konträren Progressionsprinzipien sind im Laufe der Zeit vielfältige Progressionsvarianten vorgeschlagen worden. Unter der Voraussetzung einer beliebig langen Spielstrecke läßt sich für keine der Progressionen der mathematische Nachweis einer «Überlegenheit», also einer positiven Gesamterwartung, erbringen.

Es sei jedoch darauf hingewiesen, daß es für bestimmte Progressionsarten bei begrenztem Spiel sehr wohl eine Überlegenheit in dem Sinne geben kann, daß die Wahrscheinlichkeit für einen positiven Gewinnsaldo, wie wir im nächsten Kapitel sehen werden, eine bestimmte vorgegebene Grenze nicht unterschreitet. Diese Aussage hat jedoch mit der mathematischen Erwartung selbst nichts zu tun, und so ungewöhnlich ist ihr Inhalt ja auch gar nicht, hat doch der Spieler relativ große Freiheiten – seinen *Spielraum* –, die Gewinnwahrscheinlichkeiten eines Einsatzes zu bestimmen. Was die Erwartung bei Progressionsspielen betrifft, so kann sich jeder von der Konstanz des Erwartungswertes bei gegebenen Chancen und bei verschiedenen Einsatzvariationen an einfachen endlichen Spielbaummodellen überzeugen.

Woraus erklärt sich dann die Tatsache, daß es unter Roulettespielern so viele Anhänger von Progressionsspielen gibt? Zwei Sachverhalte sind hier als Ursache zu nennen:

- Der Streubereich der Resultate hinsichtlich des Erwartungswertes ist erheblich größer als beim Masse-égale-Spiel.
- In der Mehrzahl der Fälle werden mit Verlustprogressionen zunächst Saldogewinne erzielt.

Der Spieler kann kleine, aber ermutigende Anfangsgewinne verbuchen und kumulieren, die erst nach längeren Spielstrecken in Verluste umschlagen. Dieser Absturz in die Verlustzone erfolgt meist sehr abrupt durch einen ungünstigen Permanenzverlauf, der die Satzhöhen und folglich den Kapitalschwund lawinenartig ansteigen läßt.

Neben den reinen Progressions- und Stellentilgungsspielen, deren interessante Aspekte im nächsten Abschnitt gezeigt werden, gibt es eine Vielzahl von Kombinationssystemen: Überlagerungsspiele als Ineinanderschachtelung verschiedener Progressionsarten, Differenzspiele auf die komplementären Teile einer einfachen Chance, Spiele mit Einsatz-Splitting auf mehrere Chancen, gedehnte Progressionen auf höhere Chancen usw.

Martingale-, Paroli- und Stellentilgungsspiele

Martingale-Spiele

Einsatzprogressionen nach Verlustcoups – die Verlustprogressionen – gehören zu den ersten Erfahrungen der meisten Spielbankbesucher, und nicht selten sind sie die Ursache des sogenannten Anfängerglücks. Der einfachste Repräsentant ist die Martingale, die darin besteht, nach einem Verlust den nächsten Einsatz zu verdoppeln: 1, 2, 4, 8, 16, 32, … Erfolgt im n-ten Coup ein Treffer mit dem Einsatz 2^{n-1} (der wohltuende «Herausreißer»), und zieht man die Summe aller vorangegangenen Verlustsätze dieser Serie ab, dann bleibt als Reingewinn der Serie genau ein Stück übrig. Durch das Einsatzmaximum sind diesem Spiel Grenzen gesetzt, aber selbst ohne Maximum würde ein unlimitiertes Spiel ein unendlich großes Spielkapital erfordern.

Es gibt viele aggressive Progressionen, *Aggressionen* könnte man sie nennen, bei denen der erste Treffer einen Überschuß hinsichtlich der gesamten Verlustsequenz produziert; solche Progressionen wie die einfache Martingale sind für den Spieler sehr gefährlich, weil er, beginnend mit dem Tischminimum, nach etwa elf Verlustcoups auf einfachen Chancen bei einem kumulierten Einsatz von mehr als zweitausend Stück angelangt ist und wegen des Tischmaximums nicht mehr wirksam erhöhen kann – und das alles, um in der Partie ein einziges Stück zu gewinnen!

Alle Verlustprogressionen haben das Folgende gemein: Es gibt bei jeder von ihnen eine gewisse Spielstrecke, auf der sie mit relativ großer Wahrscheinlichkeit Gewinne produzieren; genauer: Es kann eine *maximale erlaubte Spielstrecke* angegeben werden, während der die Wahrscheinlichkeit für einen positiven Gesamtsaldo eine gewisse vorgegebene Grenze nicht unterschreitet. Diese interessante bedingte Gewinnmöglichkeit im klassischen Roulette werde ich im nächsten Kapitel behandeln.

Paroli-Spiele

Beim Parolispiel läßt der Spieler im Gewinnfall Einsatz und Gewinn für den nächsten Coup im Spiel. Wird auch mit diesem erhöhten Einsatz gewonnen, so ist der einfache Parolisatz erfolgreich abgeschlossen. Ein Mehrfachparoli verlangt diese Wiederholung mehrfach, solange gewonnen und das Einsatzmaximum nicht überschritten wird.

Da Parolisätze zu einem wesentlichen Teil aus vorangegangenen Gewinnauszahlungen der Bank resultieren, spricht man von «Progressionen mit dem Geld der Bank». Psychologisch beschwichtigend mag der Aspekt erscheinen, daß im Verlustfall ja im wesentlichen kein eigenes Kapital verloren wird, bei erfolgreichem Abschluß aber ein zum geleisteten Eigeneinsatz vergleichsweise sehr hoher Gewinn möglich ist. Die andere Seite der psychologischen Medaille ist natürlich, daß der Spieler sehr gute Nerven haben muß – oder überhaupt keine –, um die wachsende Spannung eines gewagten Mehrfachparolis gegen Ende der Gesamtentscheidung ertragen zu können.

Psychologisch komfortabler hat es ein Spieler, der in einer günstigen Phase nur *partiell paroliert*, also nach jedem Treffer einen spürbaren Gewinnanteil abzieht, nach dem Motto: Gewinne laufen lassen, Verluste begrenzen. Wir sollten jedoch bedenken, daß ein Spieler, der eine günstige Phase erwischt, ohnehin nie in Bedrängnis ist, was und wie auch immer er gerade spielt.

Der bei Verlustprogressionen geltende Vorteil, nämlich die Erhöhung der Erfolgswahrscheinlichkeit über begrenzte Spielstrecken, ist beim Parolispiel nicht vorhanden. Im Gegenteil, der Parolispieler wird zuerst meistens mit Verlusten abschließen, bis ein Parolisatz gelingt. Diese defizitäre Anfangstendenz ist sogar typisch für Gewinnprogressionen.

Stellentilgungsspiele

Zugegeben: Einsatzvariationen sind logisch nicht stichhaltig, weil wir es ja im klassischen Roulette mit vollkommen unabhängigen Ereignissen zu tun haben. Nicht minder logisch ist aber die Annahme, daß man in einer längeren Coupfolge auf einfachen Chancen nicht jeden Coup verlieren kann – und daß man genausowenig jeden Coup gewinnen wird. Genaugenommen hat das aber mit Logik viel weniger zu tun als mit Wahrscheinlichkeiten und Erwartungen.

Die Anhänger von Progressionen im Verlustfall sagen sich in der Tat: Ewig kann ich ja nicht verlieren, wenn ich also nach jedem Verlustcoup meinen Einsatz steigere, werde ich vom ersten Treffer an einen Gewinn kassieren, der höher ist als der vorangegangene Verlusteinsatz in der gleichen Serie. Umgekehrt kann ich auch nicht ewig gewinnen; also werde ich nach einem oder mehreren Gewinncoups den Einsatz reduzieren.

Diese Regel ermöglicht es im Mittel, mit höherem Einsatz Gewinne zu verbuchen, während Verluste mit relativ niedrigen Einsätzen bezahlt werden. Dadurch kommt es meistens, *bei nicht zu ungünstigem Permanenzverlauf*, zu einer positiven Differenz zwischen kumulierten Gewinnen und Verlusten. Die offene Frage ist nur noch, ob die Buchungszuordnung zwischen Gewinn- und Verlustcoups richtig funktioniert, ob der Spieler also davon ausgehen kann, daß sich sowohl die Reihung als auch das Verhältnis zwischen Gewinn- und Verlustcoups auf überschaubaren Spielstrecken in einem gewinnträchtigen Rahmen hält.

Das hängt von mehreren Faktoren ab – solchen, die der Spieler beeinflussen kann, und anderen, denen gegenüber er machtlos ist. Zu den Faktoren, die er selbst bestimmen kann, gehören vor allem die Progressionsparameter. Faktoren, denen er ausgeliefert ist, stellen die Schwankungen, also die Reihenfolge zwischen Verlust- und Gewinncoups – sowie deren Verhältnis –, dar. Es wird im Interesse des Spielers gelegen sein, die *endogenen*, das heißt die von ihm selbst zu bestimmenden Faktoren so zu wählen, daß sie mit den *exogenen* Einflüssen weitgehend verträglich sind, daß die beiden Faktorenarten also zumindest nicht auf Schritt und Tritt kollidieren.

Somit ist das prinzipielle Programm für den Spieler klar: Auf der Grundlage der in ihrer Wahrscheinlichkeit kalkulierbaren Schwankungen hat er die Rahmenbedingungen für sein Gewinnziel, die ins Auge gefaßte Spielstrecke, das Restrisiko und die Progressionsparameter realistisch und vorerst grob aufeinander abzustimmen und schließlich die Systemkomponenten in einem regelrechten *Tuning* gesamtoptimal (bezüglich seiner Ziele und sonstigen Neigungen) festzulegen. Bei den gefährlichen starken Progressionen kann der erste Treffer bereits einen Ausgleich herstellen und sogar einen Gewinn für die Spielserie abwerfen.

Andere Progressionen dagegen verlangen den Ausgleich mit Hilfe mehrerer Gewinncoups und für überschaubare Spielstrecken – eine unzutreffende Voraussetzung, die oft nicht einmal hinreichend ist: Bei einer anfänglichen Serie von Gewinncoups, gefolgt von einer gleichlangen, abschließenden Serie von Verlustcoups, ist das finanzielle Resultat (trotz vollständigen Ausgleichs zwischen Gewinn- und Verlustcoups) nicht gerade erbauend.

Es gibt jedoch einen Mittelweg: Verlustprogressionen, die die aufgelaufenen Verluste *dosiert* tilgen, beispielsweise je zehn Verlustcoups mit Hilfe von etwa drei bis sieben Gewinncoups, und zusätzlich noch einen Gewinn abwerfen. Ausgeklügelte Staffelungen der Einsätze helfen bei der Mehrfach-Martingale, die Tilgung zu steuern. Trotzdem hat der Spieler bei vielen dieser Verlustprogressionen nicht immer eine klare Vorstellung davon, *wo er sich gerade befindet*.

Das Prinzip der Stellentilgung, nach dem einige der Verlustprogressionen konstruiert sind, ermöglicht in den meisten Fällen eine Orientierung und zweckmäßige Steuerung der Satzvariationen. Eine Verlustprogression nach dem Prinzip der Stellentilgung ist eine Progressionsart, bei der ein Treffer auf erhöhtem Satzniveau einem oder mehreren Verlustcoups auf geringerem Satzniveau gegengerechnet wird. Eine Partie ist abgeschlossen, wenn auf diese Weise alle Verlustcoups getilgt sind. Bei manchen dieser Systeme wird mit einer Reihe fiktiver Verlustcoups begonnen, die als Gewinnziel für die Partie zu interpretieren sind; sind sie am Ende der Partie getilgt, bedeutet dies, daß das Gewinnziel erreicht worden ist.

Die Holländische Progression («Hollandaise»), die Mehrfach-Martingale (oder Progression «Deance») und die Amerikanische Abstreichprogression (oder «Labouchère») sind berühmte Repräsentanten von Verlustprogressionen nach dem Prinzip der Stellentilgung.

Sehen wir uns den Mechanismus der Amerikanischen Abstreichprogression einmal näher an. Der Spieler möchte mit einer Partie zehn Satzeinheiten gewinnen. Es werden die Zahlen 1 bis 4 untereinander aufgeschrieben:

1
2
3
4

Die Summe, zehn Satzeinheiten, wird als fiktiver Verlust aufgefaßt, der getilgt werden soll. Nach der erfolgreichen Tilgung ist dann in Wirklichkeit ein Gewinn von zehn Einheiten erzielt worden. Die jeweilige Einsatzhöhe im Laufe der Partie ist die Summe aus der kleinsten und der größten Zahl. Zu Beginn müssen also $1 + 4 = 5$ Satzeinheiten gesetzt werden. Erfolgt ein Treffer, so werden die 1 und die 4 gestrichen (oder eingeklammert) und $2 + 3 = 5$ Einheiten gesetzt. Wird auch dieser Satz gewonnen, so ist die Partie erfolgreich abgeschlossen. Nach einem Verlustcoup wird hingegen die verlorene Satzhöhe unten dazugeschrieben. Die nächste Satzhöhe entspricht dann der Summe aus dieser Satzhöhe und der kleinsten noch nicht getilgten Satzhöhe. Nachfolgend ein Beispiel einer Partie zur Verdeutlichung des Mechanismus. Ein Treffer werde durch +, ein Verlustcoup durch − bezeichnet.

Satzhöhe:	5	5	7	9	8	11	5	10	15	20	15
+/−:	+	−	−	+	−	+	−	−	−	+	+
	(1)	2	2	(2)	3	(3)	5	5	5	(5)	(5)
	2	3	3	3	5	5	5	5	5	5	(10)
	3	5	5	5	8	(8)		10	10	10	
	(4)		7	(7)					15	(15)	

Bei längeren Partien werden für eine vollständige Stellentilgung nur etwa halb so viele Treffer wie Verlustcoups benötigt. Allerdings steigt die Satzhöhe mit wachsender Spielstrecke, die für eine Partie erforderlich werden könnte, sehr steil an. Die Einsatzhöhen schaukeln sich in gefährlicher Weise auf.

Verlockend am Prinzip der Stellentilgung ist die Aussicht, Partien erfolgreich abzuschließen, auch wenn kein Ausgleich zwischen komplementären Chancenteilen stattfindet. Das vermeintliche Ausgleichsgesetz wird in der Regel nicht vorausgesetzt. Die Satzhöhen in Abhängigkeit vom Ecart steuern zu können bedeutet auch die Möglichkeit, die Progressionsparameter an die Wahrscheinlichkeiten für negative Ecartwerte (in Einheiten der Standardabweichung) zu koppeln. Für überschaubare Spielstrecken kann der Spieler negative Ecartwerte, die er gerade noch besiegen will, festlegen, die dazugehörigen Wahrscheinlichkeiten ermitteln und anschließend ein dazu passendes, maßgeschneidertes Progressionsschema nach dem Prinzip der Stellentilgung konstruieren. Die ersten beiden Schritte kann er auch umkehren: Für limitierte Spielstrecken kann er zuerst die Erfolgs- beziehungsweise Risikowahrscheinlichkeit bestimmen, die er haben möchte, und danach den entsprechenden Ecartwert ermitteln. Im Hinblick auf den erfolgreichen Abschluß der Partien wird die Konstruktion seines Progressionsschemas ohnehin die schwierigste Aufgabe sein, da es ja nicht nur auf den Ecart an sich ankommt, sondern auch und vor allem darauf, wie, das heißt in welcher Reihenfolge von Plus- und Minus-Coups, ein bestimmter Ecart entstanden ist.

Schwimmen, Segeln, Fliegen und Geheimcodes

Für Spielsysteme im mathematisch perfekten Roulette gilt ja keineswegs, daß sie überhaupt nicht funktionieren. Sie haben nur leider eine negative Erwartung, und die stellt sich mit einer an Sicherheit grenzenden Wahrscheinlichkeit ein, wenn nur lange genug gespielt wird. Viele klassische Spielsysteme können sich aber andererseits durchaus eine Zeitlang mit mehr oder weniger großer Wahrscheinlichkeit ohne Verluste «über Wasser» halten: gleich Schwimmern oder Fliegern, die ja auch stets nur eine Zeitlang den natürlichen Elementen trotzen und nicht sofort untergehen oder abstürzen – obwohl sie schwerer sind als Wasser oder Luft. Auch das Segeln *gegen den Wind* weckt die Assoziation zum Systemspiel *gegen die negative Erwartung*. Oder denken wir an die Systeme für Geheimcodes: Die Datensicherheit ist ein wichtiger neuer Zweig der Kryptographie (der Wissenschaft von den Code- und Chiffriersystemen); sie entwickelt unablässig neue Verschlüsselungssysteme für die Übermittlung geheimzuhaltender Informationen, obwohl vollkommen klar ist, daß prinzipiell jede Information, die einen wirklichen Gehalt hat, bei genügendem Aufwand (an «Brainware» und Zeit) entschlüsselt werden kann (eine Nachricht, die durch einen Zufallsgenerator erzeugt wird, hat keinen wirklichen Informationsgehalt; man kann alles hineininterpretieren, das heißt aber auch: gar nichts). Immerhin gibt es eine Vielzahl solcher Verschlüsselungssysteme, die eine Zeitlang mit hoher Wahrscheinlichkeit *nicht* decodiert werden können. All das sind «Systeme», die funktionieren – aber nur innerhalb eines begrenzten Zeitraums. Die Zeitlimitierung ist dabei eine selbstverständliche Restriktion – nichts währt bekanntlich ewig.

Und wodurch funktionieren sie? Sieht man sich die Funktionsweise der Systeme genauer an, so wird man sehr schnell merken, daß neben der erwähnten Zeitrestriktion die Einbindung der operationalen Größen in ein strategisches Konzept die wesentliche Voraussetzung darstellt. Wie sehen nun die operationalen Größen im klassischen Roulette aus? Das System der (objektiven) Restriktionen ist gegeben durch die Regeln des Spiels, das heißt durch

- die Gleichwahrscheinlichkeit eines jeden der 37 Elementarereignisse;
- die Gewinntabelle, also die Auszahlungsquoten;
- das Einsatzminimum und die für verschiedene Chancenkombinationen geltenden Einsatzmaxima.

Zum System der Restriktionen für einen bestimmten Spieler gehört in der Regel die Höhe seines eigenen Spielkapitals (subjektive Restriktion).

Eine zweite Gruppe von operationalen Größen bilden die Aktionsvariablen. Sie stellen im klassischen Roulette die möglichen Aktionen des Spielers dar, also die bereits besprochenen strategischen Möglichkeiten. Dazu gehören die bespielten Chancen und Nummern, die Variationen der Einsatzhöhen im Laufe der Coupfolge und die Wahl zwischen verschiedenen Alternativspielregeln bei Eintreten von Zéro, falls eine einfache Chance bespielt wird. Die Wahl zulässiger Werte für die Aktionsvariablen entspricht der Entscheidung für eine bestimmte Spielmethode im klassischen Roulette; jedes *Schema* von Aktionsvariablen bildet also eindeutig ein bestimmtes Spielsystem im herkömmlichen Sinne.

Die Gruppe operationaler Größen sind die Ziele. Das ist doch das einfachste, mögen Sie denken: Ziel kann es ja nur sein, zu gewinnen. Dazu müssen wir uns nur an die bereits beschriebene Entscheidungsregel bei Risikosituationen im Wiederholungsfall halten, die verlangt, die mathematische Erwartung (Reingewinnmittelwert) einer Wahrscheinlichkeitsverteilung zu maximieren. Wollen wir dieses Ziel im klassischen Roulette erreichen, brauchen wir nur auf die Erkenntnisse der letzten beiden Abschnitte zurückzugreifen: Durch keine legale Aktion, und sei sie noch so ausgeklügelt, wird es je gelingen, die Erwartung im klassischen Roulette positiv zu machen. Im günstigsten Fall erreicht sie den Wert Null, nämlich wenn nicht gespielt wird – und wenn man vom Eintrittsgeld absieht. Wenn man sich schon entschlossen hat zu spielen, beträgt die Erwartung maximal rund $-1,35$ Prozent der effektiv getätigten Einsätze (Minimum an Verlust), und zwar auf einfachen Chancen. Die übrigen möglichen Erwartungen sind doppelt oder gar viermal so schlecht. Alle diese Erwartungen sind bei gegebener Chancenkombination konstant und können nicht verbessert werden.

Sehr wohl können die Standardabweichungen der verschiedensten Wahrscheinlichkeitsverteilungen, das heißt letztlich der verschiedensten Aktionen des Spielers, variabel gewählt werden. Denn ob ich ein Dutzend oder eine Transversale bespiele, spielt zwar hinsichtlich des Erwartungswertes keine Rolle, wohl aber hinsichtlich der möglichen Schwankungen um diesen Erwartungswert.

Die herkömmlichen Spielsysteme bewirken letzten Endes nichts anderes, obgleich sie vortäuschen, die Erwartung selbst zu verbessern: Entweder gewinnt man mit ihnen sehr häufig relativ wenig und verliert selten, aber relativ viel, oder es ist gerade umgekehrt. Natürlich kommen auch alle möglichen Zwischenstufen vor. In jedem Fall übersteigt auf Dauer der Verlust den Gewinn, im Mittel um einen Betrag, den man durch die Errechnung des Erwartungswertes erhält. Alle erdenklichen legalen Aktionen des Spielers können die Gewinnerwartung im klassischen Roulette nicht positiv machen. *Was kann aber dann durch Spielsysteme tatsächlich erreicht werden?*

Einerseits kann der Spieler seine Gewinnwahrscheinlichkeit weitgehend selbst bestimmen, und andererseits kann er, unabhängig von seiner Gewinnwahrscheinlichkeit, aber innerhalb gewisser Grenzen, die *relative, durchschnittliche Gewinnhöhe im Gewinnfall* variabel gestalten. Jedes Spielsystem im klassischen Roulette wird im wesentlichen durch diese beiden Freiheiten eindeutig bestimmt, wobei jeder Faktor im Laufe des Spiels bis zu einem gewissen Grad veränderbar ist. Diese Einflußfaktoren können leicht aus der zu einer Spielmethode gehörenden Gewinnverteilung ermittelt werden.

Die verschiedenen Spielsysteme im klassischen Roulette stellen alle nur verschiedene Nuancen dar, die auf Dauer zur selben Konsequenz führen: einem von der Nuance unabhängigen Verlust. Die Nuancen selbst sind dabei weitgehend eine Geschmacksfrage. Ein Skeptiker, der dies nicht glaubt, wird auch mittels umfangreicher abstrakter Rechenkunststücke nicht überzeugt werden können.

Empirische Gewinnsystemsuche – ohne und mit Computer

Nicht nur der Naturwissenschaftler, auch der Systemspieler weiß, daß sich nur durch das Experiment prüfen läßt, ob seine Systemidee richtig ist. Nachdem es ihm, vor allem in der Praxis, nicht gelungen ist, seine Idee durch das Experiment unter Beweis zu stellen (er ist nur um eine weitere Erfahrung reicher geworden), will er nun den Spieß umdrehen und sucht in zahllosen Permanenzen empirische Hinweise für ein neues System. Und wir können sicher sein, daß er solche Anhaltspunkte finden wird – vielleicht eine *Anomalie* zwischen Tableau-Gruppen und Kesselsektoren gleichen Umfangs, aus der sich ein Nutzen ziehen ließe? Ist ihm erst einmal eine neue Idee gekommen, wobei der Zufall naturgemäß kräftig nachgeholfen hat, fängt er ein weiteres Mal an, sich im Kreise zu drehen.

Aber auch die Prüfung einer genau definierten Hypothese muß nicht unbedingt zu einer Entscheidung führen. Selbst wenn der Hypothese Tatsachen zugrunde liegen, könnten ungenügende oder ungeeignet erfaßte Daten eine Wahl unmöglich machen. Und auch ein adäquat angewandter Signifikanztest mit positivem Ergebnis beweist strenggenommen gar nichts: Eine Irrtumswahrscheinlichkeit verbleibt stets.

Es liegt nahe, daß viele Systemerfinder und -händler die Computergläubigkeit der uninformierten Menschen zu ihrem Zweck mißbrauchen. Computergeprüfte Spielsysteme im klassischen Roulette sind aber ebenso wertlos wie alle anderen Systeme. Auch hundert- oder fünfhunderttausend durchgespielte Coups mit Gewinn bieten keine Garantie für positive Erwartungen, weil es diese im klassischen Roulette nicht gibt. Die geprüfte Strecke war eben nicht lang genug. Bei sehr langen Strecken mit Gewinn ist außerdem Vorsicht geboten: Nichts ist so leicht und undurchsichtig manipulierbar wie ein Programm, ob nun der Zufall geschickt *gesiebt* wird oder ob nur einige negative Sequenzen einfach weggelassen werden.

Natürlich gibt es für jede konkrete Permanenz beliebiger Länge ein Gewinnsystem; nur kennt man es eben erst hinterher. Wer von vornherein nichts Bestimmtes sucht, der findet in den unendlichen Mustern des Zufalls immer etwas, denn aus einer gehaltsleeren Information kann *alles* (beziehungsweise *nichts*) herausinterpretiert werden. Insofern ist das *empirische* Aufsuchen eines Gewinnsystems in den üblichen Permanenzen vergebliche Mühe.

Restanten- und Favoritenspiele – Kardinalfehler

Unter den Spielern, die fest davon überzeugt sind, daß der Verlauf des Zufalls einer Grundrichtung folgt, gibt es zwei Kategorien, zwei Lager, die jeweils entgegengesetzter Meinung sind: Favoritenspieler und Restantenspieler. Agiert der Spieler mit der augenblicklichen Tendenz der Ereignisse, wird, wie schon erwähnt, vom «Spiel mit der Bank», vom Favoriten- oder Dominantenspiel gesprochen, im anderen Fall vom «Spiel gegen die Bank» oder Restantenspiel.

Handelt es sich um zwei gleichwertige Einstellungen, weil es vollkommen egal ist, welcher man folgt? Theoretisch, das heißt im *physikalisch perfekten* Roulette, ja. Aber auch in der Wirklichkeit, wo selten etwas *hundertprozentig perfekt* ist? Im Vorgriff auf die Möglichkeit von Kesselfehlern, um die es im Kapitel «Fehlerhaftes Menschenwerk: zweiter agonaler Angriff» geht, behaupte ich: Selbst wenn keine Informationen vorliegen, ist bei Plein-Spielen die Strategie des Favoritenspielers besser oder zumindest nicht schlechter als die des Restantenspielers.

Wir wissen, daß die Erwartungen im klassischen Roulette für einfache Chancen − 1,35, für die übrigen Chancen − 2,7 Prozent betragen, für Chancen unter Berücksichtigung des Tronc gar − 5,4 Prozent. Dennoch folge ich nicht dem Beispiel vieler Autoren − unter ihnen auch Mathematiker −, die von dieser Erwartungslage ausgehend lediglich die einfachen Chancen empfehlen. Welches Risiko man eingehen will, ist schließlich auch eine Frage des persönlichen Geschmacks. Zudem haben, wie wir noch sehen werden, verschiedene Arten von Chancen unabhängig von der Erwartung unterschiedliche Vorzüge.

Was wir bei der Entwicklung von Spielkonzepten vermeiden sollten, sind Ineffizienzen und vor allem die logischen Irrtümer, die wir uneingeschränkt als Kardinalfehler bezeichnen dürfen:

☺ Märsche (einschließlich Figuren) bringen nichts.
☺ Ecarts induzieren falsche Schlußfolgerungen (Restanten sind Gift!).
☺ Gewinnprogressionen sind zu vermeiden, zumindest reine.
☺ Ausgleichsdenken ist Illusion.
☺ Masse-égale-Spiele funktionieren nicht einmal bei Ausgleich.
☺ Spannungen gibt es nicht.
☺ Signale haben keine vernünftige Grundlage.

Ohne Spannungen und Rücklauftendenzen von Ecarts vorauszusetzen und Angriffssignale daraus abzuleiten, ohne einen Ausgleich zu postulieren, ohne sein Heil in einem überlegenen Marsch zu suchen: Nur so können für begrenzte Spielstrecken relativ erfolgreiche Spielsysteme mit quantifizierbarem Restrisiko konstruiert werden. Wichtigste Maßnahme ist, daß illusionäre Voraussetzungen vermieden werden, da sich der Spieler sonst in falscher Sicherheit wiegt und unausweichlich und erbarmungslos immer wieder in die Verlustzone gerät.

Wie sehen dagegen *zweckdienliche* Voraussetzungen für die Entwicklung eines Spielkonzepts aus? Und worin kann der Zweck überhaupt bestehen?

Unter «Zweck» kann prinzipiell nicht eine positive Gewinnerwartung verstanden werden, weil es die im klassischen Roulette nicht gibt. Aber wir können sinnvollerweise darunter verstehen, daß wir ein Spielkonzept entwickeln wollen, das gewisse realisierbare Bedingungen hinsichtlich Risiken, Wahrscheinlichkeiten und Resultaten bei *limitiertem Spiel* erfüllt.

Nachfolgend einige Kriterien als zweckdienliche Voraussetzungen für eine Reihe von Spielvorschlägen, die nicht *a priori* als logisch unsinnig anzusehen sind:

☺ Kalkulierbare Gesetze als Basis und einfache Gesamtwahrscheinlichkeiten.

☺ Einfache, dosierte Verlustprogressionen und Parameter-*Tuning* für die Tilgungssteuerung (gültig für die wahrscheinlichsten Abweichungen).

☺ Einsatz-Splitting auf mehrere Chancenteile für optimale Risikostreuung bei der Tilgung (geringere Verbundwahrscheinlichkeit eines Platzers dank des für die Gesamtstreuung geltenden Gesetzes).

Diese Voraussetzungen sind notwendig, aber nicht hinreichend. Sofern aber bei der vorhandenen negativen Erwartung im klassischen Roulette überhaupt von sinnvollen Spielsystemen gesprochen werden kann, beruhen diese auf Kriterien der zuletzt beschriebenen Kategorie und nicht auf den illusorischen, logisch unhaltbaren und teilweise gefährlichen Kriterien der ersten Art. So wie ein Spieler sich trotz einer Methode mit positiver Erwartung durch ein begrenztes Spielkapital ruinieren kann, hat ein Spieler mit der negativen Erwartung des klassischen Roulettes die Möglichkeit, eine begrenzte Spielstrecke mit hoher Wahrscheinlichkeit positiv abzuschließen.

Optimieren – aber auf welches Ziel hin?

Je nachdem, ob ein Pilot seine Reiseflughöhe in der kürzesten Zeit oder auf dem kürzesten Weg erreichen will, wird er mit dem Flugzeug unterschiedlich umgehen müssen. Sehr oft im Leben sollen aber mehrere Ziele simultan erreicht werden: Marktanteil, Umsatz, Gewinn, Qualität sind zu maximieren, alle Arten von Kosten und Risiken sind dagegen gleichzeitig zu minimieren. Aus der Praxis wissen wir, daß Zielkonflikte das Auffinden einer *optimalen* Lösung zumindest wesentlich erschweren. Die optimale Entscheidung bei mehrfacher Zielsetzung ist ein kniffliges Problemfeld der Entscheidungstheorie. Die Diskrepanz zwischen den konkurrierenden Intentionen und der Knappheit der zur Verfügung stehenden Mittel, sie zu realisieren, konfrontiert in der Regel jeden vor eine Entscheidung gestellten Menschen mit der Tatsache, daß keine der möglichen Alternativen eine simultane maximale Erfüllung aller von ihm gesteckten und gleichzeitig verfolgten Ziele gestattet. Wunderbare Beispiele liefert die Natur selbst: «Das Ausleseprinzip der Lebewesen durch optimale Anpassung an freie ökologische Nischen erfordert Verhaltensweisen und Organe, die bezüglich verschiedenster Teilziele (des obersten Überlebenszieles) optimal angepaßt sein müssen», schreibt Vitus Dröscher in seinem Buch *Die Überlebensformel*. «Selbst Organe, deren Zweck offenbar besser erfüllt würde, wenn sie anders geformt wären, werden verständlich, wenn sich erweist, daß sie mehrere Funktionen haben und ihre Gestalt einfach den bestmöglichen Kompromiß zwischen den verschiedenen Anforderungen bildet. Der Spechtschnabel dient als Pinzette beim Aufpicken von Larven, als Schaufel beim Suchen im Laub, als Meißel beim Bau der Spechthöhle, als Resonanzboden bei der Lauterzeugung und als Instrument zur Gefiederpflege: Würde er nur jeweils einer dieser Aufgaben zu dienen haben, so hätte er sicher eine andere, dem betreffenden Zweck angemessene Form.»

Der Entscheidende ist hier die Natur selbst, und sie verfährt nach dem Prinzip *Versuch und Irrtum oder Erfolg*: Versuche durch zufällige Mutationen und Entscheidungen durch den *gesiebten Zufall* der Selektion – Prinzipien, die von weitreichender Bedeutung sind.

Gewinnsaldo bei begrenzten Spielfolgen: erster agonaler Angriff

Bold play, eine einfache optimale Strategie

Eine positive Gewinnerwartung läßt sich trotz raffiniertester Strategien im klassischen Roulette nie und nimmer erreichen, doch ist es eine interessante und sinnvolle Aufgabe, die Strategien zu ermitteln, die bei gegebener relativer Gewinnhöhe die größte Gewinnwahrscheinlichkeit besitzen.

Die amerikanischen Mathematiker Lester Dubins, Leonard Savage und Gerald Smith haben sich Mitte der sechziger Jahre mit folgendem Problem befaßt: Stellen Sie sich vor, Sie wären in einem Casino und hätten 1000 Mark. Aus irgendeinem wichtigen Grund brauchen Sie am nächsten Morgen unbedingt 10000 Mark; jeder geringere Betrag ist für Sie nutzlos, und niemand findet sich bereit, ihnen einen Kredit zu geben. Was sollten Sie tun?

Die einzige Möglichkeit besteht darin, Ihren letzten Jeton zu verspielen, falls nötig, um vielleicht doch die Zielsumme von 10000 Mark zu erreichen. Die Frage ist nicht: Sollen Sie spielen oder nicht?, sondern *Wie* sollen Sie spielen?

Wie bereits bekannt, muß jede Einsatzstrategie bei einem ungünstigen Spiel Ihre erwartete Vermögenssituation schwächen. Egal wie Sie spielen, die Wahrscheinlichkeit, die 1000 Mark in 10000 Mark zu verwandeln, beträgt also weniger als $\frac{1}{10}$. Wie nahe an $\frac{1}{10}$ kann sie kommen – und durch welche Strategie?

Es handelt sich hier um ein grundlegendes Problem der Wahrscheinlichkeitsrechnung, und bereits 1909 publizierte J. L. Coolidge seine Untersuchung *The Gambler's Ruin*, in der er schreibt: «Diese Arbeit soll zeigen, daß kein Spielsystem eine größere als eine leicht berechenbare Erfolgschance haben kann.» Das fundamentale Resultat seiner Überlegungen: «Die maximale Chance des Spielers, bei einem ungünstigen Spiel eine bestimmte Summe zu gewinnen, liegt darin, einen Einsatz zu tätigen, der ihm den Zielgewinn in einem einzigen Coup bringt, oder, falls dies nicht erlaubt ist, bis zur Erreichung seines gesteckten Ziels stets das erlaubte Maximum zu setzen.»

Diese Strategie ist als *bold play* («kühnes Spiel») bezeichnet worden und gilt unabhängig vom Verhältnis Kapital/Gewinnziel. Sie wurde damals nur unter sehr restriktiven, speziellen Voraussetzungen bewiesen; unter *schwächeren*, das heißt allgemeineren Voraussetzungen blieb das Problem noch lange ungelöst.

Hierzu ein leicht verständliches Beispiel. Mit genügend Spielkapital sollen einhundert Minimum-Stücke dazugewonnen werden. Der Spieler sei ein Anhänger der einfachen Martingale auf einfachen Chancen. Soll er nun mit dem Einsatz von einhundert Stücken beginnen, die Verdopplungen nach Verlustcoups vornehmen – und sein Gewinnziel mit einem einzigen Treffer erreichen (falls er keinen Platzer erleidet) –, oder soll er sein Gewinnziel *portionieren* und seine Progressionen lieber jeweils mit zehn Einheiten beginnen?

$\frac{15}{16}$ oder 93,75 Prozent ist seine Erfolgswahrscheinlichkeit im ersten Fall, bei dem er nur viermal setzen kann, ohne das Tischmaximum zu überschreiten; dagegen stehen $(\frac{127}{128})^{10}$ oder 92,46 Prozent Wahrscheinlichkeit, daß er das Gewinnziel in zehn Etappen erreicht, wobei er siebenmal pro Angriff setzen kann. Falls unser Martingale-Spieler Pech hat, scheitert er im zweiten Fall langsamer. Hat er Glück, erreicht er sein Ziel im ersten Fall schneller. Das Entscheidende ist aber: Im ersten Fall ist seine Chance ein bißchen größer.

Lester Dubins und Leonard Savage haben 1965 ihr Buch *How to Gamble if You Must* herausgebracht, und 1967 veröffentlichte dann Gerald Smith seine Arbeit *Optimal Strategy at Roulette*, in der er in größter Allgemeinheit die Gültigkeit der kühnen Strategie als optimales Spiel zur Erreichung eines bestimmten Gewinnziels im klassischen Roulette bewies.

Es wird niemanden wundern, daß die Systemspieler die geschilderte optimale Strategie, das kühne Spiel, als unvernünftig ansehen – im Gegensatz zu ihrem System –, besonders wenn sie sich durch ihr Spiel nur unterhalten möchten. Es kommt eben darauf an, welches Ziel anvisiert wird, welche Zielfunktion optimiert werden soll.

Gewinnsaldo im klassischen Roulette?

Aus dem *bold play* ergibt sich, daß ein bestimmter Gewinn mit Hilfe eines beliebigen der handelsüblichen Systeme mit geringerer Wahrscheinlichkeit erreicht wird als durch das waghalsige *Zocken auf Ziel*. Der einzige Vorteil von Systemen besteht offenbar darin, mit einem bestimmten Spielkapital meistens länger auszukommen, da durchschnittlich pro Coup weniger gesetzt wird. Das läßt sich aber auch ohne Systematik erreichen und mit gleich hoher Verlusterwartung. Die üblichen Spielsysteme machen weder eine Gewinnvorgabe, noch errechnen sie eine Erfolgswahrscheinlichkeit, noch geben sie sonstige *fundierte* Restriktionen an.

Eine wichtige Restriktion eines Spielsystems bei einem ungünstigen Spiel ist die Vorgabe des Gewinnziels. Daraus folgt zwingend auch eine Beschränkung der Spielfolge, denn je länger gespielt wird, desto unwahrscheinlicher wird es, das Gewinnziel zu erreichen – bis dies, wegen der 3-σ-Grenze, praktisch unmöglich wird.

Umgekehrt kann die Höhe des (positiven) Gewinnziels durchaus offen bleiben. Vorgegeben werden sollte dann die Wahrscheinlichkeit, mit der ein positiver Gesamtsaldo erreicht werden soll. Auch aus dieser Vorgehensweise folgt zwingend eine Beschränkung der Spielfolge – aus dem gleichen Grund wie eben geschildert.

Trotz negativer Erwartung in einem ungünstigen Spiel könnte es also möglich sein, mit *vorgegebener* Wahrscheinlichkeit (zum Beispiel größer als 50 oder 75 Prozent) einen Gewinnsaldo zu realisieren. Der Preis dafür wäre die Begrenzung der Spielfolge sowie die (kleinere) Wahrscheinlichkeit, übermäßig viel zu verlieren, falls die Progression platzt, denn die Erwartung bleibt ja negativ.

Die Begrenzung der Spielfolge wäre nicht so tragisch, denn unendlich lange spielt ja sowieso keiner. Und da die Gewinnhöhe nicht fest vorgegeben ist, muß auch nicht wild gezockt werden wie beim *bold play*; man kann das Spiel gemächlicher angehen, weil die Bedingung «positiver Gewinnsaldo» schwächer ist als die Bedingung «vorher festgelegte Gewinnhöhe».

Die Limitierung der Spielfolge ist also die Hauptbedingung für einen positiven Abschluß mit vorgegebener Wahrscheinlichkeit, genauso wie die zeitliche Beschränkung eine notwendige Bedingung für das Schwimmen, Segeln oder Fliegen ist – wie auch für alles andere.

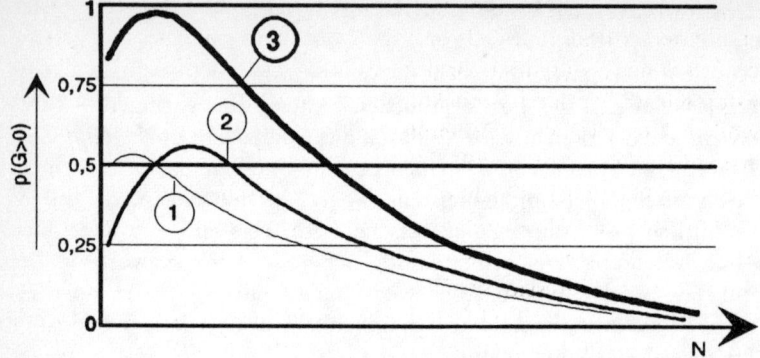

Abb. 7: Tendenzielle Wahrscheinlichkeiten für einen positiven Gewinnsaldo, p(G>0), in Abhängigkeit von der Spielstrecke N für Masse-égale-Spiele (1), Progressionen nach Gewinncoups (2) und Progressionen nach Verlustcoups (3)

Die herkömmlichen Spielsysteme im klassischen Roulette kennen drei grundsätzliche Einsatzstaffelungen:
- gleichbleibende Einsätze (*Masse égale*),
- Progressionen im Gewinnfall («Gewinnprogressionen») und
- Progressionen im Verlustfall («Verlustprogressionen»).

«Überlagerungen» sind selbstverständlich auch Progressionen, und jede andere Einsatzstaffelung ist eine Kombination aus den drei Grundstaffelungen.

Die Erfahrung zeigt, daß die Wirkungen im Laufe des Spiels sehr verschieden sind:
- Bei *Masse égale* krebst der Spielkapitalstand im gleichen Maße dahin wie die Folge der Verluste und Gewinne.
- Gewinnprogressionen wie das Paroli-Spiel haben eine *defizitäre* Anfangstendenz: Kleine Verluste werden zu Beginn angehäuft, bis ein Paroli mit höherem Gewinn gelingt.
- Verlustprogressionen wie die Martingale zeigen eine anfängliche Gewinntendenz, da die häufigeren kürzeren Progressionssätze eine Zeitlang mit einem Gewinncoup abgeschlossen werden können.

Abbildung 7 zeigt dieses tendenzielle Verhalten der drei grundsätzlichen Einsatzstaffelungen.

Erinnern wir uns an das letzte konkrete Beispiel, in dem ein Spieler einhundert Minimum-Stücke mit der Martingale auf einfachen Chancen gewinnen wollte und vor der Alternative stand, das Ziel in einem Coup oder lieber durch zehn Angriffe mit je zehn Stücken erreichen zu wollen. Die Erfolgswahrscheinlichkeiten betrugen 93,75 Prozent im ersten Fall (*bold play*) und 92,46 Prozent im zweiten.

Erstaunlich dabei ist nicht nur die hohe Wahrscheinlichkeit (über 90 Prozent) bei Verlustprogressionen, ein Gewinnziel mit Erfolg zu realisieren, sondern auch die Tatsache, daß es eine solche Möglichkeit bei den anderen Progressionsarten (Masse égale und Gewinnprogressionen) nicht gibt. In der Tat bietet nur die Verlustprogression den Vorteil, eine begrenzte Spielfolge mit wesentlich mehr als 50 Prozent Wahrscheinlichkeit mit Gewinn abzuschließen.

Interessant ist für uns jetzt noch *die quantitative Beziehung zwischen der vorgegebenen Wahrscheinlichkeit für einen positiven Gewinnsaldo und der begrenzten Länge einer Verlustprogression.*

Längste «erlaubte» Spielstrecken für die Martingale

Die Martingale mit Einsatzverdopplung nach verlorenen Sätzen ist ein besonders einfacher Repräsentant der Progressionen im Verlustfall. Deshalb wähle ich sie hier, um das Verfahren der Begrenzung der Anzahl gespielter Coups zu zeigen, unter der Bedingung, daß die Wahrscheinlichkeit für einen Gewinnsaldo eine bestimmte vorgegebene Grenze nicht unterschreitet.

Bezeichnen wir mit N_{max} die maximale erlaubte Spielstrecke, die also nicht überschritten werden darf, sollte $p(G > 0)$ nicht kleiner werden als eine vorgegebene Grenze Γ (Gamma), $p(G > 0) \geq \Gamma$. Mit anderen Worten: Aus $p(G > 0) \geq \Gamma$ wollen wir N_{max} quantitativ herleiten.

Angenommen, Sie praktizieren die einfache Martingale auf Rot, und eine zehnmalige Einsatzverdopplung am Spieltisch sei möglich. Die Wahrscheinlichkeit p, daß nach einem Erscheinen von Rot dieser Chancenteil anschließend elfmal ausbleibt, beträgt

$$p = \frac{18}{37} \times \left(\frac{19}{37}\right)^{11} \approx 0,0003185$$

Nehmen wir (nach Koken) $p_1 \approx 0{,}000269061$ als *Wahrscheinlichkeit eines Progressionsabbruches pro Coup* (unter anderem wegen der Zéro-Regel ist diese Wahrscheinlichkeit schwer zu berechnen; sie ist etwas kleiner, aber von der gleichen Größenordnung wie p). Die Wahrscheinlichkeit eines *nicht* erforderlichen Progressionsabbruches pro Coup ist also $1 - p_1 \approx 0{,}999730939$. Folglich ist die Wahrscheinlichkeit p_N, keinen Progressionslauf über N Coups zu verlieren, gleich

$$p_N = (1 - p_1)^N \approx 0{,}999730939^N \ (*)$$

Wegen des sehr kleinen p_1-Werts ist dies eine Funktion, die für kleine N nahezu 1 oder 100 Prozent ist, mit wachsendem N jedoch abfällt und gegen null strebt (siehe Abbildung 7, Kurve 3).

Als Martingale-Spieler seien Sie nun gewillt, das Risiko eines Progressionsabbruches auf 25 Prozent zu begrenzen; das bedeutet aber, daß Sie die Gewinnwahrscheinlichkeit für einen Gesamtsaldo mit $\Gamma = p_N = 75$ Prozent vorgeben. Daraus läßt sich nun aber $N = N_{max}$ wie folgt leicht bestimmen. Indem wir die konkreten Werte in (*) einsetzen und, da N als Exponent auftritt, beide Seiten – zur Basis 10 – logarithmieren, ergibt sich $\log(0{,}75) = N_{max} \times \log(0{,}999730939)$, woraus wir mit einem Taschenrechner leicht die Lösung erhalten:

$$N_{max} \approx 1069$$

Sofern Sie über das notwendige Spielkapital von 2047 Stücken verfügen, dürfen Sie also dieses Martingale-Spiel über eine Spielstrecke von maximal 1069 Coups ausüben, um das Risiko eines Totalverlustes nicht über 25 Prozent steigen zu lassen. Das gilt jedoch für den gesamten Zeitraum Ihrer Rouletteaktivitäten! Wenn Sie Glück haben und keinen Progressionsabbruch erleiden, winkt Ihnen dabei ein Gesamtgewinn von 506 Stücken ($0{,}473184 \times 1069$); $0{,}473184$ ist dabei der *Erwartungswert der Gewinnrate*. Wir wollen die teilweise umständlichen Rechnungen hier nicht durchführen; der interessierte Leser sei auf Claus Kokens Buch verwiesen, in dem noch zahlreiche interessante Varianten berechnet werden. Zum Beispiel nimmt Koken neben der Einsatzverdopplung auch andere, *sanftere* Progressionsfaktoren der Martingale sowie die meisten anderen Verlustprogressionen ausführlich unter die Lupe.

Die Wahl des Restrisikos für einen Totalverlust beziehungsweise Progressionsabbruch ist weitgehend willkürlich gewählt. Vielleicht genügen Ihnen 50 Prozent? Dann beträgt die maximale erlaubte Spielstrecke $N_{max} \approx 2221$. Sind sie gar mit 10 Prozent Erfolgswahrscheinlichkeit zufrieden, dürfen Sie noch wesentlich länger spielen: $N_{max} \approx 8556$ Coups; allerdings haben Sie 90 Prozent Wahrscheinlichkeit gegen sich, einen Totalverlust zu erleiden. Möchten Sie – umgekehrt – nur 10 Prozent Restrisiko eingehen, das heißt 90 Prozent Erfolgswahrscheinlichkeit auf Ihrer Seite haben? Bitte sehr: $N_{max} \approx 391$ Coups.

Ist allgemein Γ die von Ihnen vorgegebene Erfolgswahrscheinlichkeit bei diesem Spiel beziehungsweise $1 - \Gamma$ das Restrisiko, dann erhalten Sie die dazugehörige längste erlaubte Spielstrecke durch:

$$N_{max} \approx \frac{\log(\Gamma)}{\log(0{,}999730939)}$$

Falls Ihnen einfällt, die maximal erlaubte Spielstrecke für $\Gamma = 100$ Prozent Erfolgswahrscheinlichkeit zu berechnen (0 Prozent Restrisiko), tun Sie sich keinen Zwang an: $\log(1) = 0$, woraus $N_{max} = 0$ folgt. Pech gehabt: Falls Sie *sicher*, das heißt *ohne Restrisiko*, gewinnen möchten, dürfen Sie nicht spielen – es sei denn, Sie sind Konzessionär und lassen spielen...

Nichtklassisches Roulette:
Übersicht und Vorgeschichte

Relevante Informationen über Abweichungen vom Zufall

Die ironische Bemerkung, man könne beim Roulette nur dann mit Sicherheit Gewinne machen, wenn man Chips vom Spieltisch klaut, soll von Einstein stammen. Das stimmt zweifellos für das klassische Roulette auf längere Sicht, und dieses «System» scheint ja auch hartnäckige Anhänger zu haben.

Es gibt jedoch auch legale Methoden, die zu einer positiven mathematischen Erwartung führen können, und zwar im *nichtklassischen Roulette*, das in der realen Welt die Regel ist. Wir werden auf drei Arten des nichtklassischen Roulettes stoßen, drei Umstände, deren Kenntnis und Ausnutzung einen Spieler in die Lage versetzen können, eine positive Gewinnerwartung zu erzielen.

Voraussetzung dafür ist, daß das Eintreten der Elementarereignisse als *nicht vollkommen zufällig* oder *nicht vollkommen gleich wahrscheinlich* angesehen werden kann. Wir müssen also nach *relevanten Informationen über Abweichungen vom Zufall* Ausschau halten. Wie wirksam dieses Wissen werden kann, hängt zudem davon ab, ob *vor* dem Kugelwurf gesetzt werden muß oder ob noch ein paar Sekunden *nach* dem Kugelwurf gesetzt werden kann (aber natürlich noch während die Kugel am Kesselrand kreist).

Große Wissenschaftler wie Karl Pearson und Henri Poincaré haben sich mit diesen nichtklassischen Roulettearten bereits vor mehr als einem dreiviertel Jahrhundert befaßt und legten den Grundstein für die heutige Behandlung der Probleme.

Wo sind Abweichungen vom Zufall zu suchen?

Wilhelm Fucks schreibt in seinem Buch *Nach allen Regeln der Kunst*: «[Es ist] ein allgemein-menschliches Phänomen, daß... niemand etwas gänzlich Ungeordnetes machen kann. Es hat also Sinn, bei jedem Menschenwerk nach meßbaren Ordnungen zu suchen.» Dies ist eine fundierte und weitreichende Erkenntnis, die nicht nur menschliche Werke, sondern alle menschlichen Tätigkeiten betrifft. Bezogen auf die Handhabung der Roulettemaschine heißt dies implizit, daß kein Croupier im Sinne einer *gänzlichen Zufälligkeit* arbeitet; jeder weist eine Art *Signatur*, eine persönliche Eigenart, als meßbare Ordnung seiner Tätigkeit auf. Dies führt uns zu der Möglichkeit eines *gleichmäßig gehandhabten* (oder kurz *gleichmäßigen*) *Roulette*.

Das Zitat offenbart jedoch eine Dualität, wenn wir die Begriffe «Ordnung» und «Unordnung» einfach vertauschen: «Es ist ein allgemein-menschliches Phänomen, daß niemand etwas gänzlich Geordnetes (Exaktes) machen kann. Es hat also Sinn, bei jedem Menschenwerk nach meßbaren Unordnungen (Fehlern) zu suchen.» Diese Aussage stellt eine nicht minder weitreichende und fundierte Erkenntnis dar, die noch trivialer und älter ist als die von Fucks formulierte. Das besondere der beiden Aussagen ist, daß sie für die uns interessierenden Belange offensichtlich den gleichen Sinn haben. Nur die Produkte der Tätigkeiten, für die sie in unserem Zusammenhang gelten, sind unterschiedlich: Kann man, wie wir es bereits getan haben, das ursprüngliche Zitat auf die Tätigkeit der Croupiers beziehen, so wird man die daraus abgeleitete Aussage auf die (physikalische) Roulettemaschine beziehen oder, um in der gewählten Terminologie zu bleiben, auf die Tätigkeit der Hersteller des Menschenwerks Roulettekessel. Und das führt uns zur Untersuchung möglicher Auswirkungen eines *fehlerhaften Roulettes*.

Die bisher beschriebenen nichtklassischen Roulettearten sind also gekennzeichnet durch mindestens eine der beiden zueinander komplementären Eigenschaften menschlicher Tätigkeit, nichts gänzlich exakt beziehungsweise nichts gänzlich zufällig machen zu können. Darauf gründet auf natürliche Weise einerseits der Begriff des fehlerhaften, andererseits der des gleichmäßigen Roulettes. Fassen wir *absolute Zufälligkeit* in einem bestimmten Sinne als *vollkommene Exaktheit* (der Regellosigkeit) auf, wird die aufgezeigte Dualität auf einmal plausibel, da dann Begriffe und Auswirkungen der beiden Sachverhalte jeweils verschmelzen. Und gerade zwischen diesen beiden Extremen der absoluten Exaktheit (der Beschaffenheit des Kessels) einerseits und der völligen Zufälligkeit (der Wurfbedingungen) andererseits liegt das in der Praxis zu Erwartende.

Es gibt noch eine dritte nichtklassische Art, das Rouletteproblem zu betrachten: die Nutzung der *Absageregel* zum Vorteil des Spielers. Er kann bis zur Absage durch den Croupier (*Rien ne va plus*) Einsätze tätigen. Dieser Zeitraum ist von unterschiedlicher Länge und hängt von verschiedenen Gegebenheiten ab. Er beträgt aber in aller Regel mindestens einige Sekunden. Äußerst wichtig ist, daß nach dem Kugelwurf kein Eingriff mehr in das Kugel-Kessel-System vorgenommen wird: Sofort nach dem Wurf muß das gesamte mechanische System völlig sich selbst überlassen bleiben, was in der Praxis auch stets der Fall ist. Dieser Ablauf stellt dann einen relativ einfachen makromechanischen Prozeß dar, von dem wir – obwohl natürlich noch einige nicht zu vernachlässigende Zufallsaspekte eine Rolle spielen – im wesentlichen nur die Anfangsbedingungen wissen müßten (wie der Laplacesche Dämon!), um die wahrscheinlichste Endposition der Kugel vorhersagen und rechtzeitig setzen zu können. Wir könnten also die ungefähre Endposition der Kugel in etwa der gleichen Weise durch geeignete Berechnungen aus den Anfangsbedingungen vorhersagen wie den Auftreffort eines Wurfgeschosses. Diese Art, das Roulette als ein Problem sich bewegender Teile und Projektile zu betrachten, nenne ich deshalb *ballistisches Roulette*.

Dies sind also die grundsätzlichen Ansatzpunkte der drei legalen Methoden, die bei sauberer Anwendung eine positive mathematische Erwartung für den Roulettespieler bewirken könnten:

1. Die Beschaffenheit des Kessels, speziell der Nummernfächer und Stege, kann fehlerhaft sein.
2. Es kann sein, daß Croupiers zumindest zeitweise nicht im Sinne einer ausreichenden Zufälligkeit arbeiten.
3. Der deterministische Anteil am gesamten Ablauf der Kugel-Scheibe-Ballistik kann so groß sein, daß sich die ungefähre Endposition der Kugel aus Messungen der Anfangsbedingungen mit großer Wahrscheinlichkeit vorausberechnen läßt.

Eine Abart der dritten, ballistischen Methode besteht darin, die wahrscheinlichste Endposition der Kugel bei ausreichender Übung und bei möglichst gleichmäßigen Würfen – also auch mit Hilfe der zweiten

Methode – bereits aufgrund einfacher Zuordnungskriterien und der Beobachtung mit bloßem Auge vorherzusagen, was Ende der siebziger Jahre einige clevere Spieler – die sogenannten *Kesselgucker* – zu praktizieren begannen. Überhaupt sind die beiden letztgenannten methodischen Ansätze in ballistischer Hinsicht eng verwandt.

Bis zu einem gewissen Grad stellt jedes Croupier-Kessel-Ensemble in der Praxis ein nichtklassisches Roulette dar, denn strenggenommen gibt es weder einen vollkommen fehlerfreien Kessel noch eine gänzlich zufällige Handhabung. Und dabei lassen wir sogar eine günstige Absagegepflogenheit für die Anwendung der reinen Ballistik vorläufig außer Betracht.

Ich werde aber ein spezielles, in der Wirklichkeit vorkommendes Roulette trotzdem als klassisch (fehlerfrei und zufällig) ansehen, wenn es keinen konkreten Grund gibt anzunehmen, dieses Roulette sei fehlerhaft, beziehungsweise der Wurfcroupier arbeite nicht im Sinne einer ausreichenden Zufälligkeit, oder – für die reine Ballistik – wenn die Einsatzabsage spätestens dem Kugelwurf unmittelbar folgt. Mit einem klassischen Roulette haben wir es also immer dann zu tun, wenn uns keine *relevanten Informationen über die qualitativen und quantitativen Abweichungen* vom klassischen Fall zugänglich sind.

Die aufgezählten drei Grundmethoden und ihre Voraussetzungen dienen uns hier nur als erste hypothetische Ansatzpunkte. Ich behaupte nicht, die Anwendung dieser bisher noch dürftig beschriebenen Methoden habe automatisch eine positive Erwartung zur Folge, da wir erst quantitative Untersuchungen – *auch aller möglichen Störeffekte*, die diese Grundmethoden sehr oft begleiten – durchführen müssen. Daß dies jedoch trotz der chaotischen Aspekte prinzipiell möglich ist, soll nun am Beispiel der sensiblen Ballistik gezeigt werden.

Die Zähmung des Zufalls in der chaotischen Ballistik

Sowohl im Alltag als auch im wissenschaftlichen Denken haben wir uns seit Jahrhunderten an diese grundsätzliche Spielregel der Natur gewöhnt: die Kausalität, die Verkettung von Ursache und Wirkung in der Zeit. Kennen wir den jetzigen Zustand eines physikalischen Systems sowie die Einflußfaktoren, denen es unterworfen sein wird, so läßt sich seine Zukunft vorhersagen. Ein solches System wird, solange es genau denselben Anfangsbedingungen und Einflüssen unterworfen ist, jedesmal in genau derselben Weise ablaufen. Allerdings sagt dieses Kausalitätsprinzip nichts darüber aus, wie stark kleine Änderungen der Ursachen die Wirkungen beeinflussen.

Die Erfahrung, daß *kleine* Änderungen der Ursachen auch nur *kleine* Änderungen der Wirkungen zur Folge haben, ist sehr tief in uns verwurzelt. Denken wir nur ans Autofahren: Eine bekannte Strecke, selbst wenn wir sie mehrmals täglich zurücklegen, befahren wir nie mit genau denselben Lenkradausschlägen; auch eine Folge hinreichend ähnlicher Lenkradausschläge, bei sonst weitgehend ähnlichen Bedingungen, bringt uns an dasselbe Ziel.

Es gibt aber auch Systeme, die extrem abhängig sind von den Startbedingungen und den Einflußfaktoren, instabile dynamische Systeme, die kleine zufällige Störungen nicht vergessen. Eine solche Sensibilität gegenüber den Anfangsbedingungen ist charakteristisch für chaotische Systeme. Sie in deterministischer Weise exakt vorauszuberechnen ist unmöglich, weil sie sich prinzipiell nie präzise reproduzieren lassen.

Der Meteorologe Edward Lorenz entdeckte diese grundsätzliche Sensibilität zuerst im Rahmen der Wettervorhersagen. Diese starke Abhängigkeit von den Anfangsbedingungen nannte man den «Schmetterlingseffekt», um bildlich (und übertrieben) klarzumachen, daß im Extremfall die Flügelschläge eines Schmetterlings einen Wetterumbruch verursachen könnten.

Heute setzt sich immer mehr die Ansicht durch, daß fast alle dynamischen Systeme Chaos zulassen. Der Mathematiker Ja. G. Sinaj konnte beweisen, daß auch harte Kugeln in diesem Sinne *sensibel* sind. Auch bei ihnen genügt eine beliebig kleine Änderung der Ausgangspositionen oder der beeinflussenden Faktoren, um zu einem grundsätzlich anderen Resultat zu kommen. Kleine Ursache, große Wirkung: Chaos! Das heißt: Unberechenbarkeit, Unvorhersagbarkeit, Unkontrollierbarkeit.

Das Weltbild entwickelt sich aber ständig weiter. Die Naturwissenschaftler beginnen seit etwa zehn, fünfzehn Jahren systematisch der Ahnung nachzugehen, daß die exakt vorausberechenbaren dynamischen Systeme nur eine Ausnahmeerscheinung darstellen. Die Mehrzahl der nichttrivialen mathematischen Probleme können ohnehin nur in dem Maße als streng lösbar betrachtet werden, als sie einer *Linearisierung* zugänglich sind. Die meisten Ereignisse in unserer Welt entpup-

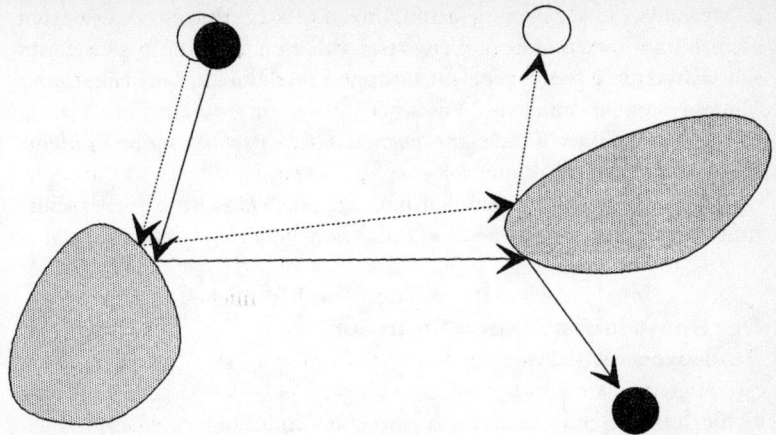

Abb. 8: Eine Darstellung des Lorenz-Sinaj-Modells: Bahninstabilität harter Kugeln, die an (ebenfalls harten) Hindernissen gestreut werden

pen sich jedoch als nichtlineare, vernetzte Strukturen, die im Zusammenspiel zwischen Zufall und gesetzmäßigem Ablauf oft entgleisen, aus dem Ruder laufen oder umkippen.

Dieses Umkippen ist jedoch keineswegs ein Einbahnprozeß in Richtung Chaos: *Ebenso können sich chaotische Prozesse unvermittelt in geordnete Strukturen verwandeln.* Liegt hier nicht der am tiefsten wurzelnde Dualismus zwischen Ordnung und Chaos? Könnte dies nicht ein legitimer Ansatz für eine weitgehende *Zähmung des Zufalls* in vielen Bereichen sein? Viele sind dieser Ansicht – und sie gehört auch zu den Grundannahmen meiner Argumentation. Denn dieser Dualismus lebt von der lokalen Nähe zwischen Chaos und Ordnung und von den Wechselwirkungen zwischen ihnen: Meistens ist nämlich dem chaotischen Prozeß eine Art Makroordnung, eine Ordnung auf einer gröberen Skala, überlagert. Die einzelnen Schneeflocken bewegen sich auf völlig verschiedenen, sehr komplizierten Bahnen; dennoch nehmen sie alle an der allgemeinen Fallbewegung teil. Aus der Sicht der gröberen Ordnungsskala sind statistische Prognosen über chaotische Ereignisse möglich, sofern die Ereignisse in genügend großer Anzahl oder in ausreichender Wiederholung auftreten. Über wesentliche Bahneigenschaften der Schneeflocken bei bekannten Luftströmungen wird sich zweifellos einiges herausfinden lassen, das eine Vorhersagbarkeit fördert; ebenso über wesentliche (etwa wirtschaftliche oder soziologische) Verhaltensweisen einer gegebenen Gruppe von Menschen in bekanntem Umfeld – wenn auch nur beschränkt. *Warum sollten dann pfiffige Tüftler nichts über die wesentlichen Bahneigenschaften der Roulettekugel herausfinden können?*

Wo und wie beim Roulette konkret angesetzt werden kann, das wird nun als eine Art Programm des Laplaceschen Dämons vorgestellt.

Der Homo ludens rationalis in der Roulettegeschichte

Fehlerhaftes Roulette und das Kesselfehlerspiel

Bereits Ende des 19. Jahrhunderts untersuchte der berühmte englische Statistiker Karl Pearson Permanenzen (Mitschriften gefallener Nummern) von Monte Carlo und stellte bei einigen dieser Roulettemaschinen große Diskrepanzen fest: «Falls es das Monte-Carlo-Roulette seit Anbeginn der geologischen Zeit auf Erden gegeben hätte, würden wir, unter der Annahme, dies sei ein Glücksspiel, ein solches Ereignis wie dieses Zweiwochen-Ergebnis nicht ein einziges Mal erwartet haben... Zusammengefaßt: Das Monte-Carlo-Roulette ist das erstaunlichste Wunder des 19. Jahrhunderts.» Später kam heraus, daß diese Permanenzen von Journalisten stammten, die den Auftrag erhalten hatten, Material für einen Zeitschriftenartikel zu sammeln. Statt jedoch abendelang die gefallenen Nummern zu notieren, hatten sie einfach Nummernfolgen erfunden und diese dann vorgelegt. Es waren also ihre persönlichen Abweichungen, die Pearson als statistisch signifikant (überzufällig) entlarvte!

Trotz dieser Anekdote hat sich oftmals gezeigt, daß Roulettemaschinen signifikante Abweichungen von den zu erwartenden rein zufälligen Nummernfolgen produzieren und daß die Ursachen hierfür in technischen und geometrischen Mängeln zu suchen sind.

Der erste erfolgreiche Angriff auf fehlerhafte Kessel gelang um die Jahrhundertwende, also bereits zu Pearsons Zeit, einem klugen englischen Ingenieur namens William Jaggers. Die spannende Geschichte wird in Charles Kingstons Buch *The Romance of Monte Carlo* wiedergegeben. Jaggers engagierte sechs Permanenzenschreiber, die sechs Kessel mehr als einen Monat lang beobachteten. Er gewann in kurzer Zeit anderthalb Millionen Francs, was die Kesselhersteller bewog, Änderungen in der Konstruktion des Fächerkranzes und der Stege durchzuführen.

Obwohl es sicher von Vorteil ist, braucht man für das Kesselfehlerspiel keineswegs ein technisches oder gar mathematisch-statistisches Verständnis. Relativ zahlreich dürften die Spieler sein, die zumindest vorübergehend Gewinne mit dem Kesselfehlerspiel erzielen konnten, ohne zu wissen, daß ihrem Erfolg Kesselfehler zugrunde lagen. Viele dürften sich einfach für *augenscheinliche* Favoriten entschieden und dabei *echte* Favoriten erwischt haben. Natürlich war dann meistens die Glückssträhne vorbei, sobald die Spielbank die Kessel vertauschte oder den Nummernkranz gegenüber dem Fächerkranz verdrehte – übrigens die billigste und meistens wirksamste Gegenmaßnahme der Banken beim Kesselfehlerspiel.

Eine weitere Episode gezielten Kesselfehlerspiels läuteten 1947 zwei Studenten der University of Chicago ein: Albert Hibbs (Mathematik) und Roy Walford (Medizin). Hibbs experimentierte zuerst mit einem kleinen Spielzeugroulette und legte Vertrauensbereiche fest, um fehlerhafte von fehlerfreien Kesseln zu unterscheiden. Was als Scherz begann, mauserte sich schnell zu einem fundierten Unternehmen. Die beiden fuhren in einem alten, klapprigen Ford nach Reno und gingen auf die Jagd nach fehlerhaften Kesseln. Nach ihrem Unterscheidungskriterium (zwischen fehlerhaften und fehlerfreien Kesseln) produzierte etwa jeder vierte Kessel eine Abweichung, die ausreichte, um den Bankvorteil zu übertreffen. Der finanzielle Erfolg blieb nicht aus; während ihres Spiels brachten Presse und Rundfunk laufende Berichte über ihren Spielstand. Ein Jahr später wiederholten sie dieses Abenteuer in Las Vegas. (Walford wurde später Professor der Medizin und Forscher auf dem Gebiet der Pathologie, während Hibbs als promovierter Physiker ein bekannter Weltraumexperte wurde.)

Angeregt durch die Presseberichte über Hibbs und Walford kam ein anderer (Physik-)Student aus Berkeley, Allan Wilson, auf die Idee, sein Glück ebenfalls zu versuchen. In den Semesterferien fuhr er mit einem Studiengenossen nach Reno, wo sich die beiden abwechselnd rund um die Uhr ans Mitschreiben machten. Es erschien ihnen wichtig, den beobachteten Kessel nicht aus den Augen zu verlieren. Auf diese Weise

brachten sie es mit ihren Permanenzen (desselben Kessels) auf eine ununterbrochene Folge von 80 000 Coups, was ein Rekord sein dürfte.
Ein finanzieller Erfolg stellte sich auch hier ein. (Nach seinem Studium
unterrichtete Dr. Wilson Physik, bevor er das Analog Computer Labo-
ratory der General Dynamics / Convair Division, San Diego, leitete.
Der Wissenschaftler untersuchte später noch Strategien zum Black-
Jack-Spiel und veröffentlichte 1965 sein Buch *The Casino Gambler's
Guide*, in dem er über einige markante Ursachen von Kesselfehlern und
ihre Nutzung berichtet.)

In den sechziger Jahren wurde das Kesselfehlerspiel in Europa durch
den hierzulande wohlbekannten Dr. Richard Jarecki beherrscht. Der
Leser wird sich vielleicht noch an die immer wiederkehrenden Zei-
tungsberichte über diesen erfolgreichen Kesselfehlerspieler, der das Casino von San Remo ausräumte, erinnern. Natürlich wurde er von zahlreichen Casinos ausgesperrt.

Gleichmäßiges Roulette und das Wurfweitenspiel

So manchem Spieler wird schon aufgefallen sein, daß ein Croupier über
einen erstaunlich langen Zeitraum die Kugel immer wieder in dieselbe
«Ecke» des Nummernkranzes wirft. An sich ist das nichts Besonderes,
denn der Zufall hat ja bekanntlich seine Tücken. Doch muß es einen
nachdenklich stimmen, wenn man beobachtet, daß der Croupier alles
schön langsam und gleichmäßig macht: Er nimmt die Kugel immer
ungefähr aus dem gleichen Kesselsektor heraus, hält die Scheibe durch
den nächsten Kreuzarm an, gibt ihr einen etwa gleich starken Schub in
die andere Richtung und wirft schließlich die Kugel mit etwa der gleichen Geschwindigkeit wie zuvor entgegengesetzt zur Scheibendrehrichtung in den Kesselrand. Alles dosiert und regelmäßig, wie eine Maschine. Fast gedankenlos. Und wenn man nun schon ein paarmal die
Anzahl der Kugelumläufe bis zum Absturz mit sieben beziffert hat,
dann könnte man stutzig werden. Der Spieler, der dies beobachtet hat,
schickt sich vielleicht an, eine Nummer «mit zwo Nachbarn» aus dem
augenblicklich favorisierten Sektor für den nächsten Coup zu annoncieren. Aber da wird gerade der Handwechsel angekündigt, und unser
Spieler ist sauer. Und hat alles schnell wieder vergessen. Weil alles
ohnehin nur Zufall ist.

So etwas kann aber auch zu einem Schlüsselerlebnis werden, denn hier hat sich etwas abgespielt, das keineswegs so selten, aber dafür selten so auffallend ist. Wir haben Grund zu der Vermutung, daß diese Coupfolge sehr wahrscheinlich bedienungsabhängig war. Untersuchungen haben gezeigt, daß bedienungsabhängige Coupfolgen relativ oft vorkommen, daß sie aber meistens nicht so auffällig sind wie in unserem Beispiel. Das heißt, daß die Kugel in einer solchen Folge keineswegs in dieselbe «Ecke» fällt; sie landet vielmehr in einem Sektor, der vom vorangegangenen um einen bestimmten, etwa konstanten Winkel verschoben ist. Das fällt aber normalerweise kaum auf, zumal dieser Winkel für die beiden Drehrichtungen im allgemeinen verschieden ist.

Wegen der stets fast gleichen Anfangsbedingungen – bis auf einen im großen und ganzen konstanten Drehwinkel der Scheibe – ist bei einem bedienungsabhängigen Roulette im Mittel jedes Einzelergebnis bis zu einem gewissen Grad vom vorangegangenen abhängig. Und davon kann man profitieren, zumindest theoretisch. Das haben auch schon viele versucht. Vielleicht ist es einigen auch gelungen, zumindest vorübergehend; größere Gewinne mit Hilfe dieses sogenannten Wurfweitenspiels sind jedoch bis heute nicht bekannt geworden.

Einen Meilenstein in der Geschichte des Wurfweitenspiels in Deutschland stellte 1965/66 die Veröffentlichung des Skripts *Methode Optimum* eines «Dipl-Phys. W. Clarius» dar, der das Problem allerdings unter Bedingungen behandelte, die offenbar etwas zu sehr idealisiert waren. In den USA erhielt die «Signaturanalyse der Wurfhand des Croupiers», wie das Wurfweitenspiel auch genannt wird, durch einen Artikel von Stephen Kimmel in *Gambling Times* (Dezember 1979) einen lang anhaltenden Auftrieb; der Artikel veranlaßte den Mathematik-Professor Edward Thorp zu einer ausführlichen Diskussion in seinem fünf Jahre später erschienenen Buch *The Mathematics of Gambling*.

Der erste moderne Ansatz stammt von Allan Wilson, der bereits 1965 schrieb: «Eine meiner Prognosen ist, daß computergestützte Analysen der menschlichen Faktoren, die die Ergebnisse von Spielen beeinflussen, zunehmen werden. Speziell im Roulette wird es Bemühungen geben, die typischen Eigenarten der Croupiers bei der Handhabung der Kugel und der Scheibe zu analysieren... Man wird die für jeden Croupier charakteristischen individuellen Daten erfassen und seine durchschnittliche[n] Wurfgeschwindigkeit[en] herausfinden müssen. Einige Croupiers weisen so große Schwankungen auf, daß der Versuch, gegen sie zu gewinnen, hoffnungslos erscheint. Andererseits könnte ein dosiert gleichmäßiger Werfer für eine gute Vorhersage sehr geeignet sein.»

Aber auch hier handelt es sich nur um eine erste grobe Annäherung an dieses eigensinnige Rouletteproblem, in das ja nicht nur alle Effekte und Eigenheiten des Kugellaufs hineinspielen, sondern vor allem immer auch die Möglichkeit einbezogen werden muß, daß selbst die signifikantesten Wurfweiten der gleichmäßigsten Croupiers mit der Zeit oft stark schwanken. Es ist also zu erwarten, daß das Datenmaterial zu einem geeigneten Croupier im Laufe von mehreren Sitzungen nicht homogen ist. Und in einer einzigen Sitzung wird er in der Regel nicht viele Würfe tätigen. Man braucht also nicht nur eine große Portion Geduld, sondern vor allem eine Methode, um auf signifikante Änderungen der typischen Wurfweite eines Croupiers schnell reagieren zu können, denn sonst besteht die Gefahr, daß man einen Sektor mit stark unterdurchschnittlicher Häufigkeit bespielt und damit direkt ins Messer läuft. Unter diesen Gesichtspunkten scheint das Wurfweitenspiel die unsicherste der möglichen Gewinnmethoden im praktischen Roulette zu sein.

Roulette als rein ballistisches Problem

Um die Jahrhundertwende machte sich der große französische Mathematiker und Physiker Henri Poincaré Gedanken über das Roulette, wobei er eher physikalische als mathematische Möglichkeiten der Vorhersage erwog. Er war meines Wissens der erste Wissenschaftler, der das Roulette als rein ballistisches Problem betrachtete und diese Überlegungen publizierte. Poincaré setzte einen fehlerfreien Kessel voraus und kam (allein durch Stetigkeitsargumente) zu dem Schluß, daß die Endpositionen der Kugel wegen der Ungenauigkeit der Anfangsmessungen nahezu gleich wahrscheinlich seien. Er unterließ es jedoch, seine hochgradig theoretischen Ausführungen durch empirische Untersuchungen zu überprüfen, so daß ihm wesentliche Eigenheiten des Kugellaufs, die eine Lösung ermöglichen, verborgen blieben. (Auf diese merkwürdigen Eigenheiten, die man nur im Experiment entdecken kann, komme ich später noch zurück.)

Anfang der sechziger Jahre gelang dem amerikanischen Mathematiker Edward Thorp – noch vor Erscheinen seines Buches über optimale Gewinnstrategien im Black Jack, *Beat the Dealer* – der große Durchbruch im Labor durch die Konzeption und den Bau eines kleinen Computers zur Vorausberechnung der wahrscheinlichsten Endposition der Kugel. Er war jedoch lange Zeit zurückhaltend mit Veröffentlichungen über diese Arbeit. Anfang 1977 bekam ich sein Buch *Beat the Dealer* zu Gesicht, und ich war ziemlich erstaunt, im Kapitel «Science versus Chance» folgendes zu lesen: «Allan Wilson liefert einen interessanten und unterhaltsamen Bericht über Versuche, fehlerhafte Roulettemaschinen ausfindig zu machen und mit Erfolg zu bespielen. Es gibt aber auch Leute (einschließlich meiner Person), die eine Gewinnmethode besitzen, und zwar unabhängig davon, ob der Roulettekessel fehlerhaft ist oder nicht!»

Ein Verrückter? Wäre ja nicht auszuschließen. Was mich besonders skeptisch stimmte, war der Umstand, daß Thorp keinerlei Andeutungen machte, worin seine Methode bestand. Natürlich kam mir nicht sofort in den Sinn, daß es sich um die ballistische Betrachtungsweise handeln könnte. Erst die weiteren Zeilen, vor allem die Erwähnung «gewisser elektronischer Probleme», brachten mich allmählich auf die richtige Spur: «Ich spielte Roulette auf einem Originalkessel im Labor eines weltberühmten Wissenschaftlers. Wir wandten die Methode an und erreichten kontinuierlich einen durchschnittlichen Reingewinn von 44 Prozent. In einer Stunde gewannen wir fiktive 8000 Dollar, wobei nicht mehr als 25 Dollar pro Nummer gesetzt wurden! Es gibt gewisse elektronische Probleme, die bislang eine Anwendung dieser Methode in großem Maßstab in den Casinos verhindert haben. (Die paar Male, als ich diese Methode anwandte, um 20 oder 30 Cents plötzlich in einen Stoß von Silver Dollars zu verwandeln, verursachte das große Aufregung.) Die Methode funktioniert, und die Geschichte ihrer Entdeckung und Entwicklung ist lang und faszinierend. Und irgendwann in den nächsten paar Jahren, wenn einige, die die Idee kennen, sie in den Casinos umsetzen, wird es noch faszinierender werden.» (Später wurde bekannt, daß der «weltberühmte Wissenschaftler» Claude Shannon, der Begründer der modernen Informationstheorie, gewesen war.)

Diese Andeutungen waren der Ausgangspunkt meiner eigenen konkreten Untersuchungen. Damals, kurz nach meinem Studium, arbeitete ich als Mathematik- und Physiklehrer am Gymnasium einer Nordsee-

Insel und machte die wissenschaftliche Untersuchung der Rouletteprobleme zu meinem Hobby. Zuerst beschaffte ich mir einen gebrauchten Roulettekessel, Elfenbeinkugeln, eine Digitalstoppuhr, einen programmierbaren Taschenrechner, einen Karton unbelichteter Filme für die Familienkamera (die ich zweckentfremdete) und einen Projektor mit der Möglichkeit einer Bild-für-Bild-Betrachtung. Das alles stellte ich in einem Raum auf, den ich fortan «mein Freizeitlabor» nannte, und machte mich an die Arbeit.

Anfangs mißtraute ich noch den Behauptungen Thorps, aber nach reiflicher Überlegung entschloß ich mich, ihnen Glauben zu schenken. Schließlich waren seine Gewinnstrategien im Black Jack erwiesen, und irgendwann müßte ich ja im Roulette zu vergleichbaren Ergebnissen gelangen, wenn die Grundidee stimmte. Meine anfänglichen Untersuchungen wiesen auch sehr bald in die Richtung der von Thorp behaupteten Ergebnisse. Zudem fand ich nach und nach weitere Anhaltspunkte in den Büchern von Wilson und Epstein. Zum Beispiel schreibt Wilson: «Heutzutage, da Computer komplizierte Bahnen vorausberechnen... können, scheint es ein Kinderspiel zu sein vorauszusagen, wo eine Roulettekugel beim nächsten Coup landen wird. Sofern die Scheibe in berechenbarem Rahmen gehandhabt wird, ist die mechanische Situation elementar. Alles, was man benötigt, sind die Anfangsbedingungen im Augenblick des Kugelwurfs sowie einige empirische Daten über das Hinunterrollen der Kugel.»

So ein Kinderspiel ist das nun auch wieder nicht, dachte ich. Schließlich hatte Wilson selbst die Methode nicht angewandt, sondern sich die Mühe gemacht, eine ununterbrochene Folge von achtzigtausend Coups zu notieren. Aber zu diesem Zeitpunkt hatte ich meine grundlegenden empirischen Untersuchungen schon weit vorangetrieben und war gerade dabei, mir für die Konstruktion des entworfenen Minicomputers einen geeigneten Mikroprozessor-Fachmann zu suchen.

Die Thorpsche Prognose hinsichtlich der Anwender bewahrheitete sich. Nach und nach machten sich kleine Teams an die Arbeit, zum Beispiel die Studentengruppe um J. Doyne Farmer und Thomas A. Bass in den USA. Auch in Europa, vor allem in Deutschland, Österreich und in den Niederlanden, bastelten in den achtziger Jahren immer mehr Tüftler an Roulette-Ballistik-Rechnern, wobei, vollkommen getarnt, neueste optoelektronische Hilfsmittel und effiziente Bildfunkübertragungssysteme zum Einsatz kamen.

Neben diesen Gruppen war auch eine andere Gattung extrovertierter Individualisten am Werk. Bereits Ende der siebziger Jahre tauchten Spieler auf, die die ballistische Hochrechnung *ohne* Computer beherrschten, allein auf Augen, Ohren und Gehirn vertrauend, und die damit zumindest zeitweise die Casinos verunsicherten: Von den *Kesselguckern* ist hier die Rede.

Fehlerhaftes Menschenwerk:
zweiter agonaler Angriff

Erste relevante Informationsgewinnung

Die Suche nach einem *echten* Favoriten unter den Nummern einer bestimmten Roulettemaschine hat ihre verborgenen Tücken, und es ist allgemein zu hören und zu lesen, daß das Kesselfehlerspiel, das älteste und bekannteste Gewinnspiel im Roulette, im Zeitalter der technischen Perfektion längst *passé* ist. Ich bin davon überzeugt, daß dies eine Schutzbehauptung der Spielbanken ist, eine recht wirksame, wie sich erwiesen hat: Solange die Leute an sie glauben und nicht nach Fehlerauswirkungen suchen, braucht man sich nicht den Kopf über Gegenmaßnahmen zu zerbrechen. Meine Erfahrung führte mich jedenfalls dazu, den Glauben an die technisch perfekte Roulettemaschine nicht zu teilen. Solange Menschen Roulettekessel bauen und handhaben, werden Fehler vorkommen.

Was ergibt sich daraus? Ganz einfach dies: Weicht die Häufigkeit des Eintretens einer bestimmten Nummer vom Durchschnitt signifikant ab, kommen dafür mehrere Ursachen, deren Auswirkungen sich sogar zufällig addieren können, in Frage. Andererseits haben jedoch mehrere unabhängige Ursachen die Tendenz, daß sich ihre Auswirkungen im Mittel abschwächen, so daß man sich in Geduld üben muß, bis ein echter Favorit gefunden ist. Es besteht keine Hoffnung auf einen kräftigen Gewinn, wenn ein Favorit nicht mindestens 5 Prozent Profit bringt. Das heißt aber, daß diese Nummer um etwa 10 Prozent häufiger kommen muß, als aufgrund reiner Zufallsverteilung zu erwarten wäre. Obwohl dies bereits eine beachtliche Größenordnung ist, sind sogar Fehler mit doppelter Auswirkung keine Seltenheit!

Leider ist dieses seit fast einem Jahrhundert praktizierte Spiel heutzutage zu bekannt. Andererseits ist es so einfach, daß jeder es anwenden kann. Die Chancen für einen Geduldigen sind auch heute noch gut, selbst wenn er dieses Spiel kaum mehr offen betreiben kann. Er muß es getarnt durchführen, da er andernfalls durch die Gegenmaßnahmen der Banken, die sich keineswegs, wie wir noch sehen werden, auf die Ausübung ihres Hausrechts beschränken, zu schnell um die Früchte seiner sorgfältigen Arbeit gebracht werden würde.

Das fehlerhafte Roulette weist also signifikante (überzufällige) Abweichungen von den Soll-Häufigkeiten bestimmter Nummern eines bestimmten Kessels auf, und zwar auf Dauer. Die klassische Bedingung der Gleichwahrscheinlichkeit aller Elementarereignisse ist hier somit nicht erfüllt. Die Auszahlungsquoten bleiben hingegen unverändert wie im klassischen Roulette. Wie man Abweichungen aufspüren kann und vor allem was bei den Vorbereitungen und bei den Permanenzmitschriften zu beachten ist, wird in diesem Kapitel dargelegt. Es geht dabei um die Gewinnung zuverlässiger Informationen, die dazu führen können, eine höhere als die klassische Trefferwahrscheinlichkeit zu erzielen.

Worin bestehen nun die konkreten Ursachen eines fehlerhaften Roulettes? Roulettemaschinen sind Meisterwerke der Präzision. Das gilt vor allem für das Kugellager. Seit einigen Jahren sind auch Roulettemaschinen auf dem Markt («Kronberger-Kessel»), deren Nummernfächer äußerst präzise konstruiert sind. Aber sie alle sind Menschenwerk, und damit relativiert sich die Präzision, sie wird graduell – absolute Präzision ist unerreichbar. Folglich kann eine Roulettemaschine auch keine absolut zufälligen Nummernfolgen produzieren. Viele besitzen allerdings eine ausreichende Präzision, bei der die signifikanten Abweichungen so geringfügig sind, daß die Gewinnerwartung eines Kesselfehlerspielers negativ bleibt. Andere Roulettemaschinen hingegen weisen geringe Konstruktionsfehler oder Abnutzungserscheinungen auf, die einem klugen und geduldigen Spieler zu einer positiven Gewinnerwartung verhelfen können.

Die häufigsten Fehlerursachen sind:
- die unterschiedlichen Höhen der Stege;
- die unterschiedlichen Elastizitäten der Stege, je nachdem, wie fest oder relativ locker sie angeschraubt sind beziehungsweise in welchem Maße sie sich gelockert haben;
- die unterschiedlichen Breiten der Fächer.

Zahlreiche weitere Fehler sind möglich, etwa Unregelmäßigkeiten auf der Kugellauffläche oder gar eine durch Deformation *gewellte* Scheibe. Es kann als eine Faustregel angesehen werden, daß im Mittel jeder dritte oder vierte Kessel der steileren Bauart, bei dem die Stege auch relativ hoch sind, eine ausreichend signifikante Abweichung aufweist, um den Vorteil der Bank zu kompensieren oder gar zu übertreffen. Die etwas flacheren Kessel scheinen sich für das Kesselfehlerspiel weniger gut zu eignen. Noch zu bemerken ist, daß die Größe und die Materialbeschaffenheit der Kugel einen gewissen Einfluß auf die Stärke einer signifikanten Abweichung haben.

Im Gegensatz zur landläufigen Meinung verursacht die Drehung der Scheibe um eine nicht exakt vertikale Achse *keine* Abweichungen in den Ergebnissen: Zwar bleibt die Kugel häufiger im Bereich der tieferen Stelle liegen, doch befindet sich wegen der sich gleichmäßig drehenden Scheibe kein bestimmter Kesselsektor auf diesem tieferen Niveau; die relativen Positionen von Kugel und Scheibe zueinander sind hier bei jedem Wurf rein zufällig. (Bei gewellten Scheiben dagegen ist meistens ein konstanter Sektor tiefer als der Rest.)

Auch kommt es immer wieder vor, daß technische Teile durch das Spielbankpersonal manipuliert werden. Die Berichte in der Presse verweisen dabei nur auf die Spitze des Eisbergs. Ein typischer Fall: Ein Casinoangestellter lockert einige Stege. Da diese beim Aufprall der Kugel wesentlich mehr Bewegungsenergie absorbieren als die übrigen, festgeschraubten Stege, bleibt die Kugel im Mittel häufiger, als es zu erwarten wäre, in bestimmten Fächern liegen. Ein Spielgast fungiert als Komplize, setzt auf die «richtigen» Nummern und gewinnt. Schließlich fliegt dieser Betrug durch einen Zufall (diesmal einen unberechenbaren) auf.

Der Normalfall ist jedoch, daß die Ursachen eines fehlerhaften Roulettes in unbeabsichtigten und daher geringen zufälligen Konstruktionsfehlern und Abnutzungserscheinungen zu suchen sind. Dabei weisen, wie mir Jarecki 1972 in Heidelberg erzählte, mit moderner Produktionstechnik hergestellte *wheels* oft größere Fehler auf als ältere, handgefertigte Kessel.

Wie erkennen wir eine Abweichung, und wie können wir sie auf ihre Stichhaltigkeit hin überprüfen? Dies ist ausschließlich durch statistische Analysen der geeignet aufbereiteten Permanenzen möglich. Selbst wenn ein Fehler so offensichtlich wäre, daß wir ihn mit bloßem Auge entdecken könnten, ließe sich über seine Auswirkung quantitativ kaum etwas Zuverlässiges aussagen. So könnte er ja zum Beispiel durch eine Reihe kleinerer, verborgener Fehler wieder kompensiert werden.

Wenden wir uns noch der Frage zu, wann denn die Präzision einer Roulettemaschine noch ausreichend ist, bis zu welchem Punkt also die signifikanten Abweichungen der Ergebnisse so unwesentlich sind, daß ein Kesselfehlerspiel keine Aussicht auf Erfolg hat. Betrachten wir das Problem vom Standpunkt der Spielbank aus, so ist die Antwort einfach: Eine Roulettemaschine ist ausreichend präzise, wenn die Wahrscheinlichkeit eines beliebigen Elementarereignisses den Wert $\frac{1}{36}$ (bei 37 Nummern) nicht übersteigt. Für das Casino darf die Erwartung des Spielers nicht positiv werden, sie muß negativ (oder Null) bleiben. Bezeichnen wir mit p(T) die Trefferwahrscheinlichkeit des Spielers auf einem *beliebigen* Plein, dann lautet die Bedingung:

Erwartung (beliebiges Plein) $= 35 \times p(T) - [1 - p(T)] \leq 0$,

woraus $36 \times p(T) \leq 1$ beziehungsweise $p(T) \leq \frac{1}{36}$ folgt. (Die Erwartung für den Spieler ist auch hier im besten Fall wegen der Troncabgabe noch negativ.) Das entspricht aber einer maximalen absoluten Abweichung vom Sollwert $\frac{1}{37}$ von $\frac{1}{1332}$ ($= \frac{1}{36} - \frac{1}{37}$).

Nehmen wir an, die Breite der Fächer sei konstant mit Schwankungen im Bereich von 0,1 Millimeter, was einer relativen Genauigkeit von etwa 0,4 Prozent entsprechen dürfte. Nehmen wir ferner an, die Wahrscheinlichkeit eines jeden Elementarereignisses sei direkt proportional zur Auffangfläche für die Kugel. Wie würde sich ein derart kleiner Fehler, den kaum jemand mit bloßem Auge feststellen könnte, auswirken?

Bei 0,4 Prozent relativer Genauigkeit der Konstruktion folgt, daß die Auffangfläche bis zu 17 Prozent größer sein kann, als sie sein sollte. 17 Prozent von $\frac{1}{37}$ bedeuten einen Wahrscheinlichkeitszuwachs von etwa 0,46 Prozent, womit sich aber die Wahrscheinlichkeit des fehlerhaften Nummernfaches zu 3,16 Prozent oder $\frac{1}{31,6}$ ergibt anstatt zu 2,7 Prozent oder $\frac{1}{37}$! Das bedeutet aber nichts anderes, als daß ein Spieler, der im Besitz dieser Information ist, im Mittel alle 31 bis 32 Coups das Fünfunddreißigfache seines Einsatzes zurückbekommt, was stattliche 10 Prozent Reingewinn bezüglich all seiner getätigten Einsätze ausmacht. Es kommt relativ häufig vor, daß zwei bis fünf *positiv* signifikante («heiße») Nummern pro defektem Kessel mit diesem realistischen Reingewinnüberschuß auftreten.

Neben den positiv signifikanten gibt es natürlich auch *negativ* signifikante («kalte») Nummern, die also im Mittel jedes achtunddreißigste bis dreiundvierzigste Mal erscheinen. Sie sind weder für uns noch für die Spielbank von großem Interesse, denn ist eine bestimmte Nummer extrem kalt, impliziert dies ja keineswegs, daß dem eine ausreichend heiße Nummer gegenüberstehen muß.

Aufgrund der Existenz negativ signifikanter Nummern wird außerdem verständlich, weshalb das Restantenspiel – das Bespielen lange ausgebliebener Nummern – die ungünstigste aller Strategien sein könnte. Beim Favoritenspiel ist ein überdurchschnittlich hoher Verlust jedenfalls weniger wahrscheinlich, da es kalte Nummern tendenziell vermeidet.

Die richtige Kesselidentifikation

Rufen wir uns die Beschreibung einer Roulettemaschine kurz in Erinnerung: Fächer- und Nummernkranz sind während des Spiels fest miteinander verbunden, können aber leicht entkoppelt, beliebig gegeneinander verschoben und danach in einem neuen Verhältnis zueinander wieder befestigt werden. Die Nummern sind also nicht immer denselben Fächern zugeordnet. Diese Maßnahme läßt die technische Direktion einer Spielbank von Zeit zu Zeit vorsorglich durchführen – neben den häufigeren Vertauschungen der Kessel untereinander. Statistische Analysen von Permanenzen sind jedoch nur dann zuverlässig, wenn die Permanenzen aus derselben Grundgesamtheit stammen, also von demselben, unveränderten Kessel. Aus diesem Grund ist es wichtig, nicht nur die speziellen Kessel ständig auf Vertauschungen hin zu überprüfen, sondern auch jeden Kessel auf Verdrehungen des Nummernkranzes gegenüber dem Fächerkranz. Die Stellung des Scheibendrehkreuzes hilft dabei sehr wenig, da man es bei den meisten Kesseln beliebig verdrehen kann.

Am besten fertigen Sie einen Steckbrief für jeden Kessel und eine Lageskizze der Spielräume an. Im Steckbrief werden folgende Identifikationsmerkmale für jeden Kessel festgehalten:

- äußere Kesselerscheinung: Fabrikat, Art des Holzes, besondere Kennzeichen am Holzrand, an den Rauten, an der Kugellaufläche, Stellung des Drehkreuzes usw.; das erlaubt eine schnelle äußere Identifikation des Kessels;
- innerer Kesselzustand: Besonderheiten der Stege und der Filzböden des Fächerkranzes wie geringfügige Ritzer oder Absplitterungen an

den Stegoberflächen, Flecken oder blinde Stellen an den Innenwänden der Stege, nicht ganz korrekt geschnittene Filzböden, stärkere Kugeldruckstellen auf dem Filz usw.

Es gibt nur eine Methode, einen solchen Steckbrief zu erstellen: Sie müssen sich zwingen, gründlich und so lange in den Kessel hineinzuschauen und die Scheibenrotationen (unauffällig) zu verfolgen, bis Sie die Merkmale entdeckt haben. Oft verrät eine besonders starke, periodische Schwankung des reflektierenden Lichts solche Merkmale – auch das periodische Fehlen einer Reflexion.

Eine Eigenschaft des inneren Kesselzustandes ist leider optisch nicht wahrnehmbar: die *Elastizitäten* der Stege beziehungsweise deren Veränderung – und das ist ein echtes Restrisiko bei diesem Spiel. Die Stege könnten reihum von unten fest angezogen werden. Dann würden sich unter Umständen ganz andere Signifikanzverhältnisse ergeben. Andererseits ist zu bedenken, daß ein Casino mit guter technischer Direktion dieses Risiko sogar mindern könnte: Wenn die Stege aller Kessel vorsorglich und regelmäßig angezogen würden, wäre es sehr unwahrscheinlich, daß überhaupt ein gelockerter Steg auftritt. Deshalb ist die Wahrscheinlichkeit in diesem Fall auch sehr gering, daß an den Kesseln wesentlich mehr als optisch wahrnehmbare Veränderungen entstehen.

Gelegentlich wird es vorkommen, daß bestimmte Kessel aus dem Verkehr gezogen und durch andere, entweder fabrikneue oder vom Werk überholte, ersetzt werden. Bei einer Überholung werden nicht nur die Druck- und Kugellager, sondern auch einzelne oder alle Stege erneuert und eingepaßt. Wenn ein Kessel, von dem Sie schon ansehnliche und vielleicht vielversprechende Permanenzen besitzen, plötzlich verschwindet, werden Sie mit den Daten nichts mehr anfangen können. Er wird, wenn überhaupt, nur verändert zurückkommen.

Bei der Auswahl der Kessel sollten Sie in erster Linie vom Fabrikat ausgehen (Beschaffenheit der Stege) und keineswegs davon, ob sie alt oder fabrikneu aussehen. Fabrikneue Kessel haben mich schon oft angenehm überrascht...

Wie ich auf die Nase fiel

Anfang der siebziger Jahre, noch während meines Studiums, hatte ich in den Semesterferien bei Jarecki das Kesselfehlerspiel kennengelernt, allerdings nicht vollständig; als Mathematikstudent hatte ich mich nicht um die *Erfassung* der Daten zu kümmern, sondern nur um die *statistischen Auswertungen*.

1979 wohnte ich in Lindau und arbeitete an einem Roulette-Ballistikalgorithmus. Die Rechnerkonstruktion mit der gesamten Mikroprozessor-Programmierung dauerte ein paar Monate, so daß ich mich entschloß, zwischendurch das Kesselfehlerspiel auszuprobieren. Ich konnte ein paar Bekannte für dieses Vorhaben gewinnen. Die Spielbank Lindau war nur einen Katzensprung von meiner Wohnung entfernt, und so fingen wir an, einige Wochen lang im Casino Permanenzen für beide Drehrichtungen zu erheben.

Es lief gut, und wir hatten keine Mühe, die Kessel zu verfolgen. Wir legten zu jedem Kessel eine Akte an, in der sich nicht nur die täglichen Permanenzen und die laufenden Auswertungen befanden, sondern auch die Daten zu allen Wanderungen der Kessel im Laufe der Zeit.

Signifikante Favoriten kristallisierten sich heraus, und wir begannen mit *Louis*, das sind 20-Mark-Jetons, zu setzen. Bei zwei bis vier Überschußtreffern pro Abend brachte uns das im Mittel etwa 2000 Mark. Da wir eine Woche lang gute Ergebnisse erzielten, erhöhten wir den Einsatz auf 50 Mark, ein für Lindauer Verhältnisse auffälliges Vorgehen, vor allem, da wir weiterhin regelmäßig Treffer landeten. Aber es lief ausgezeichnet weiter.

Eine Kesselvertauschung reihum war schon fällig, wurde aber nicht durchgeführt. Parallel zum Spiel erhoben wir die gefallenen Nummern weiter und analysierten sie in gewohnter Weise. Gelegentliche Verlusttage wurden im Mittel durch Tage mit höheren Gewinnen wettgemacht – die Natur der unvermeidlichen Schwankungen. Auch ein paar Verlusttage hintereinander kamen hin und wieder vor. Per Saldo ging es jedoch stetig aufwärts.

Wir erhöhten das Plein auf 100 Mark. Noch immer wurden die Kessel nicht vertauscht, was uns wunderte, da wir ja merkten, daß unser Spiel dem Personal auffiel.

Am zweiten Tag, nachdem wir auf 100 erhöht hatten, handelten wir uns einen saftigen Verlust ein, der tags darauf nur etwa zur Hälfte wettgemacht wurde. Das kann vorkommen, sagten wir uns. Es gab keinen ersichtlichen Grund, nicht konsequent weiterzuspielen. Und dann geschah es: Drei weitere Tage lang zahlten wir unsere mühsam angehäuften Gewinne zurück, ohne zu wissen, worauf diese Verluste zurückzuführen waren; die Kessel wurden ja nicht vertauscht. Entnervt stoppten wir endlich die Einsätze, entschlossen uns jedoch in unserer Ratlosigkeit, die Permanenzen zwei Wochen lang weiter zu schreiben. Stutzig machte mich zuerst die relative Verlusthöhe der letzten fünf Einsatztage: etwa 18 Prozent unseres Gesamteinsatzes in dieser Zeit, das war mindestens dreimal soviel wie beim Spiel auf beliebigen Nummern (5,4 Prozent) – ein Hinweis darauf, daß wir nicht signifikante Favoriten, auch keine normalen Nummern, sondern ausgesprochene Nieten gespielt hatten. Die Darstellung des kumulativen Gewinn-und-Verlust-Standes aus diesen Tagen zeigt Abbildung 9.

Einiges deutete darauf hin, daß die Daten wider Erwarten doch nicht aus derselben Grundgesamtheit stammten, aber ich wußte noch nicht, warum. Ich war fest entschlossen, der Sache auf den Grund zu gehen, und fing an, die Permanenzen vom Beginn der Verlustphase an zu analysieren. Die weiteren Tage, an denen wir mitschrieben, aber nicht mehr spielten, hätten per Saldo ebenfalls satte Verluste gebracht. So waren wir froh, die Einsätze noch vor einem Gesamtverlust abgebrochen zu haben.

Meine Analysen zeigten einigermaßen beharrliche Favoriten, die nicht mit den von uns gespielten, erwiesenen signifikanten Favoriten identisch waren. Das Datenmaterial aus den zwei Wochen nach Beginn der Verlustphase reichte offenbar nicht aus, um irgendeinen Verdacht zu untermauern, so daß wir noch weitere zwei Wochen Permanenzen schrieben. Langsam kristallisierten sich nun ganz andere signifikante Favoriten heraus. Ich trug die relativen Nummernhäufigkeiten der beiden Phasen (vor und nach Verlustbeginn) für jeden Kessel auf verschiedene Scheiben auf und mußte zu meinem Erstaunen feststellen, daß das allgemeine Muster stets fast identisch war – nur je nach Kessel um eine bestimmte Anzahl Nummernfächer verdreht! Jetzt war der Verdacht greifbar. Ich zerlegte meinen eigenen Kessel diesmal bis auf die letzte Schraube, und siehe da – Nummernkranz und Fächerkranz ließen sich problemlos entkoppeln, verdrehen und wieder befestigen!

Jetzt war mir klar, warum die Kessel nicht vertauscht worden waren, und es wurde mir schmerzlich bewußt, daß wir in eine Falle getappt

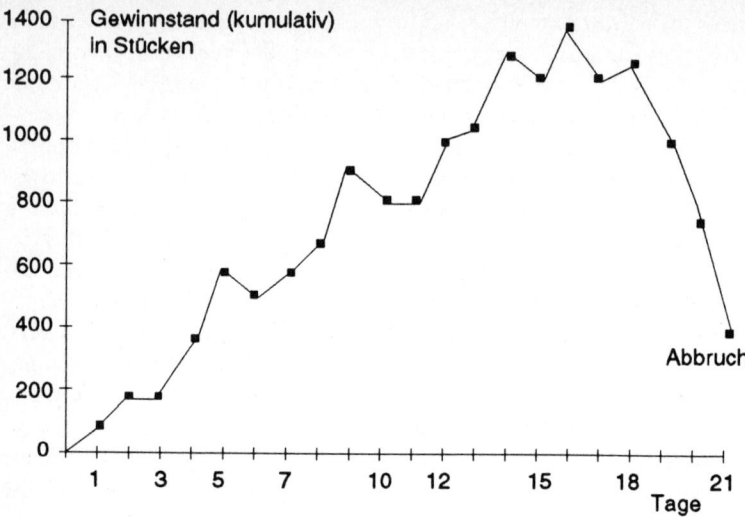

Abb. 9: Kumulativer Gewinn-und-Verlust-Stand (in Stücken) bei meinem ersten Kesselfehlerspiel

waren. So endete meine Lehrzeit als Kesselfehlerspieler. Aber ich war doch sehr zufrieden, da ich nun die Ursache unseres Scheiterns kannte, und schwor mir, dieses Wissen in einem zweiten Lauf professionell zu nutzen. Dafür schien uns der Lindauer Spielbetrieb zu provinziell, auch hinsichtlich der Umsätze, und so rüsteten wir uns für Bad Wiessee. Dort entdeckten wir dann einen jener seltenen Kessel mit gewellter Scheibe, eine wahre Goldgrube: Endlich ein Kessel, der uns für das Lindauer Debakel entschädigte – bevor er dann kurzerhand aus dem Verkehr gezogen wurde.

Sinnvolle Erfassung der Permanenzen

Offizielle Permanenzen sind für das Kesselfehlerspiel aus mehreren Gründen wertlos. Erstens ist, wie erwähnt, stets eine richtige Identifikation der Kessel erforderlich. Zweitens sind die meisten Fehlerauswirkungen *richtungsabhängig*. Und drittens enthalten die meisten offiziellen Permanenzen systematische Fehler. Die beiden ersten Bedingungen sind die wichtigsten, und die entsprechenden Informationen bietet keine der handelsüblichen Permanenzen.

Ein Gedankenexperiment sagt uns, warum die Fehlerauswirkungen richtungsabhängig sind (Laborexperimente haben es bestätigt): Stellen wir uns als Extremfall einen Steg vor, der doppelt so hoch ist wie alle anderen Stege. Die Kugel wird im Mittel weitaus häufiger im Nummernfeld vor diesem Steg liegenbleiben als auf der Nummer dahinter, bezogen auf die Kugellaufrichtung. Das bevorzugte Nummernfach alterniert also zusammen mit der Richtung des Kugellaufs. Im übrigen hat sich in gezielten Laboruntersuchungen gezeigt, daß nicht höhere, sondern *niedrigere* Stege die größeren Fehlerauswirkungen zur Folge haben. Ähnliche Entdeckungen macht der neugierige und kreative Geist auch, wenn er zum Beispiel den Einfluß der Kugelgrößen oder der Scheibengeschwindigkeiten auf die Fehler unter die Lupe nimmt.

Die Konsequenz liegt auf der Hand. Insbesondere wegen der Richtungsabhängigkeit der Fehlerauswirkungen ist es notwendig, die Permanenzen für die beiden Drehrichtungen gesondert zu erfassen und zu analysieren. Es kommt sehr häufig vor, daß eine bestimmte Nummer in der einen Drehrichtung um etwa drei Standardabweichungen (3-σ-Kriterium) zurückbleibt, während sie in der anderen Richtung ebenso stark und konstant vorauseilt. Wird hier nicht nach Drehrichtung unterschieden, bleiben einem wertvolle Informationen verschlossen. Die Berücksichtigung des Drehsinns erlaubt außerdem eine gewisse Kontrolle, wenn mehrere Kessel verfolgt werden: Für eine Doublette, das zweimalige Eintreten der gleichen Nummer unmittelbar hintereinander, wird man kaum mehr nur einen Coup notieren – übrigens ein häufiger systematischer Fehler bei den früheren Permanenzenschreibern –, denn sonst würde die Drehrichtung nicht mehr stimmen. Allerdings kann es gelegentlich vorkommen, daß der Croupier die Drehrichtung einmal nicht alterniert, etwa wenn die Scheibe infolge längerer Auszahlung stehengeblieben ist.

Die Mitschrift wird man am einfachsten Nummer für Nummer vornehmen, unterschieden nach Scheibendrehrichtung. Wenn die Scheibe bei einem bestimmten Coup im Uhrzeigersinn läuft («Scheibe rechts»), wird das Resultat dieses Coups in der «rechten» Kolonne eingetragen, oder man verwendet eine andere Methode zur eindeutigen Kennzeichnung.

Grundsätzlich sei bemerkt, daß zufällige und vereinzelte Fehler beim Notieren auf die späteren Auswertungsergebnisse praktisch keinen Einfluß haben. Trotzdem ist es wichtig, stets sorgfältig zu arbeiten. Auch sollte man sich davor hüten, längere Coupfolgen von anderen Spielern abzuschreiben.

Richtige Datenaufbereitung ist die halbe Miete

Der erste Datenaufbereitungsschritt besteht darin, Kreuzlisten aufzustellen. Wie viele Coups auf einer Liste erfaßt werden sollen, ist weitgehend Geschmackssache. Es sollten nicht zu wenige, aber im Hinblick auf die späteren Tests auch nicht zu viele sein. Eine gleichbleibende Anzahl von zehn Rotationen (370 Coups) pro Kreuzliste, fünf Rotationen (185 Coups) je Drehrichtung, hat sich als eine recht handliche Einheit herausgestellt. Dazu sind im Mittel die Mitschriften zweier Tage notwendig. Abbildung 10 stellt eine solche Kreuzliste dar.

Aus wenigen Kreuzlisten (pro Kessel) wird man noch keine stichhaltigen Schlußfolgerungen ziehen können. Zwischen 15 und maximal 25 Kreuzlisten werden in der Regel gebraucht, um signifikante Abweichungen zu entdecken. Das sind aber 75 bis 125 Rotationen pro Drehrichtung, also etwa fünf bis acht Wochen ununterbrochene Mitschrift. Kristallisieren sich starke systematische Abweichungen heraus, werden eher weniger Kreuzlisten benötigt. Diese können formularmäßig angelegt werden, mit den Nummern in der tatsächlichen Kesselanordnung, eine Reihenfolge, die zwar nicht zwingend ist, uns jedoch später interessante Rückschlüsse auf gewisse Fehleranordnungen beim Vergleich der beiden Drehrichtungen erlauben wird. Auch eine *Scheibenkreuzliste* erfüllt diesen Zweck.

Nun kommen wir zum zweiten Schritt der Datenaufbereitung. Wir legen eine Liste an, die die wesentlichen Informationen aller Kreuzlisten eines Kessels zusammenfaßt, sie sozusagen verdichtet. Zu den wesentlichen Informationen gehören für jede Nummer ihre Häufigkeitsabweichungen (je Kreuzliste) vom Durchschnitt, wobei sowohl die Unterscheidung der Drehrichtungen als auch die Kesselanordnung der Nummern beibehalten werden. Abbildung 11 stellt eine Liste der

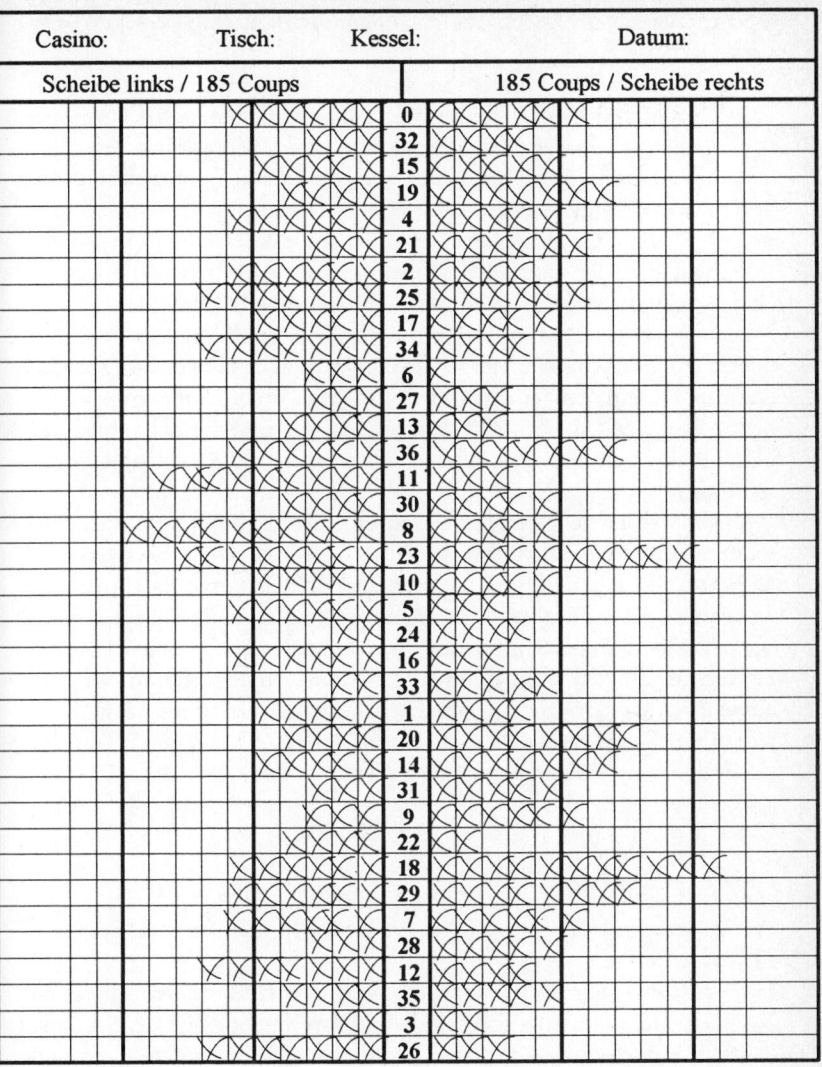

Abb. 10: Beispiel einer Kreuzliste mit zehn Rotationen (370 Coups), fünf je Drehsinn

Häufigkeitsabweichungen aus 5×5 Rotationen (925 Coups) je Drehsinn dar.

Selbstverständlich können Sie statt der Häufigkeitsabweichungen vom Durchschnitt auch die absoluten Häufigkeiten selbst auflisten, aber erstens wären dann etwas umständlichere Operationen erforderlich, und zweitens hätten Sie nicht die leichte Übersicht über die laufenden (positiven und negativen) Häufigkeitsabweichungen einer Nummer, wie sie schon in grober Weise durch die Vorzeichen ermöglicht wird. Die Liste der Häufigkeitsabweichungen stellt bereits die zweckdienliche Datenaufbereitung für die statistischen Analysen dar.

Uns geht es hier vorerst nur um wichtige heuristische Hinweise auf diejenigen verdächtigen Merkmale der Häufigkeitsabweichungen, die dann später einer eingehenden quantitativen Analyse unterzogen werden können. Zu diesen Zweck zeichnen wir uns ein Schaubild der Häufigkeitsabweichungen nach 75 Rotationen (2775 Coups) je Drehrichtung.

Um beurteilen zu können, wie stark die Abweichungen vom Durchschnitt sein oder nicht sein sollten, brauchen wir eine geeignete Meßlatte. Da etwaige Fehler in der Regel nicht mutwillig verursacht worden, sondern zufällig entstanden sind, liegt es in der Natur der Sache, daß diese Fehlerauswirkungen, das heißt die extremen Häufigkeitsabweichungen vom Mittelwert, normalverteilt auftreten. Wie wir wissen, ist das Abweichungsmaß (vom Mittelwert) einer normalverteilten Größe die Standardabweichung σ. Bei n Coups beträgt sie für ein Ereignis mit Wahrscheinlichkeit p

$$\sigma = \sqrt{np\,(1-p)}$$

Für $p = \frac{1}{37}$ erhält man

$$\sigma = \sqrt{n \times \tfrac{1}{37} \times \tfrac{36}{37}} = \tfrac{6}{37} \times \sqrt{n}$$

Für 75 Rotationen (n = 2775) ergibt sich die Standardabweichung zu $\sigma = 8{,}54$. Nun wissen wir aber seit Einführung der Normalverteilung (Seite 40), daß etwa 68 Prozent der Abweichungen zwischen $+\sigma$ und $-\sigma$ liegen sollen, etwa 95 Prozent aller Abweichungen zwischen $+2\sigma$ und -2σ und praktisch alle Abweichungen zwischen $+3\sigma$ und -3σ. Dies können wir am Schaubild der Häufigkeitsabweichungen nachkontrollieren, indem wir die verschiedenen σ-Begrenzungen (mit

Casino:		Kessel:				Zwischensumme nach je 25 Rot. (ZS)						
ZS	Scheibe links						Scheibe rechts					**ZS**
2	-1	1	3	-2	1	0	1	-1	-2	4	-2	0
-6	-3	-4	2	1	-2	32	-1	-1	3	2	0	3
0	-4	1	1	2	0	15	0	4	2	-1	0	5
-5	-3	-2	1	0	-1	19	2	0	-1	-1	-3	-3
5	1	-1	-1	5	1	4	0	0	2	-5	-3	-6
10	2	5	4	1	-2	21	1	-1	-1	0	-2	-3
2	1	0	1	-1	1	2	-1	5	1	-2	0	3
-1	-1	-1	-2	1	2	25	1	-1	2	0	-3	-1
-2	-3	-1	2	0	0	17	0	-3	0	1	-1	-3
13	5	2	4	0	2	34	-1	-3	-1	2	-1	-4
-6	-3	2	1	-4	-2	6	-4	-1	-2	2	0	-5
-2	1	1	-2	0	-2	27	-2	5	-4	1	0	0
-2	2	3	-1	-5	-1	13	-2	-1	-4	2	0	-9
6	2	-3	2	4	1	36	2	1	0	-1	0	2
-7	-4	-1	-3	-3	4	11	-2	2	-2	0	0	-2
-4	1	1	-2	-3	-1	30	0	-2	1	3	5	7
5	2	0	0	-2	5	8	0	3	-1	0	-5	-3
4	2	-2	0	1	3	23	5	2	0	1	3	11
-1	-1	-1	-3	4	0	10	0	-4	4	2	0	2
4	0	6	-3	0	1	5	-2	1	0	-1	2	0
2	5	-1	1	0	-3	24	-1	1	1	-4	-2	-5
0	2	-2	0	-1	1	16	-2	1	1	3	2	5
-4	-3	-2	1	3	-3	33	0	-2	-1	0	1	-2
-5	0	-2	0	-3	0	1	-1	2	1	-2	3	3
-1	-1	-2	1	2	-1	20	3	-1	-2	0	0	0
0	-3	4	-4	3	0	14	2	-2	2	-3	1	0
-2	4	-2	-1	-1	-2	31	0	-1	0	2	3	4
0	2	1	-3	2	-2	9	1	-3	-1	-1	1	-3
-1	-3	2	0	1	-1	22	-3	-2	1	6	0	2
0	1	1	-5	2	1	18	6	1	-1	0	0	6
-3	-1	-1	-3	1	1	29	3	0	-2	0	3	4
1	-2	1	0	1	1	7	1	0	0	-4	-1	-4
0	2	-3	2	1	-2	28	0	3	0	0	2	5
4	2	-1	3	-2	2	12	-1	0	1	3	-2	1
-1	-4	1	4	-1	-1	35	0	1	3	-3	-1	0
-7	3	-1	-2	-4	-3	3	-3	-3	-2	0	-1	-9
2	0	1	2	-3	2	26	-2	0	2	-2	1	-1

Abb. 11: Liste der Häufigkeitsabweichungen aus 5 × 5 Rotationen (925 Coups) je Drehsinn

$\sigma = 8,54$) als horizontale Linien einzeichnen und sehen, inwieweit die tatsächlichen Häufigkeitsabweichungen normalverteilt sind und das theoretische Kriterium erfüllen.

Abbildung 12 stellt ein solches Stabdiagramm dar. Bei einer Normalverteilung müßten 5 Prozent aller Häufigkeiten eine Abweichung von mehr als $\pm 2\sigma$ besitzen. *Zwei* Nummern stellen einen Bruchteil von 5,4 Prozent aller 37 Nummern dar. Dagegen besitzen *fünf* Nummern eine solche Abweichung. Etwas anderes fällt bei diesem Kessel jedoch auf: Werden die Häufigkeitsbereiche durch geglättete Kurven eingehüllt, dann ergibt sich ein paralleles Schwankungsbild, das typisch ist für *gewellte* Scheiben. Die Vermutung ist jedenfalls nicht von der Hand zu weisen. Es lohnt sich also, die weitere Entwicklung dieses Kessels aufmerksam zu verfolgen.

Die Erfahrung zeigt, daß starke *zufällige* Abweichungen früher oder später wieder rückläufig werden, während starke *systematische* Abweichungen ihre durchschnittliche Tendenz beharrlich fortsetzen, und zwar meistens mit nur gelegentlichen und schwächeren Rückläufigkeitserscheinungen.

Bemerkungen zu den statistischen Tests

Testobjekt für die statistischen Analysen eines bestimmten Kessels ist die Liste der Häufigkeitsabweichungen in Schritten von fünf Rotationen. Führen wir uns jetzt vor Augen, mit welchen «Zutaten und Reagenzien» die statistischen Tests gewürzt sind, ohne uns jedoch mit den speziellen Details zu belasten. Die statistischen Tests haben eine große Ähnlichkeit mit medizinischen Labortests, vor allem was die methodischen Abläufe betrifft.

Bei medizinischen Tests wird zunächst ein Testobjekt benötigt: Blut, Urin, Gewebe usw. eines *bestimmten* Menschen. In unserem (statistischen) Fall ist die Permanenz die zu testende «Gewebeprobe» eines ganz bestimmten Roulettekessels. Die Individualität des Untersuchungsobjektes ist in beiden Fällen ausschlaggebend. Deshalb ist vollkommen klar, daß die Stichproben notwendigerweise von ein und demselben, unveränderten Kessel kommen müssen, damit die Testergebnisse sinnvoll gedeutet, etwaige durch den Test aufgespürte Fehlfunktionen auch dem richtigen Kessel zugeordnet sowie Maßnahmen

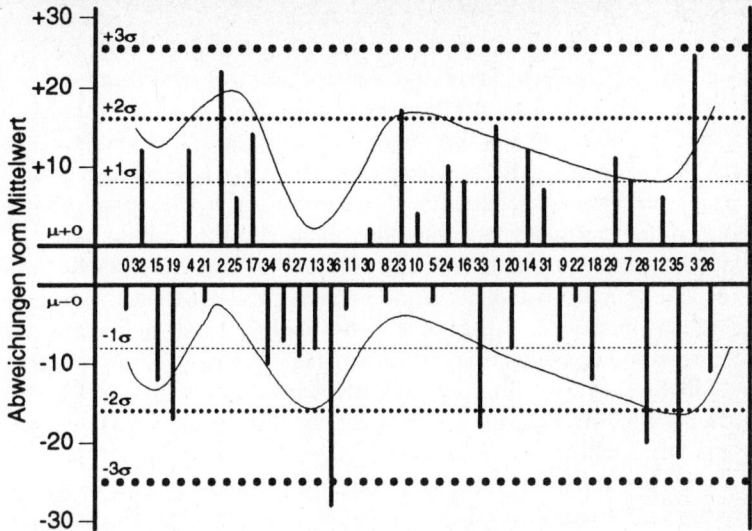

Abb. 12: Schaubild (Stabdiagramm) der Häufigkeitsabweichungen der Nummern eines Kessels bei 75 Rotationen, also 2275 Coups (nur eine Scheibendrehrichtung). Die Nummern sind auf der Abszisse in Kesselanordnung aufgetragen. Die Kurven stellen geglättete Einhüllende der Häufigkeitsbereiche dar und könnten zu der Vermutung Anlaß geben, daß dieser (Kies-)Kessel «gewellt» ist.

getroffen werden können, um die Fehlfunktionen zu beheben. Die Spielbanken wissen das sehr wohl; nur die Spieler scheinen davon offenbar keine Ahnung zu haben. Wie sind sonst die allseits beliebten Permanenzen zu erklären? Immerhin suchen die Systemtüftler *Spuren* darin und kommen letztlich auch zu einer Art Diagnose. Zu welchen Interpretationen und Schlüssen würde aber ein ahnungsloser Arzt kommen, wenn ihm eine Mischung aus mehreren Blutproben untergejubelt wird? Je mehr verschiedene Blutproben in einem Behälter, desto *normaler* das Blutbild: Genau so denken die technischen Direktionen der Casinos hinsichtlich der Stichproben namens Permanenzen und achten darauf, daß keinerlei Fehlfunktion, sollte sie dennoch entdeckt werden, einem bestimmten Kessel zugeordnet werden kann. Ein Kessel stellt immerhin eine wesentlich größere Investition dar als ein Karten-

spiel, das höchstens einen Abend lang im Einsatz ist. Also hat das Casino ein starkes Interesse daran, etwaige «Erkrankungen» oder Fehlfunktionen der Gegenstände, mit denen es sein Geschäft und Leben
bestreitet, gegenüber dem «Patienten» oder Spieler geheimzuhalten.
(Schließlich macht ja ein Psychiater seine eigenen seelischen Macken
auch nicht publik.) Kesselvertauschungen und Verdrehungen des
Nummernkranzes gegenüber dem Fächerkranz sind die Abwehrmaß-
nahmen der Casinos gegen sinnvolle statistische Tests auf der Spieler-
seite. Das ist die größte Hürde und Herausforderung: Wir als Kesselfehlerspieler müssen uns als Ärzte in Sachen Statistik betätigen, um
Fehlfunktionen der Zufallsgeneratoren einer Institution zu finden, wobei uns diese Institution ihrerseits anscheinend von einer Krankheit hei-
len will. Es ist eine wahrhaft paradoxe Rollenvertauschung: Als Patient
suchen wir einen Arzt auf mit dem Ziel herauszufinden, was ihm ge-
sundheitlich fehlt.

Gehen wir einen Schritt weiter. Fragen wir nach den Methoden und
Analysewerkzeugen, die uns helfen könnten, Schwachstellen zu finden
und eine begründete Diagnose zu stellen. Für die meisten statistischen
Tests wird die Streuung s benötigt, die wir ja bereits kennen:

$$s = \sqrt{\frac{(x_1 - \overline{x})^2 + (x_2 - \overline{x})^2 + \ldots + (x_n - \overline{x})^2}{n - 1}}$$

Dabei ist n die Anzahl der Beobachtungen, die x_i (i = 1, 2,..., n) sind die
Einzelwerte, und $\overline{x}$ stellt deren Mittelwert dar.

Sodann wird der Streubereich T = s × t der Einzelwerte berechnet,
mit t = t(P%, f = n − 1) aus der (in der Statistik bekannten) t-Tabelle.
Dabei ist f die Anzahl der Freiheitsgrade, während P% die statistische
Sicherheit genannt wird. Für P% wird häufig 95 oder 99 Prozent gewählt. Das Komplement der statistischen Sicherheit, (100 − P)%,
nennt man die Irrtumswahrscheinlichkeit. Darüber hinaus wird der
Vertrauensbereich $\frac{T}{\sqrt{n}}$ berechnet, das ist der Streubereich der Mittelwerte (bei mehreren Stichproben). Dies sind sozusagen ein paar elementare Reagenzien, die bei den meisten statistischen Tests eingesetzt
werden. Wenden wir uns nun den Tests selbst zu.

Viele der Begriffe, die ich gerade erwähnt habe, wie auch weitere
Tests setzen voraus, daß das Datenmaterial *ausreißerfrei* ist. Um dies
vorhanden zu prüfen, gibt es − wie sollte es auch anders sein − einen

Test: den Nalimov-Test auf Ausreißer. Mehr oder weniger offensichtliche Ausreißer werden damit erkannt und entfernt; dabei ist der Nalimov-Test sehr empfindlich. Die verbleibenden ausreißerfreien Daten, deren Mittelwert, Streuung, Streubereich und Vertrauensbereich eventuell neu berechnet werden müssen, können dann den verschiedensten statistischen Tests unterzogen werden:

- dem t-Test (Vergleich von Mittelwerten beziehungsweise von Mittelwert und Sollwert);
- dem F-Test (Vergleich von Varianzen beziehungsweise Vergleich von Ist- und Soll-Varianzen);
- dem Differenzen-t-Test auf signifikante Unterschiede von Werten aus wenigen zusammengehörenden Zweierbeobachtungen;
- der Zusammenfassung von Mittelwert und Standardabweichung zweier Datenreihen;
- dem Sequential-Test nach Wald, einem dynamischen Testverfahren mit einer durchschnittlichen minimalen Anzahl von Stichproben;
- Verteilungstests wie dem Chi-Quadrat-Test usw.

Anleitungen zur konkreten Durchführung dieser Tests finden Sie in der statistischen Literatur. Ich beschränke mich hier auf einige heuristische Bemerkungen.

Beispielsweise untersucht der spezielle t-Test, ob die Abweichung des Mittelwerts einer bestimmten Nummer vom Sollwert signifikant oder nur zufällig ist. Ergeben sich laut Liste der Häufigkeitsabweichungen für fünfundsiebzig Rotationen (in einer Drehrichtung) und für eine bestimmte Nummer die Abweichungen 4, 2, 3, 0, 6, −1, 2, 5, 1, 3, 2, 4, −2, 4 und 3, also eine Gesamtabweichung von +36, dann hat man eine äußerst verdächtige Nummer mit einer mittleren Abweichung von $\frac{36}{15} = +2,4$ für je fünf Rotationen vorliegen. Das Verdächtige dabei ist nicht so sehr die Gesamtabweichung 36, sondern die Tatsache, daß die positiven Einzelabweichungen *beständig* überwiegen. Eine derartige Traumnummer ist natürlich äußerst selten; sie würde im Mittel etwa jedes fünfundzwanzigste Mal erscheinen und 40 Prozent Reingewinn bringen.

Hat man für eine andere Nummer und für fünfundzwanzig Rotationen die Abweichungen −1, 9, 2, 0 und 2 vorliegen, also ebenfalls eine mittlere Abweichung von $\frac{12}{5} = +2,4$ für je fünf Rotationen, dann ist größte Vorsicht geboten, denn die Einzelabweichung 9 ist *ausreißerverdächtig*. Die Gesamtabweichung 12 kommt im wesentlichen nur durch diese Zufallsabweichung 9 zustande. Wird diese eliminiert, gibt es nichts Verdächtiges mehr.

Was wir hier mit *intuitivem Verstand* aus Datenbeispielen gefolgert haben, können wir auch mittels Testmethoden in quantitativer Form gewinnen. In den meisten Fällen sind die Daten nicht so eindeutig wie in unseren Beispielen, und da würde uns die Intuition aus Mangel an Übersicht sehr schnell im Stich lassen.

Es ist ein verbreiteter Irrtum zu glauben, daß erst sehr viele Messungen oder Beobachtungen brauchbare, statistisch gesicherte Aussagen zulassen. Tests wie der Nalimov-Test auf Ausreißer und der Differenzen-t-Test sind *hochempfindlich*. Ebensowenig trifft die Auffassung zu, nur ein Verteilungstest, wie der Chi-Quadrat-Test, könne Auskunft über signifikante Abweichungen im Roulette geben. Gerade beim Roulette ist der Chi-Quadrat-Test weitgehend unempfindlich und daher nicht sehr geeignet. Dieser Test zur Häufigkeitsverteilung *aller* Nummern eines Kessels ist meistens nicht in der Lage, *einzelne* wenig stark signifikante Abweichungen zu bestätigen, da diese das Bild der Gesamtverteilung oft nur unwesentlich beeinträchtigen – ist doch die überwiegende Mehrheit der Zahlen neutral und konform.

Weichen einige Zahlen verdächtig *positiv* ab, oder haben sie sich gar als signifikante Favoriten herausgestellt – wobei signifikante Favoriten die meiste Zeit nicht die führenden Nummern sind, sondern sich eher im vorderen Mittelfeld der Anführer befinden –, dann gibt folgender praktischer und pragmatischer Test Aufschluß: Man bespiele diese Nummern etwa zehn Tage lang, und zwar fiktiv, was durchaus begleitend zur weiteren notwendigen Datenbeschaffung geschehen kann. Mit dem täglichen Gewinn oder Verlust wird ein Stabdiagramm gebildet, während gleichzeitig der kumulative Gewinn-und-Verlust-Stand graphisch festgehalten wird. Bei aussichtsreichen Nummern ergibt sich folgendes Bild: Es gibt Schwankungen im Positiven wie im Negativen; allerdings sind die Verlusttage seltener und fallen im Mittel nicht so stark ins Gewicht wie die Gewinntage.

Trotz einer gewissen Überlegenheit ist es notwendig, über ein Spielkapital in vernünftiger Höhe zu verfügen, denn schon im Laufe nur eines einzigen Spieltages, der sich am Ende durchaus als Gewinntag herausstellen mag, kommt es in der Regel zu starken negativen Schwankungen. Die Erfahrung hat gezeigt, daß eintausend Stücke Spielkapital bei einem Masse-égale-Spiel bereits gut bemessen sind.

Fünfzehnhundert oder zweitausend Stücke sind natürlich noch besser. Eine obere Grenze für den Kapitalbedarf läßt sich allerdings prinzipiell nicht angeben. Nur ein sehr kleines Verhältnis Einzeleinsatz / Spielkapital, also eine sehr große Anzahl von Stücken, ist einigermaßen sicher. Wenn einige Tage hintereinander nur Verluste bringen, ist Vorsicht geboten: Es könnten sich ja gewisse Randbedingungen geändert haben, auch solche, die optisch nicht wahrnehmbar sind.

Fast ebenso wichtig wie der Kapitalbedarf ist die absolute Stückgröße, mit der gespielt wird. Angesichts der aufwendigen Arbeit darf die Stückgröße nicht zu klein sein – andererseits aber auch nicht zu groß, und zwar nicht nur des Risikos wegen, sondern vor allem, um nicht unnötig aufzufallen.

Bei meinen Erläuterungen zu den «Reagenzien» für die statistischen Tests war die Rede von der statistischen Sicherheit beziehungsweise der Irrtumswahrscheinlichkeit. Dazu folgende Bemerkung: Ein statistischer Test, und wenn sein Ergebnis noch so signifikant, überzufällig ist, beweist strenggenommen gar nichts. Denn dort, wo nichts sicher ist – auch wenn es mit Sicherheit ungewiß ist –, bleibt stets der Ruch des Zweifelhaften, was sich dann ganz einfach in einer *Irrtumswahrscheinlichkeit* ausdrückt. Als Wissenschaftler denken die Statistiker natürlich positiv und sprechen von der statistischen *Sicherheit*. Halb leere Flasche, halb volle Flasche: Es ist gehupft wie gesprungen; der Tatbestand ist schließlich derselbe. Nur manische Optimisten schreien jedesmal «Hurra!», wenn die Kugel an ihrer gesetzten Nummer vorbeirollt. Die Frage, um die es geht: Sollten 99 oder nur 95 Prozent gewählt werden? (Statistische Sicherheit natürlich, nicht Irrtumswahrscheinlichkeit.) Anders gefragt: Sollen wir uns auf 5 Prozent Irrtumswahrscheinlichkeit einlassen oder lieber 1 Prozent ansteuern?

Vielfach führt eine Entscheidung auf der Basis einer statistischen Sicherheit von 95 Prozent zum Erfolg. Hat ein Spieler für verschiedene Kessel insgesamt zwanzig Dauerfavoriten mit 95 Prozent statistischer Sicherheit nachgewiesen, dann wird im Mittel ein vermeintlicher Dauerfavorit dabei sein, bei dem sich der statistische Test geirrt hat. Natürlich können Sie Ihre Entscheidungen auch auf der Basis einer statistischen Sicherheit von 99 Prozent (1 Prozent Irrtumswahrscheinlichkeit) fällen. Bis es jedoch soweit ist, würden Sie trotz eines gelegentlichen, sehr unwahrscheinlichen Irrtums auf der Basis 95 Prozent Ihr Spielkapital unter Umständen bereits vervielfacht haben, weil Sie dazu eine viel kleinere Stichprobe benötigen als für 99 Prozent statistische Sicherheit.

Die Handschrift des Croupiers:
dritter agonaler Angriff

Zweite relevante Informationsgewinnung

Die Einsicht, das Ergebnis eines Kugelwurfs hänge zumindest bis zu einem bestimmten Grad vom Croupier ab, führt zu einer eigenen Kategorie der Informationsgewinnung, begründet durch die Erkenntnis von Wilhelm Fucks, es sei «ein allgemein-menschliches Phänomen, daß... niemand etwas gänzlich Ungeordnetes machen kann. Es hat also Sinn, bei jedem Menschenwerk nach meßbaren Ordnungen zu suchen.» Eine derartige Informationsgewinnung erfordert ein gründliches Hinschauen, und das ist schon oft versucht worden. Auch die im Kapitel «Nichtklassisches Roulette: Übersicht und Vorgeschichte» erwähnte *Methode Optimum* des «Dipl.-Phys. W. Clarius» sollte imstande sein, aus spezifischen zu erhebenden Faktoren der Handhabung des Croupiers während des Spielverlaufs einen überzufälligen Eintreffort der Kugel vorauszuberechnen. Obwohl die Methode bis zu diesem Tag einen grundsoliden Ruf behielt, wurde schon damals sehr schnell klar, daß alles in Wirklichkeit viel komplizierter ist, als es schien. Abgesehen davon, daß die unverbesserlichen Zocker nie die nötige Geduld aufbrachten, um die richtigen Beobachtungen zu machen – geschweige denn die richtigen Schlüsse zu ziehen –, erwies sich die Methode auch vom Konzept her nicht immer als ausreichend klar.

Heute, da uns die theoretischen und praktischen Erkenntnisse über die Ballistikbedingungen verfügbar sind, präsentiert sich das Konzept etwas klarer. Einfacher ist es jedoch nicht geworden, und der Pferdefuß ist nach wie vor die ungeheure Portion Geduld, mit der das Temperament ausgestattet sein muß, um das sogenannte Wurfweitenspiel einigermaßen erfolgreich anwenden zu können.

Die Faktoren der Handhabung

Gehen wir von einem bestimmten, gleichbleibenden Kessel-Kugel-System aus, wie es in der Praxis vorkommt. Nehmen wir zudem an, ein und derselbe Croupier sei für eine gewisse Zeit weitgehend ungestört am Werk. Unter diesen Voraussetzungen liegt der Gedanke nahe, daß Würfe mit ausreichend gleichen Anfangsbedingungen auch mit größerer Wahrscheinlichkeit nahezu gleich oder zumindest sehr ähnlich ablaufen, also nahezu die gleiche Wurfweite aufweisen. Allerdings können kleinere Abweichungen zu Beginn des Wurfes durchaus größere Wurfweitendifferenzen zur Folge haben, und eine weitere Schwierigkeit liegt darin, daß die eigentlichen Wurfweiten auch in starkem Maße ein Ergebnis der Kugelstreuweiten sind und daß diese gerade die Tendenz haben, auch die bestmögliche Gleichmäßigkeit zu *kaschieren*.

Dennoch gehen wir in diesem Kapitel davon aus, daß Scheiben- und Kugelumlaufzeiten eines Croupiers unter sonst gleichen Voraussetzungen nahezu konstant sind, daß also der betreffende Croupier sehr gleichmäßig arbeitet. Davon können Sie sich in der Praxis durch Messungen mit einer Stoppuhr überzeugen. Als erste Näherung empfiehlt sich aber die Anfertigung einer einfachen Strichliste über die Anzahl der Kugelumläufe pro Coup, getrennt nach Drehsinn. Sodann können in ähnlicher Weise die Anzahlen der Scheibenumdrehungen während der Würfe untersucht werden. Auch bietet sich die Möglichkeit, begleitend oder zuallererst ein *Kollisionsdiagramm*, wie es im Kapitel «Ballistikelemente für Computerprogramme» erläutert wird, anzufertigen, das, je nach Stärke, über verschiedene Datenausprägungen Auskunft geben kann.

Die Grundfrage lautet nun: Welche ersichtlichen Faktoren beeinflussen die Gleichmäßigkeit der Würfe? Messen wir eine Reihe von Scheiben- und Kugelumlaufzeiten eines gleichmäßig werfenden Croupiers, so fällt zuerst auf, daß die Meßmittelwerte für die beiden Drehrichtungen im allgemeinen verschieden sind. Dies ist auf anatomische Faktoren zurückzuführen – der Croupier wechselt die Richtung von Coup zu Coup, wirft also die Kugel einmal nach «vorn», einmal nach «hinten» und dreht dabei den schweren Zylinder alternierend in die jeweilige Gegenrichtung.

Aber es fällt noch etwas auf, dem bei solchen Beobachtungen normalerweise kaum Aufmerksamkeit geschenkt wird: Sowohl die Zeitmittelwerte als auch vor allem die Streuungen um die jeweiligen Zeitmittelwerte eines gleichmäßig werfenden Croupiers sind in der Regel unterschiedlich, je nachdem, ob er links oder rechts vom *Chef de table* sitzt. Der Gleichmäßigkeitsgrad eines Croupiers hängt also davon ab, ob er mit der rechten oder linken Hand Scheibe und Kugel in Bewegung setzt. Ein linkshändig veranlagter Croupier wird – wenn überhaupt – gleichmäßige Ergebnisse nur dann erzielen, wenn er mit der linken Hand arbeitet. Andernfalls werden die Streuungen um den Mittelwert tendenziell größer sein, der Gleichmäßigkeitsgrad also kleiner, auch wenn der Wurf den Anschein hat, gleichmäßig zu sein.

Damit wir Aussicht auf *homogene* Daten bekommen, müssen wir nicht nur zwischen den beiden Drehrichtungen unterscheiden, sondern auch zwischen den beiden möglichen Wurfhänden eines gleichmäßig werfenden Croupiers. Daraus ergeben sich bereits $2 \times 2 = 4$ mögliche Gruppen von Daten für einen bestimmten Croupier an einem bestimmten Tisch und in einem bestimmten Tagesabschnitt. Letztere Bedingung ist wichtig, denn auch der gleichmäßigste Croupier ist kein Roboter, der sich über einen mehrstündigen Zeitraum konstant verhielte und keine Ermüdungserscheinungen zeigte: Jeder Mensch hat eine spezifische Aktivitätskurve, die über ein mehrstündiges Zeitintervall sehr stark variieren kann.

Vor vielen Jahren, zu Beginn diesbezüglicher Untersuchungen, nahm ich an, die größte Gleichmäßigkeit sei zu erwarten, wenn die Croupiers gegen Ende des Abends, schon müde und etwas abgeschlafft, Maschine und Kugel quasi wie Automaten bedienen würden. Messungen belehrten mich aber schnell eines Besseren: Nicht in ermüdetem Zustand, sondern nicht lange nach Beginn ihres Arbeitstages ergaben sich die häufigsten und auch die größten Gleichmäßigkeiten. Das galt auch nachts für Croupiers, die ihren Dienst später antraten.

Da wir nun Scheiben- und Kugelumlaufzeiten für jede der vier Kombinationen (zwei Drehrichtungen mal zwei Wurfhände) als ausreichend konstant annehmen, brauchen diese ballistischen Anfangsbedinungen nicht weiter berücksichtigt zu werden. Uns fehlt noch der dritte ballistische Faktor, nämlich die zu Wurfbeginn (nicht konstante) relative Position von Scheibe und Kugel zueinander. Für jeden Wurf gibt es prinzipiell nur vier Anfangspositionen, entsprechend den vier Kreuzarmen des Drehkreuzes. Insgesamt ist also jeder Wurf durch einen bestimmten Croupier an einem bestimmten Tisch und mit einer bestimmten Kugel noch durch drei Faktoren (Scheibendrehsinn, Wurfhand und Kreuzarm) beziehungsweise durch $2 \times 2 \times 4 = 16$ Möglichkeiten bestimmt. Die drei Faktoren kennt ein Beobachter stets im voraus, denn besonders ein gleichmäßig werfender Croupier setzt Scheibe und Kugel stets in gleicher Weise in Bewegung: Er nimmt die Kugel aus dem Fach heraus, ergreift den nächsten Kreuzarm, kehrt die Drehrichtung um und *drückt* die Kugel im Kesselrand ab. Dabei setzt eine gewisse Gleichmäßigkeit auch voraus, daß der Zeitraum zwischen dem Abdrehen des Zylinders und dem Anwurf der Kugel nicht zu sehr variiert.

Die drei Faktoren W (Wurfhand), S (Scheibendrehsinn) und X (Kreuzarm des Abwurfs) bilden eine vollständige Menge von Anfangsbedingungen bei einem Wurf mit gegebenen anfänglichen Scheiben- und Kugelumlaufzeiten. Deshalb ist es sinnvoll, dem Tripel (W, S, X) den aufgrund der Empirie wahrscheinlichsten Einfallbereich z der Kugel zuzuordnen:

$$(W, S, X) \rightarrow z$$

Die nachfolgende Tabelle stellt die Faktoren und ihre Bezeichnungen übersichtlich dar.

Faktor	Symbol	Anzahl	Bezeichnungen
Wurfhand Croupier	W	2	lW; rW *lW: linke Hand* *rW: rechte Hand*
Scheiben-drehrichtung	S	2	Su; Sg *Su: Uhrzeigersinn* *Sg: dagegen*
Kreuzarm des Abwurfs	X	4	X1; X2; X3; X4 *Xi ist der Arm* *im Quadranten i*

Aber sechzehn Datengruppen pro Tisch und Croupier, gemäß den sechzehn verschiedenen Kombinationen der Faktoren W, S und X, sind in der Praxis zu viele, da ein Croupier im Laufe einer Sitzung keine große Anzahl von Würfen tätigt. Die vier möglichen initialen Scheibenpositionen (gemäß den vier Kreuzarmen X 1, X 2, X 3 und X 4) unterscheiden sich nur um eine ganze Anzahl von Neunzig-Grad-Drehungen voneinander. Deshalb können alle zu einem bestimmten Paar (W, S) gehörenden Initialpositionen und zugeordneten Einfalls-punkte z auf eine bestimmte anfängliche Scheibenposition, etwa X 1, *normiert* werden. Diese Normierung erlaubt es aber, die mittlere Wurfweite durch häufigere und vergleichbare Beobachtungsdaten – nun wieder in vier Gruppen – schneller ermitteln zu können, wobei die *Entnormierung* mittels Neunzig-Grad-Drehungen denkbar ein-fach ist.

Wenn sich in einer Folge von Coups eines Croupiers herausstellt, daß die Wurfweiten dazu neigen, Werte in einer bestimmten engeren Bandbreite anzunehmen, dann ist das Ergebnis eines Coups bis zu einem gewissen Grad eine Funktion des Ergebnisses des vorangegan-genen Coups; denn die Abwurforte sind bei einer gleichmäßigen Handhabung durch den jeweils letzten Coup, die nächste Drehrich-tung und die Stellung des Drehkreuzes weitgehend bestimmt. In diesem Fall, wo die Abläufe und Ergebnisse der einzelnen Coups von-einander nicht vollkommen unabhängig sind, sondern bis zu einem gewissen Grad *verkettet*, spricht man von einem *Markoff-Prozeß*; Folgen solcher Coups werden als *Markoff-Ketten* in der Wahrschein-lichkeitstheorie und Statistik untersucht.

Nachfolgend wird ein Normierungsvorgang durchgeführt. Abbil-dung 13 a zeigt für jeden Scheibendrehsinn jeweils vier stilisierte Rou-lettescheiben mit Eintragungen der getroffenen Sektoren, wobei jeder Scheibe ein bestimmter Arm des Drehkreuzes zugeordnet ist. Abbil-dung 13 b zeigt für jeden Scheibendrehsinn nur mehr *eine* stilisierte Roulettescheibe mit allen getroffenen Sektoren, wobei angenommen wurde, nur der Kreuzarm X 1 sei bedient worden (Normierung).

Ich spreche hier von «Schwerpunkt» als einem einfach zu visualisi-renden *Mittelwert* der Wurfweiten, weil es umständlich und oft gar nicht sinnvoll ist, Mittelwerte zu berechnen: Der Mittelwert zweier benachbarter Berge einer Verteilung liegt nicht selten im Tal zwischen diesen Bergen; da ist es wohl sinnvoller, sich für den *gewichtigeren* der

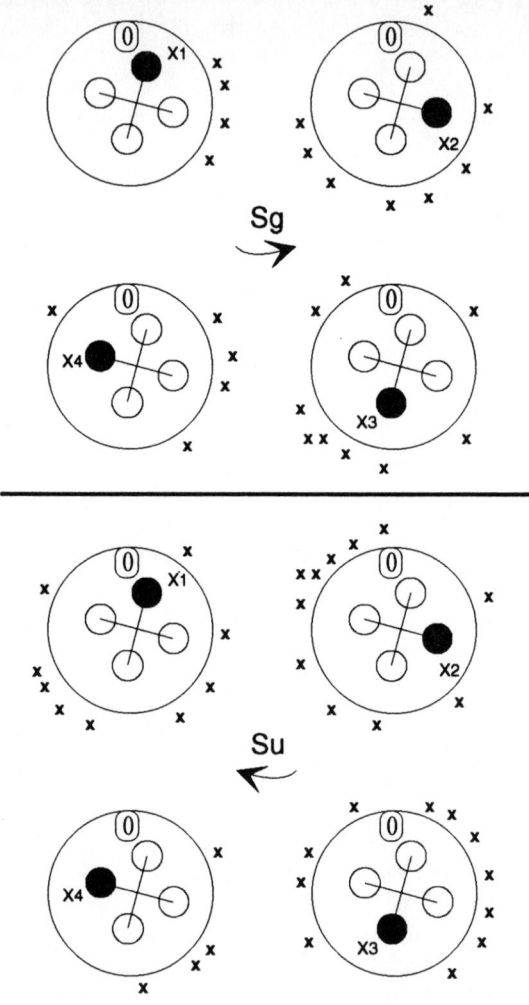

Abb. 13a: Ausgangsdaten von gleichmäßigen Würfen. Obere Hälfte: Scheibe gegen den Uhrzeigersinn; untere Hälfte: Scheibe im Uhrzeigersinn. Dazu die vier Arme des Drehkreuzes, von denen der ausgewiesene jeweils zur Anwendung kam

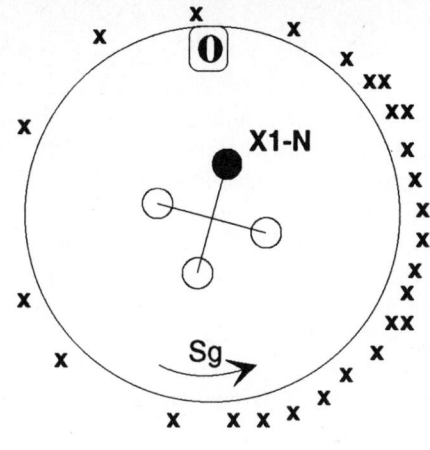

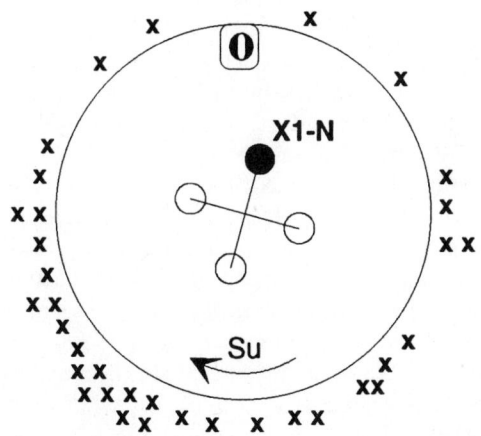

Abb. 13b: Normierung der Ausgangsdaten von Abb. 13a auf den Kreuzarm X1 («X1-N») durch adäquate Rotation der Gruppen von Einzeldaten. Hier sind Häufigkeits*schwerpunkte* leichter auszumachen als auf den zahlreichen X_i-Diagrammen.

beiden *Schwerpunkte* zu entscheiden, ganz nach der Heuristik des gesunden Menschenverstandes.

Nun könnte man meinen, solche Abhängigkeiten müßten in Permanenzen leicht nachzuweisen sein, wenn es stimmt, daß signifikante Wurfweiten das Ergebnis gleichmäßig werfender Croupiers sind; die *Korrelation* (das Beziehungsmaß) zwischen unmittelbar aufeinanderfolgenden Ergebnissen dürfte in handelsüblichen Permanenzen nicht rein zufällig sein. Daß dem jedoch nicht so ist und warum die Angelegenheit zwar nicht unverständlich, aber erheblich komplizierter ist, werde ich im folgenden Abschnitt noch erörtern und begründen müssen.

Warum herkömmliche Permanenzen nichts verraten

Zur Lösung eines jeden naturwissenschaftlichen Problems und zur gesicherten Erzeugung eines jeden qualifizierten Produkts ist eine Mindestmenge an richtiger relevanter Information nötig. Zudem hat uns bereits das Kesselfehlerspiel offenbart, daß die absolute Exaktheit und Zuverlässigkeit der relevanten Daten gewährleistet sein muß.

Handelsübliche Permanenzen, selbst wenn sie richtig sind, eignen sich für das Kesselfehlerspiel nicht, weil sie nicht die relevanten Daten enthalten (Drehrichtung!) und weil sich vor allem die Permanenzen auf eine Tischnummer beziehen und nicht auf einen bestimmten Kessel, geschweige denn auf einen gleichbleibenden Kesselzustand (Nummernkranz *kontra* Fächerkranz). Einerseits fehlen relevante Daten, andererseits gibt es nicht die geringste Gewähr dafür, daß die Daten aus der gleichen, unveränderten Grundmenge geschöpft werden. Beim Wurfweitenspiel ist das alles anders, werden Sie sagen, denn hier geht es um die Analyse der *Signaturen* oder Bedienungsfaktoren der Croupiers, und diese Signaturen manifestieren sich ja in mehr oder weniger gleichmäßigen Wurfweiten! Zum Teil ist dieser Einwand richtig, aber er ist leider nicht relevant.

Wie verhält es sich denn in den Permanenzen mit der Zuverlässigkeit der Handwechsel, falls diese überhaupt eingezeichnet sind? Wie verhält es sich mit der Wurfrichtung? – einer wichtigen Nebenbedingung bei der Suche nach signifikanten Wurfweiten, und zwar aus den verschiedensten Gründen: Die anatomischen Gegebenheiten des Croupiers sind oft entscheidend (linke oder rechte Wurfhand? Links- oder Rechtshänder?); hat der Kessel einen speziellen *ordnenden Effekt*, der unterschiedliche Coups *gleichrichtet*, oder hat er einen *chaotischen Effekt*, der ganz ähnliche Coups durch eine sensible Verzweigung in unterschiedliche Bahnen lenkt? (Solche Effekte werden wir in der Ballistik kennenlernen.)

Das ist doch Haarspalterei, mögen Sie jetzt vielleicht einwenden; wir wissen, daß auf dem zivilisierten europäischen Kontinent nach den traditionellen Monte-Carlo-Regeln geworfen wird, das heißt alternierend nach beiden Drehrichtungen. Wenn ich nun die Richtung des ersten Coups beliebig definiert habe, sind alle weiteren Couprichtungen des Tages bestimmt. Und analysieren tue ich dann ohnehin nur vergleichbare Daten, wovon es naturgemäß zwei Gruppen gibt. Auch mit dem Abwurfort habe ich kein Problem: Ich nehme die zuletzt gefallene Nummer.

Schon wieder eine vereinfachende Annahme, würde ich antworten. Zuerst die fraglichen Handwechsel, dann die fragliche Drehrichtung und jetzt der fragliche Abwurfort. Jede dieser durchaus plausiblen Annahmen (wir haben ja nichts anderes) muß aber zwangsläufig die Resultate verwässern; ordnet man diesen Annahmen eine Zuverlässigkeit von jeweils 70 Prozent zu, dann ist die resultierende Wahrscheinlichkeit für die Richtigkeit bloß dieser drei Annahmen nicht einmal 35 Prozent! Noch einige solcher Annahmen, und die Wahrscheinlichkeit wird bald so gering, daß wir besser Lotto spielen können. Zugegeben: Die zuletzt gefallene Nummer und der Kreuzarm für den nächsten Coup sind über die Drehrichtung eng gekoppelt. In Permanenzen findet sich jedoch weder Information über die Drehrichtung noch über die Stellung der Kreuzarme bezüglich des Nummernkranzes.

Die Analysen zur Auffindung signifikanter Wurfweiten sind in erster Linie Analysen der Signaturen von Croupiers unter Berücksichtigung aller technisch-physikalischen Nebenbedingungen, die wir aus der Ballistik kennen. Es sind also vor allem Analysen, die sich auf bestimmte Eigenschaften von Personen beziehen, vergleichbar mit graphologischen Analysen, die Eignungen und Neigungen zutage fördern sollen. In handelsüblichen Permanenzen kann kein einziger Croupier über einen Handwechsel hinaus verfolgt werden. Stellen Sie sich vor, ein Graphologe sollte eine Handschriftprobe analysieren, die von mehreren Personen angefertigt worden ist. Wie würde wohl das Gutachten aussehen? Würde ein seriöser Graphologe überhaupt zu einer nichttrivialen Aussage gelangen?

Eine grundlegend verschiedene Situation liegt aber bei der Analyse handelsüblicher Permanenzen nicht vor, egal nach welchen sinnvollen Gesichtspunkten analysiert wird; die Resultate werden jedenfalls verwässert und meistens weder signifikant noch aussagefähig sein. Es besteht sogar die zusätzliche Gefahr, daß etwaige zufällig aus der Reihe tanzende Ergebnisse fehlgedeutet und daraus auch noch falsche Schlußfolgerungen gezogen werden.

Das Wurfweitenspiel erfordert also – so paradox dies klingen mag – nicht primär die Untersuchung der Wurfweiten an sich. Viel wichtiger sind die Croupiers, vor allem ihre grundlegende Eignung, in einem gegebenen Betrieb gleichmäßig zu werfen und signifikante Wurfweiten potentiell zu produzieren. Was Sie in erster Linie brauchen, sind Profile vieler Croupiers über längere Zeiträume. Die unter günstigen Bedingungen dann tatsächlich produzierten signifikanten Wurfweiten sind natürlich nur zeitlich-lokal gültig, aber genau die können genutzt werden, wie kurze Momente des Glücks oder wie eine Goldader in einem Bergwerk.

Ein einfaches Beobachtungsspiel

Schauen wir einmal den Croupiers bei einem Teil ihrer Arbeit, beim Drehen der Roulettescheibe und beim Werfen der Kugel, gründlich zu und fragen wir uns, welche Faktoren, die wir dabei beobachten, für ein Wurfweitenspiel relevant sein könnten. Und vor allem: Wie organisieren wir eine sinnvolle Mitschrift der Beobachtungen?

Es bietet sich eine Zerlegung unseres Vorgehens in zwei Schritten an:

Schritt 1: Untersuchung, ob ein bestimmter Croupier prinzipiell die Neigung hat, signifikante Wurfweiten zu produzieren; und fällt diese Untersuchung positiv aus, ergibt sich

Schritt 2: Aufzeichnung des Spielverlaufs in übersichtlicher Form, damit Einsatzentscheidungen rechtzeitig getroffen werden können. (Bei einiger Routine kann der erste Schritt in den zweiten integriert werden.)

Nachfolgend ein Beispiel einer Datenorganisation für die Erfassung einer Sitzung (ununterbrochene Coupfolge eines Croupiers am gleichen Tisch und mit gleicher Hand).

Dat **24.3.** Cas **BW** Cr **Smarty**				T **5** Bew **++**		IW **rW**	
Su				**Sg**			
X1	**X2**	**X3**	**X4**	**X1**	**X2**	**X3**	**X4**
k	R	z	(s)	k	R	z	(s)
20	3	32		12	4	25	
5	1	7		0	5	13	
22	3	15		28	4	2	
16	2	35		28	4	34	
31	3	21					

Abb. 14: Einfaches Formular zur Datenerfassung beim Wurfweitenspiel

Wichtig ist natürlich die Kennzeichnung des Croupiers (Cr), seine eventuell bereits erfolgte Bewertung (Bew), die auf einer früheren Beurteilung beruhen kann und eine Aussage darüber enthält, ob der betreffende Croupier eine Grundeignung hat, gleichmäßig zu werfen und signifikante Weiten zu produzieren. Die übrigen Daten sind entweder allgemeine Rahmendaten, die man sofort richtig deutet (Dat für Datum; Cas für Casino; T für Tisch), oder die spezielleren Daten der Wurfserie (lW, rW) oder des Einzelwurfes (Drehsinn und Kreuzarm). Pro Zettel sind die Optionen «entweder Su oder Sg» zweckmäßig sowie vier Kreuzarme. Pro Sitzung gibt es acht verschiedene Anfangsbedingungen: vier Kreuzarme als Abwurforte für jede der beiden Drehrichtungen. Da auf einem solchen Zettel die Daten zweier Gruppen von Bedingungen aufgetragen werden können, werden pro Sitzung vier solche Zettel benötigt. (Wie man mit etwas Übung mit einem einzigen Formular auskommt, werden wir anschließend noch sehen.)

Nun haben wir hier als *Ergebnis* eines jeden Wurfes vier Einzeldaten vorgesehen: k, R, z und (s), von denen nur z, die erschienene Nummer, unentbehrlich ist. Die weiteren Einzeldaten tragen aber wesentlich dazu bei, mehr relevante Informationen zu erhalten und sowohl zuverlässigere als auch schnellere Schlüsse hinsichtlich des Gleichmäßig-

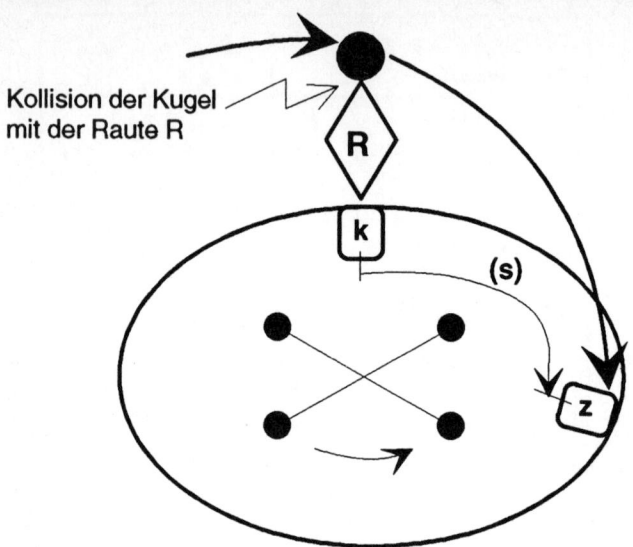

Abb. 15: Illustration der vier Einzeldaten k, R, z und (s) des Ergebnisses eines Coups (vom Zeitpunkt der Kollision an)

keitsgrades der Würfe ziehen zu können. Speziell geben diese relativ leicht zu erfassenden Daten Aufschluß über das Streuverhalten der Kugel und darüber, ob ein *Rauteneffekt*, das heißt eine ausgeprägte Kesselschieflage, vorhanden ist oder nicht.

Von den drei zusätzlichen Daten, k, R und (s), muß (s) nicht beobachtet werden, da sich (s) später mit Hilfe der anderen Daten leicht ermitteln läßt. Die Daten haben folgende Bedeutung:

- k: Kollisionszahl, das heißt die Zahl, die sich im Kollisionsaugenblick unter der Kollisionsraute befindet;
- R: Kollisionsraute, das heißt die Raute, mit der die Kugel eindeutig kollidiert; damit kann später ein *Kollisionsdiagramm* angefertigt werden, das die Kesselschieflage widerspiegelt;
- z: die gefallene Nummer, das Endergebnis des Wurfes;
- (s): die Kugelstreuweite, das heißt der Abstand zwischen k und z, wobei die positive Richtung die des Kugellaufes sei.

Von diesen Daten sollen nur k und R im Augenblick des Geschehens beobachtet und notiert werden, was erfahrungsgemäß mit ein wenig Routine nicht sehr schwierig ist; z können Sie anschließend notieren, und (s) brauchen Sie, wie erwähnt, erst bei späteren Auswertungen zu ermitteln, da k und z vorliegen.

Dieses Formular eignet sich hervorragend, um zunächst einmal gleichmäßig werfende Croupiers aufzuspüren. Sobald der Gleichmäßigkeitsgrad eines Croupiers als signifikant, das heißt als überzufällig, erkannt worden ist, lautet jedoch das Ziel, sofortige Auswertungen vornehmen zu können. Das ist der zweite Schritt unserer vorhin definierten Vorgehensweise, den ich *vereinfachte Wurfweitengucker-Methode* nenne. Zu diesem Zweck ersinnen wir ein etwas verändertes Formular, das uns erlauben wird, gleich mehrere Anforderungen zu erfüllen: eine schnelle Visualisierung der Wurfweiten, differenziert nach Drehsinn wie bisher, und eine exaktere Information über den Abwurfort – exakter als einer der vier Drehkreuzarme.

Vergegenwärtigen wir uns noch einmal einen integralen Coup, vom Abwurf der Kugel bis zum Ergebnis, wobei wir diesmal bei jedem Passieren der Kugel an einer Referenzraute eine Momentaufnahme machen. Nachfolgend der Beginn (Abbildung 16 a), die sukzessiven Momentaufnahmen mit den dazugehörigen Rotorpositionen (Abbildung 16 b) und der schließliche Einfall der Kugel (Abbildung 16 c).

Wenn nun der Wurf signifikant gleichmäßig ist, dann zeigt der Abstand der Nummer des Coups (Ergebnis) zur Nummer, die die Kugel bei ihrem – beispielsweise – vierten Umlauf an einer bestimmten Referenzraute kreuzt, eine signifikante, mittlere Konstanz. (Der vierte Kugelumlauf hat praktische Vorteile: Einerseits befindet er sich zeitlich noch innerhalb der ersten Hälfte des Abrollens – in aller Regel vor der Spielabsage; andererseits hat sich die Kugel bereits beruhigt – was eine bessere Prognosegüte erlaubt.) Ist diese Bedingung aber erfüllt, so muß die Abstandsbeziehung der Nummer des Coups zum Abwurfort ebenfalls eine signifikante Konstanz aufweisen – immer im Mittel. Und dieser Sachverhalt läßt sich, bei gleichmäßigen Würfen, auf alle Überschneidungsnummern mit der Kugel an einem beliebigen, aber fixen Referenzpunkt verallgemeinern. Ganz klar: an irgendeinem bestimmten Referenzpunkt wird die Kugel *gesetzmäßig* stets auf den Einfallbereich *hinweisen*, und das in der Regel mehrmals, auch bei verschiedenen Referenzpunkten.

Wir könnten nun diejenige Referenzraute ermitteln, bei der die Ku-

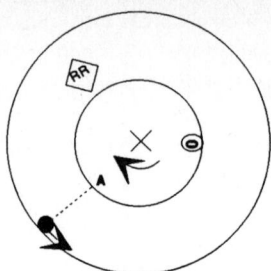

Abb. 16 a: Scheibenposition im Augenblick des Kugelwurfs; A: Nummer des Abwurforts; RR: Referenzraute

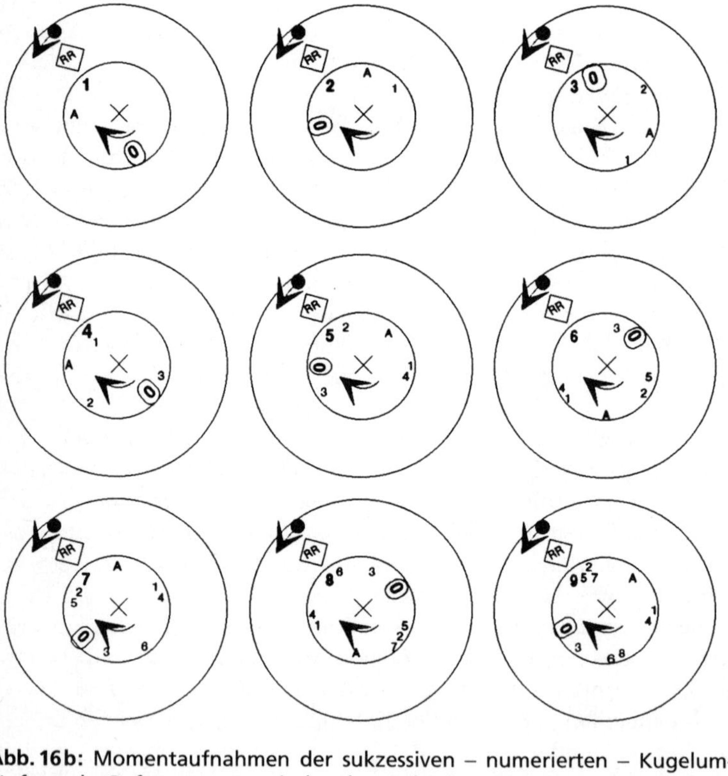

Abb. 16 b: Momentaufnahmen der sukzessiven – numerierten – Kugelumläufe an der Referenzraute, mit den dazugehörigen Positionen der Scheibe

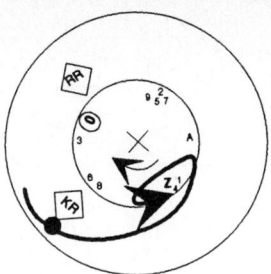

Abb. 16 c: Scheibenposition im Augenblick des Kugeleinfalls; KR: Kollisionsraute; Z: Ergebnis des Coups (Ziel)

gel bei ihrem vierten Passieren gesetzmäßig auf den Prognosesektor
zeigt – ein mühseliges Unterfangen. Statt dessen fertigen wir eine einfache Strichliste an.

Die Grundanordnung dieser Strichliste bildet der Nummernkranz in
seiner Kesselanordnung. In Abhängigkeit davon werden nun drei zu
beobachtende Faktoren aufgetragen: die Überkreuzungsnummern
zweier nicht zu dicht benachbarter Umläufe an einem Referenzpunkt,
zum Beispiel das erste und das vierte Passieren der Kugel am Referenzpunkt, und als dritter Faktor das Ergebnis des Coups. Statt des ersten
Umlaufs eignet sich manchmal sogar der Abwurfort, falls dieser leicht
einsehbar ist; in aller Regel wirft der Croupier die Kugel nicht durch
eine ausholende Armbewegung, sondern bei weitgehend unveränder-
tem Armwinkel mit den Fingern seiner Hand.

In Abbildung 17 a ist der Scheibendrehsinn nicht spezifiziert. Es ist
jedoch selbstverständlich, daß wir aus physikalisch-statistischen Gründen für jedes Croupier-Kessel-Kugel-Set, für jede Sitzung eines Croupiers und für jede Wurfrichtung der Kugel (beziehungsweise für jeden
Drehsinn der Scheibe) eine separate Strichliste anfertigen. Das ist in der
Praxis aber leicht zu organisieren.

Statt eines Balkens mit den Nummern in Kesselanordnung kann
selbstverständlich auch ein Formular mit einer schematischen Roulettescheibe verwendet werden. Das Beispiel der Abbildung 17 a ließe sich
wie in Abbildung 17 b darstellen.

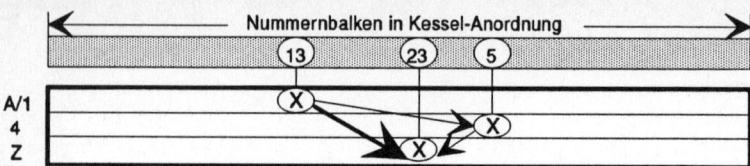

Abb. 17 a: Grundanordnung für die Strichliste nach der *vereinfachten Wurf-weitengucker-Methode*. Ein beobachtender Coup X ist schematisch eingetragen: Die Abwurfortnummer ist die 13; beim vierten Passieren an der Referenzraute kreuzt die Kugel die 5; und nach der Kollision fällt sie schließlich in die 23.

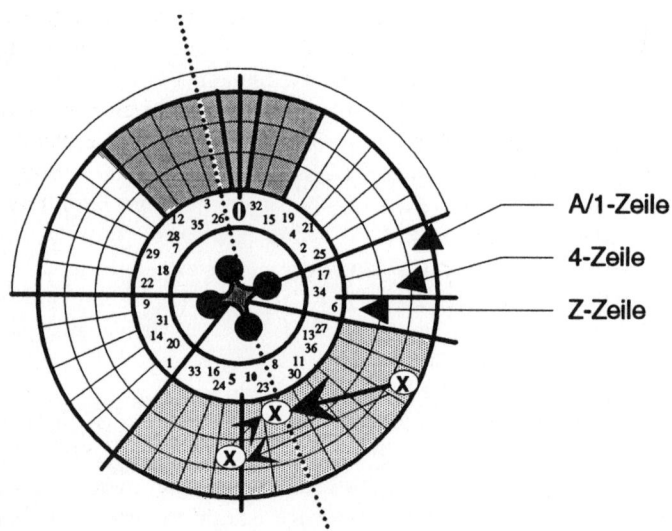

Abb. 17 b: Gleiches Beispiel wie in Abbildung 17 a, hier mit Hilfe einer schematischen Roulettescheibe abgebildet. Die «Zeilen» A/1, 4 und Z der Strichliste sind als konzentrische Ringe zum Nummernkranz dargestellt.

Vom zweiten Coup je Drehsinn an gilt es nun, für jeden Croupier fest-zustellen, ob eine zumindest tendenzielle Gleichmäßigkeit der Würfe ersichtlich ist oder nicht. Diese äußert sich durch ähnlich lange Wurf-weiten, also durch ein ähnliches *Pfeilmuster* zwischen den drei Zeilen der Strichliste. Ist dies nun der Fall, liefert uns dieser Sachverhalt ein Entscheidungskriterium für die Prognose des nächsten Coups im glei-chen Drehsinn, und zwar in zwei Stufen:

1. Stufe: Ausgehend von der Beobachtung der Anfangsbedingung des neuen Coups, die wir (im Geist) in die A/1-Zeile positionieren, erspähen wir *das zu prognostizierende Ergebnis*, indem wir einen ähn-lichen Pfeil – wie bei den vorangegangenen Coups – von dieser neuen Ausgangsposition aus auftragen. Senkrecht über die Pfeilspitze kann die Prognose auf dem Nummernbalken abgelesen werden.

2. Stufe: Um sicherzugehen, beobachten wir noch die Kreuzungs-nummer beim vierten Passieren der Kugel an der Referenzraute und überprüfen, ob auch diese Beobachtung mit der Struktur der vorange-gangenen Coups verträglich ist.

Ist dies der Fall, kann auf das prognostizierte Ergebnis gesetzt wer-den. Ein «Umdrehungsirrtum» (die Kugel absolviert insgesamt einen Umlauf mehr oder weniger als prognostiziert) ist dann sehr unwahr-scheinlich; nur eine extrem chaotische Streuung kann das Ergebnis noch grundlegend verändern.

Beispiel einer Aufzeichnung und Prognose

Su (Scheibe im Uhrzeigersinn):

Coup 1:	Coup 2:
Nummer Abwurfort: 32	Nummer Abwurfort: 36
Nummer 4. Passieren: 2	Nummer 4. Passieren: 24
Ergebnis: 4	Ergebnis: 10

Sg (Scheibe gegen den Uhrzeigersinn):

Coup 1:	Coup 2:
Nummer Abwurfort: 7	Nummer Abwurfort: 27
Nummer 4. Passieren: 18	Nummer 4. Passieren: 20
Ergebnis: 35	Ergebnis: 32

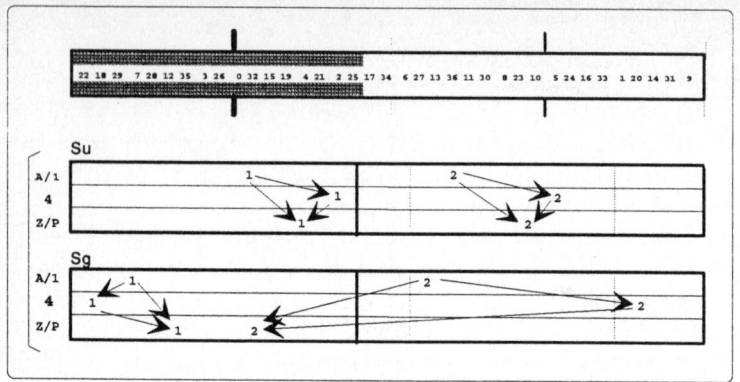

Abb. 18a: Unterhalb des Balkens mit den Nummern in der Kesselanordnung sind die zwei Gruppen von Coups dargestellt, je Scheibendrehsinn eine.

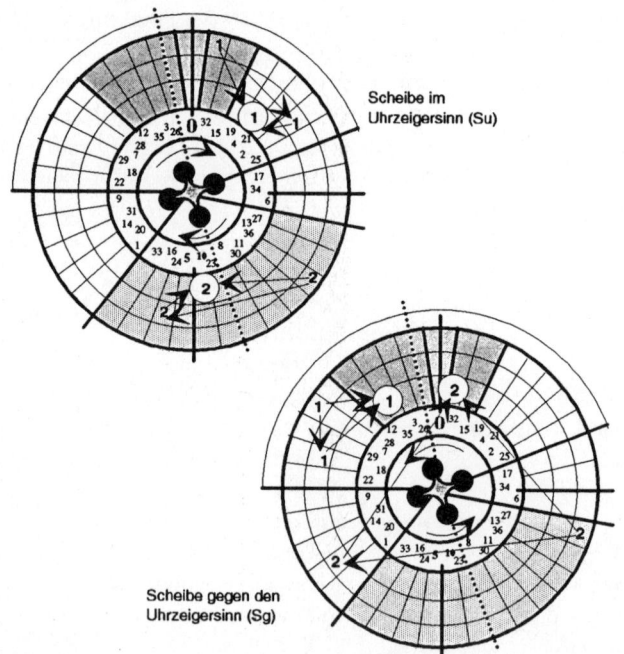

Abb. 18b: Darstellung der Beispiele von Abbildung 18a mit Hilfe schematischer Scheiben

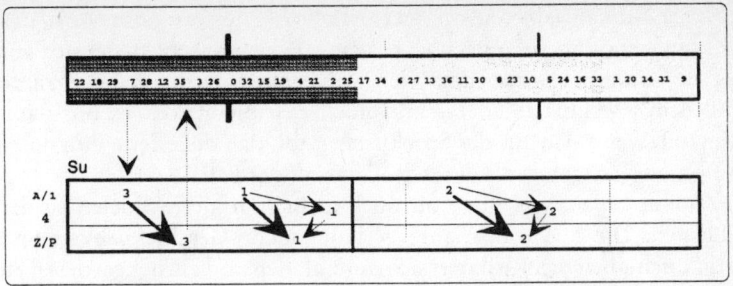

Abb. 18c: Beispiel einer Prognose für den Coup 3 (aufgrund der beobachteten Nummer des Abwurforts und des Musters der Vorläufercoups 1 und 2). Diese Prognose muß nur noch von der Kreuzungsnummer des vierten Passierens der Kugel an der Referenzraute bestätigt werden (zweite Prognosestufe).

Die beiden Vorläufercoups (Scheibe im Uhrzeigersinn) haben ein weitgehend gleiches Muster und folglich ähnliche Wurfweiten; das *momentane* Wurfverhalten dieses Croupiers im Uhrzeigersinn kann als gleichmäßig vermutet werden. Die (wenigen!) nächsten Coups können mit Gewinnaussicht nach diesem Muster vorhergesagt werden, sobald die Nummer des Abwurforts (oder die Nummer des ersten Passierens der Kugel an der Referenzraute) bekannt ist. Befindet sich zum Beispiel die Nummer 7 am Abwurfort der Kugel für den nächsten, dritten Coup (bei diesem Drehsinn), dann ergibt sich als Sektorenprognose der Bereich um die 35 (35 und die Nachbarn oder das Zéro-Spiel oder noch die große Serie).

Dagegen zeigen die Vorläufercoups 1 und 2 gegen den Uhrzeigersinn (Sg) *verschiedene Muster*. Keine Prognose kann rational begründet werden, was zu einer negativen Erwartung führt. Klugerweise werden also bei diesem Croupier die Coups «Scheibe gegen den Uhrzeigersinn» nicht gesetzt.

Bestätigt die zweite Prognosestufe regelmäßig die ursprüngliche Prognose, dann kann sofort nach der ersten Stufe gesetzt werden. Unterliegt auch der Abstand zwischen «letztes Coup-Ergebnis» und «nächster Abwurfort» einer gewissen Konstanz, kann sogar noch vor dem Kugelwurf prognostiziert und gesetzt werden! Allerdings gilt prinzipiell: Je mehr die Prognose vorverlegt wird, desto ungenauer ist sie.

Bestätigt die zweite Prognosestufe dagegen nicht die vorher prognostizierte Nummer, bieten sich zwei Möglichkeiten an: abbrechen, das heißt nicht setzen, oder nach einer neuen Prognose setzen, die sich aus der Beziehung zwischen dem vierten Passieren an der Referenzraute und dem Ergebnis ableitet – falls noch Zeit bleibt; das ist nur dann sinnvoll, wenn sich aus der Strichliste ergibt, daß die zweite Prognosestufe zuverlässiger ist als die erste – was oft der Fall ist.

Zu empfehlen, vor allem für noch nicht routinierte Spieler, ist der Abbruch. Die zweite Variante verlangt mehr Geschicklichkeit und birgt auch noch das Risiko in sich, aufzufallen und zurückgewiesen zu werden; sie sollte also nur angewandt werden, wenn der Spieler routiniert ist und wenn er von einer passiven Duldung bei guten Betriebsbedingungen profitieren kann.

Die Beispiele mögen den Eindruck einer Genauigkeit vermittelt haben, die so nur ausnahmsweise zutrifft. Dennoch ist dies gerechtfertigt, wenn die Beispiele die zugrundeliegenden Sachverhalte einfach und verständlich illustrieren sollen. Wir müssen uns aber der Tatsache bewußt sein, daß es bei all den Abständen, Wurfweiten, Beziehungen zwischen Beobachtungen und Prognosepfeilen um stochastische, zufällige Größen geht – zumindest innerhalb gewisser Schwankungsbreiten. Quantitative Betrachtungen über Fehlerauswirkungen von Einzelschätzungen und Endergebnissen werden im nächsten Abschnitt geboten.

Trotz einer gewissen unvermeidlichen Unschärfe und Toleranzbreite der Prognosen nach der beschriebenen *vereinfachten Wurfweitengukker-Methode* denke man aber an die ungeheure Hebelwirkung, die geringste Informationsvorteile bei diesem Spiel auf die Erwartung haben: So genügt beispielsweise eine einzige erfolgreiche Sektorenprognose bei zehn Versuchen, von denen die übrigen neun zufällig ausgehen mögen, um die Erwartung von −2,7 Prozent auf einen spürbar positiven Betrag schießen zu lassen.

Fehlerauswirkungen und Grenzbedingungen

Auf dem zum Teil mühsamen, aber auch interessanten Weg, die End-position der Kugel auf rationale *Art* (und dies ist auch eine *Kunst*) vor-herzusagen, gibt es eine Vielzahl von Fehlerquellen. Die wichtigsten – die in geringerem Ausmaß bei der *vereinfachten Wurfweitengucker-Methode* als bei der beinharten Ballistik oder «Guckerei» (ohne gleich-mäßige Wurfweiten) auftreten – seien aufgezählt:

- F 1: Fehler in der Schätzung des Scheibenwegs.
- F 2: Fehler in der Schätzung des Kugelwegs.
- F 3: Fehler in der Schätzung der relativen Position zwischen Zéro und Kugel zu Beginn des Wurfes.
- F 4: Fehler in der Schätzung der Kugelsprungweite nach der Kolli-sion mit einer oder mehreren Rauten.
- F 5: Weitere Fehler mit unbekannter Ausprägung, über deren Ursa-chen keine quantitativen Informationen vorliegen: zum Beispiel Ei-genrotationen der Kugel, Einfluß von Hautfett, Feuchtigkeit, Schief-lage des Kessels, Unregelmäßigkeiten auf der Kugellauffläche oder an den Rauten etc.

Wir können versuchen, die Fehler mit Ausnahme von F 5 schätzungs-weise zu quantifizieren, am besten in Anzahl der Nummernfächer, und sehen, was dabei herauskommt. Schätzungen für F 1: zwei Fächer, F 2: sechs Fächer, F 3: zwei Fächer und F 4: vier Fächer. Zum Beispiel trauen wir uns zu, den Scheibenweg durch Beobachtung auf zwei Fä-cher genau zu schätzen, während unser Schätzfehler für die schnellere Kugel dreimal so hoch ausfällt. Für den Fehler F 5 werden wir nachher noch eine gewisse Anzahl Fächer veranschlagen müssen. Aber viel-leicht lassen bereits die ersten vier Fehlerarten keinen Vorteil mehr zu. Schauen wir uns die Schätzwerte einmal genauer an.

Wir können davon ausgehen, daß die Fehler normalverteilt sind, daß sie also zufällig nach der Gaußschen Fehlerkurve um den mittleren Wert streuen. Im Abschnitt «Die (empirische) Streuung», Seite 44, haben wir das Additionsgesetz der Streuungen kennengelernt: Die Ge-samtstreuung (also der Gesamtfehler, um den es uns ja geht) ist die Quadratwurzel aus der Summe der quadrierten Einzelstreuungen (Ein-zelfehler):

$$F = \sqrt{F_1^2 + F_2^2 + F_3^2 + F_4^2} = \sqrt{2^2 + 6^2 + 2^2 + 4^2} = \sqrt{60} \approx 7{,}746$$

Der Gesamtfehler beträgt also knapp·acht Nummernfächer (das ist merklich weniger als vierzehn, die einfache Summe der Fehler: Es lohnt sich also bestimmt, sich dieses Gesetz zu merken).

Zwei Fragen stellen sich nun: Wie groß darf der Gesamtfehler sein, damit im Mittel noch ein Reingewinn verbleibt, damit also die (empirische) Erwartung positiv ist? Und: Wie sollten wir den Fehler F 5 (mit unbekanntem Betrag) in unsere Überlegungen einbeziehen?

Zuerst zur zweiten Frage. Der Restfehler F 5 läßt sich schwer zerlegen und beziffern; dennoch gewinnt man durch die Übung realistische Erfahrungswerte. Wir werden nicht um Größenordnungen daneben liegen, wenn wir für F 5 einen Betrag von neun Fächern annehmen. Führen wir die Rechnung inklusive F 5 nochmals durch, dann ergibt sich ein Gesamtfehler von $\sqrt{141}$ oder knapp zwölf Fächern.

Aber vielleicht sind Ihnen die Schätzungen für die ersten vier Fehler zu optimistisch? Einverstanden: Nehmen wir für diese vier Fehler die doppelten der ursprünglich geschätzten Beträge, behalten neun Fächer für F 5 und rechnen nochmals. Gesamtfehler diesmal: $\sqrt{321}$ oder knapp achtzehn Fächer.

Nun zur ersten Frage nach der Wirkung dieser Fehler auf die (empirische) Erwartung. Trivialerweise gilt: je größer der Fehler, desto kleiner der Vorteil. Unter der Annahme, daß der Gesamtfehler F normalverteilt ist, läßt sich eine Erwartungstabelle in Abhängigkeit von F aufstellen. In *The Mathematics of Gambling* hat Edward Thorp eine solche Tabelle für amerikanische Kessel (mit 38 Nummern) konstruiert. Wir vollziehen die teilweise kniffligen Berechnungen hier nicht nach, sondern vergegenwärtigen uns das Resultat für europäische Kessel (mit 37 Nummern):

Der Gesamtfehler darf fünfzehn Nummernfächer praktisch nicht überschreiten, damit dem Spieler eine positive empirische Erwartung verbleibt.

Welche Schlußfolgerungen ergeben sich hieraus für unsere geschätzten Fehler? Wir hatten ja drei Fälle, drei Gesamtfehler F:

(1) nur F 1 bis F 4: Gesamtfehler F = acht Fächer;

(2) F 1 bis F 5: Gesamtfehler F = zwölf Fächer;

(3) F 1 bis F 4, jeweils mit doppelt hohen Beträgen, sowie F 5: Gesamtfehler F = achtzehn Fächer.

Fall (1) hat eine ungefähre Erwartung zwischen +70 und +75 Prozent, ist aber unrealistisch optimistisch. Fall (2) ergibt etwa +15 bis +20 Prozent mittleren Reingewinn und geht von mäßig optimistischen Werten für die Teilfehler F1 bis F4 aus. Fall (3) ergibt bereits rund −4 Prozent Verlust, Tronc inbegriffen. Die übliche Erwartung, Tronc inbegriffen, beträgt, wie wir wissen, −5,4 Prozent.

Alles fließt!

Alles bisher Gesagte bezieht sich auf den Fall, daß der Wurfweitenschwerpunkt eines gleichmäßig werfenden Croupiers im Laufe einer Sitzung in etwa konstant bleibt. Nach unzähligen Beobachtungen hat sich jedoch herausgestellt, daß diese Annahme gerade bei besonders gleichmäßigen Croupiers meistens nicht erfüllt ist: Der Wurfweitenschwerpunkt hat die Tendenz, zu wandern, sich zu verlagern. Einer gleichmäßigen Wurfweitenfolge liegt eine Eigendynamik zugrunde, die besonders bei sehr konstantem Streuverhalten der Kugel augenscheinlich wird.

Kennzeichnen wir im Sektorenformular in den Croupierzeilen die Coups nicht mit Strichen oder Kreuzen, sondern je Drehsinn in natürlicher Reihenfolge ihres Erscheinens, dann werden wir nicht selten einer Verteilung wie der in Abbildung 19 begegnen. Wir sehen, wie sich die Wurfweiten im Laufe der Sg-Coups tendenziell nach rechts, zu größeren Wurfweiten hin, verlagern. Ist die mittlere Wurfweite der ersten vier Sg-Coups noch etwa 10, so liegt sie für die weiteren Coups schon bei 16.

Dies ist sogar ein *typisches* Voranschreiten der mittleren Wurfweite bei sonst idealen Bedingungen: Auch das Wurfweitenspiel unterliegt dem *Diskretisierungs-* oder *Quanteneffekt* der Ballistik, wonach leicht unterschiedliche Wurfenergien an derselben Raute *kanalisiert* werden und erst bei weiterer gleichmäßiger Erhöhung der Wurfenergie die nächste Raute getroffen wird.

Obwohl eine Wurfweitenwanderung auch zu geringeren Wurfweiten hin denkbar ist und auch gelegentlich vorkommt, haben wir in der überwiegenden Zahl der Beobachtungen Vergrößerungen der Wurfweiten festgestellt. Nicht selten kam es auch vor, daß die Wanderung nach einer gewissen Zeit schlagartig *zurückschnappte* und wieder von vorn begann. Es ist klar, daß sich bei weniger gleichmäßigen Croupiers

Coup-Nr.

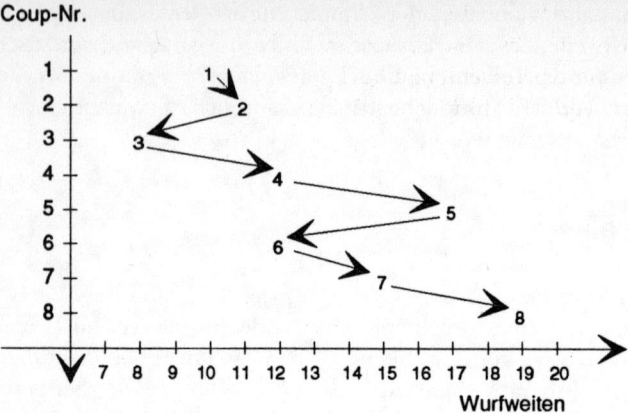

Wurfweiten

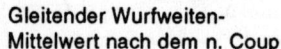

Gleitender Wurfweiten-
Mittelwert nach dem n. Coup

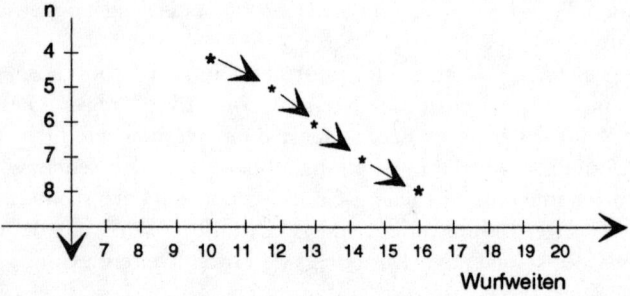

Wurfweiten

Abb. 19: Graphische Darstellung einer Wurfweitenfolge von acht Coups. Der obere Teil zeigt die Einzelwurfweiten, während der untere Teil der Graphik die gleitenden Mittelwerte der jeweils letzten vier Wurfweiten darstellt.

oder bei chaotischem Streuverhalten der Kugel kein Wanderungseffekt einstellt.

Fazit:

- Signifikante Wurfweiten geeigneter Croupiers stellen eine relevante Information dar, die Sie zu einer positiven empirischen Erwartung nutzen können, sofern der Gesamtfehler aller notwendigen Schätzungen fünfzehn Nummernfächer nicht übersteigt.

- Mit dem Phänomen der Wanderungstendenz einer signifikanten Wurfweite, das seine Ursache in der Motorik des menschlichen Körpers bei repetitiven Handlungen haben dürfte, müssen Sie rechnen, um bei diesem Spiel nicht ständig «hinterherzulaufen».

Zielwürfe und Hebelwirkungen

Ist der aktive Zielwurf möglich?

In ziemlich regelmäßigen Abständen flammt die Diskussion darüber auf, ob Croupiers die Kugel mit einem gezielten Wurf tatsächlich in einen möglichst kleinen, vorher bestimmten Sektor bringen können. In ebenso regelmäßigen Abständen häufen sich die Berichte über Betrügereien im Spielbetrieb. Und das Problem wird aktuell bleiben, solange aus den vorliegenden Erkenntnissen keine praktischen Konsequenzen gezogen werden. Immerhin sind diese Erkenntnisse gerichtskundig.

Der Spiegel (32/1989) fragte konkret: «Wird in den staatlich konzessionierten Spielbanken in großem Stil manipuliert? Reisende Falschspieler treffen Absprachen mit dem Personal. Croupiers, behaupten enttäuschte Zocker, werfen gezielt Gewinnzahlen an...» Das Magazin brachte in seinem Bericht die Aussage des Baden-Badener Kesselfabrikanten Klaus Kies, ein ehemaliger Croupier habe in seiner Firma «die Kugel mit großer Treffsicherheit dahin plaziert, wo er sie haben wollte». Und nicht zuletzt das Baden-Badener Schöffengericht ging davon aus, daß es «einem geschulten Croupier möglich» sei, «eine bestimmte Zahl» zu treffen. «Abwegig», so das Gericht, sei nur die Annahme, diese Wurftechnik werde überall «systematisch angewandt». Ein Damoklesschwert als Trost...

Der Fall, der das Gericht zu solch ungewöhnlichen Äußerungen veranlaßte, hat eine kurze, spektakuläre Vorgeschichte. Der Karlsruher Teppichhändler Armin Rose landete vor diesem Gericht wegen einer Autoattacke auf die feudale Baden-Badener Spielbank. Nachts gegen zwei Uhr war er im Februar 1988 mit einem geleasten Jeep durch die splitternde Sicherheitsglastür gepreßt und zum Wintergarten gerollt. Hier setzte er vor und zurück wie mit einem Bulldozer und ramponierte mehrere Roulettetische. Ein amerikanischer Tourist stoppte schließlich den Angetrunkenen durch gezielte Pistolenschüsse in die Reifen des Geländewagens.

Armin Rose wurde unter anderem wegen Sachbeschädigung verurteilt. Die Richter interessierten sich aber auch für seine Geschichten über Zielwurfaktionen versierter Croupiers gegen ihn, Rose, und hörten aufmerksam zu. «Über zwei Millionen Mark» habe er «bei diesem großen Beschiß verloren», und da habe ihn die Wut gepackt. Nach seiner Strafverbüßung, arbeitslos, stellte er im Keller einer Sozialwohnung einen Roulettekessel auf und trainierte den sogenannten aktiven Zielwurf. Auf das Phänomen sei er im Lindauer Casino gestoßen, als er Croupiers zufällig «beim Probewerfen» beobachtet habe. Bei zehn Würfen mit dem Ziel *Große Serie*, ein klassischer Sektor um Zéro herum, habe einer der Angestellten achtmal getroffen, worauf einem Vorgesetzten die Bemerkung entschlüpft sei, der Kollege habe heute offenbar einen schlechten Tag erwischt. Von seinem eigenen Probewerfen im Keller hat Rose ein kommentiertes Video mit Erläuterungen gefertigt: *Der Weg zum Zielwurf*.

Oft fühlen sich Suchtspieler, die viel verloren haben, von der Spielbank betrogen. In den allermeisten Fällen – praktisch in allen – dürfte die Ursache ganz einfach die negative Erwartung des Spiels sein. Doch dies allein beweist noch nicht, daß ein aktives Zielwerfen als Geschicklichkeitsübung unmöglich ist.

Die Wurfmaschine und der Croupier

Zu Beginn meiner Ballistikuntersuchungen, im Frühjahr 1977, stieß ich zwangsläufig auf die Frage, ob der aktive Zielwurf möglich sei. Da ich einen eigenen Kessel hatte, war die Antwort bald gefunden: Eine bestimmte Nummer läßt sich nie und nimmer willentlich werfen, und wenn man über noch soviel Routine verfügt. Aber... wohl gelang es mir, mit wenig Übung überdurchschnittliche Anhäufungen bestimmter Wurfweiten zu erreichen. Dieser Erkenntnisgewinn vollzog sich ganz natürlich, ohne krampfhaften Willen, irgendwohin zu zielen; und er vollzog sich parallel zur Entdeckung der Gesetzmäßigkeiten, die für eine operationale Ballistik ausschlaggebend sind.

Im Zeitraffer sehen die Vorgänge etwa wie folgt aus: Kessel und Kugeln werden in Betrieb genommen. Nach kurzer Zeit hat sich das Problem selbst «zerlegt»: Als erste Annäherung an die Wirklichkeit wird alles zunächst bei stillstehendem Rotor betrachtet. Und siehe da,

der erste Effekt zeigt sich: Egal, ob die Kugel mit Gefühl hineingescho-
ben oder mit Energie und Drall geworfen wird – sie hat einen bevorzug-
ten Absturzort; in einer Kesselhälfte landen fast doppelt so viele Coups
wie in der gegenüberliegenden. Erklärung: Der Kessel hat einen *Tilt*.
Mit Hilfe einer empfindlichen Wasserwaage muß austariert werden.
Der Effekt verschwindet nicht ganz, aber mittlerweile ist die Sicht un-
getrübt von der rotierenden Scheibe; nur die Einflußfaktoren während
des Kugellaufs im starren Kesselteil werden *sichtbar* und *bewußt erkannt*.

Wenn also bei stillstehender Scheibe und allen möglichen Wurfbedingungen ein gewisser Absturzsektor bevorzugt ist, dann müßte ja
davon auch noch etwas bei gleichmäßigen Würfen und konstanter Rotorgeschwindigkeit übrigbleiben. Und genau so ist es. Manchmal bleibt
mehr davon übrig, manchmal weniger. Aber: Bereits eine unschein-
bare, zufällig anmutende Bevorzugung eines Sektors bewirkt einen
enormen Anstieg der Erwartung. Nehmen wir nur mal an, wir könnten
die eine Kesselhälfte doppelt so oft treffen wie die andere; das würde
einer Erwartung von etwa

$$1 \times \frac{2}{3} + (-1) \times \frac{1}{3} = +\frac{1}{3} \approx 33{,}3\,\%$$

entsprechen; dabei habe ich Einsatz und Gewinnauszahlung auf der
Kesselhälfte einfachheitshalber mit je einem Stück, wie für eine einfache Chance, berechnet. Es müßte sich demnach lohnen, das Problem
näher zu untersuchen.

Die nächsten beiden entscheidenden Fragen waren:
1. Wie konnte ich meßbar gleiche Würfe produzieren? – Durch eine
   Wurfmaschine, das war mir schon klar. Die eigentliche Frage müßte
   lauten: Wie gleich können automatische Würfe sein?
2. Wie gut kann ein gleichmäßig werfender Croupier maschinelle
   Würfe simulieren?

Um 1979/80 entwickelte ich dazu in Lindau eine Wurfmaschine,
zusammen mit Jacques Thiele, Co-Autor unseres Buches *Roulette im
Zoom – Anatomie des Kugellaufs*, in dem auch Coupergebnisse mit
diesem Wurfautomaten publiziert wurden (1989). Im Labor, wo nichts
miniaturisiert oder getarnt werden muß, ist eine automatische Meßap-
paratur leicht zu installieren. Hier können wir eine Vorrichtung konstruieren, die der Kugel stets an derselben Kesselstelle einen bestimm-

ten Impuls gibt, dessen Betrag so eingestellt ist, daß die Kugel mit der Zeit weder schneller noch langsamer wird. Dies kann mit einem genau zu dosierenden Luftstrom erreicht werden. Hat sich die Kugel auf die gewünschte Umlaufzeit stabilisiert, wird der Luftstrom abgeschaltet: das ist der Beginn des Wurfs. Die Kugel rollt ohne weitere künstliche Einflüsse weiter, kollidiert mit Rauten und stürzt in ein Nummernfach. Die Kugelumlaufzeiten selbst werden mit einer optoelektronischen Vorrichtung erfaßt und on-line an eine Computer-Meßstation zur Anzeige und Auswertung weitergegeben. Die Scheibe wird in entgegengesetzter Richtung gleichmäßig mit einem Elektromotor und entsprechenden Übersetzungen angetrieben, feingesteuert über eine zweite optoelektronische Vorrichtung, die das Passieren der Nummern erfaßt. So kann *unter meßbar gleichen Bedingungen* automatisch geworfen werden, stundenlang.

Nun zum Ergebnis der automatischen Messungen. Bei einer Rotation (37 Coups) fielen etwa 7 Coups in das am *wenigsten* getroffene Drittel des Zylinders (*Schattendrittel*, bestehend aus 12 Nummern); das heißt, 30 Coups fielen in den restlichen Teil (25 Nummern). *Andererseits fielen etwa zwei Drittel aller Coups in die am häufigsten getroffene Zylinderhälfte: unsere Erwartung von rund 33 Prozent!*

Fazit: Auch unter idealen Bedingungen und auch von einem präzise einstellbaren Wurfautomaten – selbst bei stillstehendem Rotor – kann eine bestimmte Nummer *nicht* geworfen beziehungsweise können exakte Wiederholungen *nicht genau* hervorgerufen werden – höchstens annähernd. Je nach Wurfbedingungen, Kugelbeschaffenheit und Schieflage des Kessels wurden Erwartungen zwischen $-5,4$ und $+80$ Prozent erreicht, im Mittel zwischen $+25$ und $+35$ Prozent.

Die Beantwortung der zweiten Frage, wie gut ein gleichmäßig werfender Croupier den Wurfautomaten simulieren kann, ergab sich kurze Zeit später, wobei uns ein Lindauer Croupier half. Die Geschichte, der Sachverhalt und die detaillierten Ergebnisse wurden, zusammen mit einer statistischen Auswertung, in der dritten Auflage der *Zähmung des Zufalls* (1993) publiziert. Es sei hier nur das Vergleichsresultat erwähnt: Zu unserer Überraschung *war dieser Croupier genauso gut wie der Wurfautomat.* Nach diesem aufschlußreichen Experiment mußte ich mir die Frage anders stellen: Machen denn die Croupiers davon Gebrauch? Und wenn ja, wie, das heißt gegen oder mit wem?

Nicht nur der Kesselfabrikant Kies, der Spieler Rose oder der Physiker Wilson sind von der Möglichkeit aktiver Beeinflussung der Wurfergebnisse durch Croupiers überzeugt. Ein Wissenschaftler des Instituts für Experimentelle Psychologie an der Universität Leiden, Willem Wagenaar, führte konkrete Versuchsreihen durch und erhielt statistisch hochsignifikante Ergebnisse (siehe seinen Artikel «Numberhitting»). Sein Kommentar: «Die Schlußfolgerung ist klar: Croupiers können es. Die Frage ist: Tun sie es auch?»

Die Hebelwirkung eines kleinen Vorteils

Es ist uns bereits zu Bewußtsein gekommen, daß die empirische Erwartung auf Vorteile sehr empfindlich reagiert. Haben wir eine relevante Information, durch die unsere Treffsicherheit für eine Kesselhälfte beispielsweise von $\frac{1}{2}$ auf $\frac{2}{3}$ steigt, dann erhöht sich die empirische Erwartung von $-2{,}7$ auf $+33{,}3$ Prozent (Tronc nicht berücksichtigt). Die geringste relevante Information, die geringste Beeinflussung wirkt sich sehr stark aus. Zur Veranschaulichung dieser Hebelwirkung auch bei viel kleineren Vorteilen führen wir eine elementare, einfache Sensitivitätsanalyse an verschiedenen konkreten Beispielen durch.

Die Nummernsektoren sind in der Regel nicht gleichmäßig mit Einsätzen besetzt; oft ist ein Sektor besonders reich bepflastert, etwa durch einen mit hohem Einsatz spielenden Systemier. Nehmen wir einmal an, der Wurfcroupier sei bei weitem nicht so gut wie ein Wurfautomat, sondern könne die Kugel willentlich nur in *einem von zehn* (10 Prozent) seiner Versuche in eine bestimmte Hälfte des Nummernkranzes hineinsteuern; in den übrigen 90 Prozent der Versuche habe er keine Kontrolle darüber, so daß das Wurfergebnis dem Zufall überlassen bleibt.

Wenn nun ein Spieler seinen Einsatz auf der «schlechten» Hälfte des Nummernkranzes hat, dann würde seine Treffwahrscheinlichkeit auf 90 Prozent derjenigen eines üblichen, zufälligen Roulettespiels absinken. Eine gewöhnliche Nummer ($p = \frac{1}{37}$) würde sich als signifikante Niete mit einer Wahrscheinlichkeit von $\frac{1}{41}$ herausstellen und die Erwartung von $-2{,}7$ auf unter -12 Prozent absinken, während der Vorteil der Spielbank von $+2{,}7$ auf über $+12$ Prozent hochschösse! Die Erwartung für ein Plein des Spielers, Tronc nicht berücksichtigt, lautet:

$$35 \times \frac{1}{41} + (-1) \times \frac{40}{41} = -\frac{5}{41} \approx -12,2\%$$

Wie schon gesagt: In diesem Fall gelingt es dem Croupier in nur *einem von zehn* Versuchen, die Kugel mit Absicht in eine bestimmte Kesselhälfte zu steuern, während in neun von zehn Versuchen der reine Zufall entscheidet. Ist der Croupier ein bißchen geschickter, so daß ihm drei von zwanzig Versuchen (15 Prozent) gelingen, ergibt sich der Bankvorteil zu über +17 Prozent, und gelingt es ihm gar, in zwei von zehn Versuchen (20 Prozent) die Kugel mit Absicht in eine bestimmte Kesselhälfte zu steuern, dann hat die Bank einen Vorteil von über +22 Prozent (statt der «konzessionierten» +2,7 Prozent).

Es ist immerhin beeindruckend, daß ein Croupier, der in nur 10 Prozent seiner Versuche erfolgreich ist, den Bankvorteil spielend vervier- bis verfünffachen kann. Dabei ist die Hebelwirkung auch geringerer Geschicklichkeiten wegen der *Wiederholbarkeit* der Coups in kürzesten Zeitspannen nicht zu unterschätzen, auch wenn sogar größere Geschicklichkeiten bei der Realisierung betrügerischer Absichten statistisch nie zu beweisen sein werden.

Spielt derselbe Croupier mit Komplizen aus dem Publikum zusammen, ist dieses Team in der Lage, die Spielbank im Laufe einer gar nicht so langen Zeit um Millionenbeträge zu schädigen – was selbstverständlich schon öfters vorgekommen ist. Da der Löwenanteil des Bruttospielertrags ja dem Fiskus zukommt, wird die Spielbank selbst wenig spüren; im Gegenteil: sie kann paradoxerweise sogar davon profitieren! Denn auch illegale Spielergewinne nähren den Tronc, aus dem ein Teil der Personalgehälter finanziert wird, so daß der Spielbankbetreiber dadurch sogar entlastet wird... Klaro? Logo! Das rechnet sich tatsächlich für alle Beteiligten mit Ausnahme des Fiskus:

Angenommen, ein Croupier-Spieler-Team arbeitet zusammen und «filmt» die Bank, Beute 100 000 Mark (das kann sehr schnell gehen). Dieses Geld wird ja aus den Verlusten der übrigen Spieler abgezweigt, ohne daß es die Bank wissen muß. 80 000 Mark davon entgehen dem Fiskus und 20 000 Mark dem Spielbankbetreiber. Letzterer profitiert jedoch zumindest indirekt vom Tronc-Anteil dieser Abzweigung, denn die Beute wird ja als Gewinn ausbezahlt und generiert ganz normal «Stücke für die Angestellten» – und genau das entlastet den Arbeitgeber. Kann nun diese Entlastung die Einkommensminderung um 20 000 Mark aufwiegen? Wie hoch ist der Tronc-Anteil bei 100 000 Mark

Gewinn? Bei einem Spiel mit positiver Gewinnerwartung schwankt er nicht selten zwischen 30 und 100 Prozent vom Gesamtgewinn des Spielers, wie verschiedene Beispielrechnungen in diesem Buch zeigen. So ist es nicht verwunderlich, daß die Spielbank unter dem Strich vom betrügerischen Spiel profitieren kann – auf Kosten des Fiskus.

Eine Methode, offiziell nach Indizien zu suchen, bestünde in der folgenden Überlegung. Wir wissen, daß sich der negative Erwartungswert des durchschnittlichen Spielers, insgesamt etwa 3,4 Prozent, auf die Spielbank (rund 2,3 Prozent) und den Tronc (rund 1,1 Prozent) aufteilt. Das heißt, der Tronc macht ungefähr einen Betrag in der Größenordnung von $\frac{1,1}{2,3} \approx 47{,}8$ Prozent des Bruttospielertrags aus, natürlich noch abhängig von einigen Faktoren wie dem Anteil der Pleins am Setzvolumen und von – zufälligen (täglichen) Fluktuationen. Erhöht sich nun dieser Prozentsatz über einen gewissen Zeitraum spürbar, etwa auf über 50 Prozent, dann könnte dies ein Indiz für Unregelmäßigkeiten sein, denn niemand füttert den Tronc ohne Gewinne. Dies zu kontrollieren wäre Aufgabe einer (neutralen, bundesweiten) Aufsichtsbehörde für das Spielbankwesen und das Glücksspiel, die es in Deutschland nicht gibt, im Gegensatz zu den USA und Frankreich, wo das *Gaming Control Board* respektive die *Police de Jeu* diese Funktion wahrnehmen.

Die Kesselgucker kommen, gucken und ...: vierter agonaler Angriff

Erste Gedanken zum Problem

Nach endlosen Labormessungen der Scheiben- und Kugelumlaufzeiten mit dem Ballistikrechner kannte ich oftmals den Einfallbereich der Kugel, und zwar noch bevor das System die Vorhersage ausspuckte. Was mir mein «Instinkt» sagte, war in Wirklichkeit nichts anderes als unterbewußtes Wissen aufgrund routinemäßiger Beobachtung immer gleicher Bedingungen. Ergaben die Zeitmessungen mit den Impulstasten des Rechners einen ganz bestimmten Rhythmus, dann wußte ich, daß mit hoher Wahrscheinlichkeit die kleine Serie an die Reihe kommen würde. Ebenso ahnte ich bei einem anderen, sehr typischen Meßrhythmus, daß wieder einmal die 4 mit ihren Nachbarn dran war. Und meistens war das Hochrechnungsergebnis des Rechners eine Nummer des von mir vermuteten Sektors. Da mußte ich unweigerlich an jene «Rhythmik-Spieler» denken, die – bereits vor Jahrzehnten – den «einarmigen Banditen» durch ihre Geschicklichkeit den Jackpot entlockten.

Es bildeten sich im Laufe der Zeit einige Rhythmen heraus, die ich schnell erkannte und denen ich sofort einen bestimmten Sektor des Nummernkranzes zuordnen konnte. Es wunderte mich, daß ich nicht nur schneller zu einem Ergebnis kam als der Ballistikrechner, wenn ich einen Rhythmus erkannte, sondern daß es meistens auch noch stimmte. Bei Überlegungen und Erklärungsversuchen wurde mir klar, daß meine Ahnung prinzipiell nicht anders zustande kam als das Rechnerergebnis: Gleiche Bedingungen – folglich gleiche Meßrhythmen – wurden mit dem gleichen Sektor assoziiert. Es gab allerdings einen wesentlichen Unterschied: Das Programm konnte in seiner digitalen Welt nicht nur allen bereits erfaßten Bedingungen einen Sektor zuordnen, sondern besaß darüber hinaus noch eine *Interpolationsgabe*, die es ihm erlaubte, kleinste fehlende Bruchstücke zu ergänzen – während ich als plumpe «Analogmaschine» die meisten Bedingungen beziehungsweise Rhythmen doch nicht zu deuten wußte.

Es mußte außer diesen Rhythmen einfache, leicht erfaßbare Wurffaktoren und -muster geben, die es ermöglichten, eine einfache Systematik der Zuordnung zu den Sektoren zu entwickeln. Ganz klar, es gab welche, noch dazu in Hülle und Fülle. Welche sollte ich wählen? Im Grunde genommen ist die physikalische Situation ganz elementar und kann mittels ein paar allgemeingültiger Regeln beschrieben werden. Die folgenden vier Regeln fußen auf einfachen physikalischen Gesetzen und sind – als Näherungen – gültig für alle vorkommenden Roulettes:

- Regel 1: Die Kugel verlangsamt sich von Umlauf zu Umlauf. Allerdings erfährt sie auch eine Beschleunigung, nachdem sie sich vom Kesselrand gelöst hat und zur Scheibe hinunterstürzt.
- Regel 2: Die Scheibengeschwindigkeit kann während eines Coups als konstant angenommen werden. Zwar verlangsamt sich die Scheibe in Wirklichkeit allmählich, aber dieser Bremseffekt ist wegen der Trägheit der großen rotierenden Masse relativ klein. Eine Ausnahme von dieser Regel wäre ein Rotor mit ziemlich starken Friktionen.
- Regel 3: Die Kugel verläßt den Kesselrand stets mit der gleichen Geschwindigkeit, und zwar dann, wenn die Fliehkraft beginnt, kleiner zu werden als die Schwerkraft. Auch diese Geschwindigkeit variiert in Wirklichkeit geringfügig von Coup zu Coup, abhängig von kleinen Unregelmäßigkeiten des Kesselrandholzes und von Unebenheiten der Kugel – und doch gilt die Regel und schafft die Basis für ein *Rückwärtsrechnen*:
- Regel 4: Die Geschwindigkeit der Kugel in ihrem Umlauf, der einer bestimmten Anzahl restlicher Umläufe vorangeht, ist von Coup zu Coup die gleiche. Klar: Aus Regel 3 folgt, daß die Kugel ihren *letzten* Umlauf stets im gleichen Zeitintervall absolviert – unabhängig von ihrem Impuls zu Beginn des Coups. Folglich muß sie auch für ihren *vorletzten* Umlauf von Coup zu Coup die gleiche Zeit benötigen usw.

Auf einen Ansatz zur Lösung des Problems kam ich immer wieder zurück: Da es sich letztlich um dynamische Zuordnungen von Kugel- und Nummernkranzpositionen zum Einfallbereich handelte, mußte die Kugel unter bestimmten, vorher erkennbaren Bedingungen *systematisch* auf den wahrscheinlichsten späteren Einfallpunkt *zeigen*.

Systematisch, das heißt: an einer bestimmten Stelle des starren Kessels, also praktisch an einer Raute – vielleicht just im Augenblick des Kreuzens der Kugel mit Zéro? Welchen Weg legt der Nummernkranz während eines Kugelumlaufs unter feststehenden Bedingungen zurück? Welchen Weg legt der Nummernkranz bis zum Ende des Kugellaufs zurück? Oder vom Ergebnis her gefragt: War nicht ein mehr oder weniger konstanter *Loslösepunkt* der Kugel vom Kesselrand die Referenz, nach der sich alles Weitere richtete? Wenn ja, mußten sich wohl Restlaufzeit oder Restweg (von einem bestimmten Zeitpunkt an) und Zuordnungsverhältnis (zwischen Kugel und Zéro) in irgendeiner Weise entsprechen. Vielleicht ging es um die dynamische Zuordnung zweier zu beobachtender Folgen von Momentaufnahmen des Rotor-Kugel-Paares? Mit Fragen dieser Art befaßte ich mich immer wieder und war überzeugt, daß die Lösung nur von einer genauen systematischen Untersuchung abhing. Dabei würde mir zuerst das Filmmaterial, das ich vor ein paar Jahren zur Entwicklung des Ballistikprogramms auf jener Nordsee-Insel angefertigt hatte, entscheidende Anhaltspunkte geben: über tausend Meter voller Coups mit eingeblendeter Digitaluhr. Einen Film kann man außerdem auch rückwärts laufen lassen. Doch beschloß ich damals, diese Untersuchungen später nachzuholen – ich hatte ja den Roulettecomputer.

Um diese Zeit, 1979, hörte ich zum erstenmal von den *Kesselguckern*. Sie wurden mir von Bekannten und Partnern in schillernden Farben als Spieler geschildert, die das gleiche machten wie wir, nur eben *ohne* Computer, allein mit Augen und Gehirn, und damit die Tischlagen der Casinos nur so abräumten – im Gegensatz zu uns… Die Anspielung auf die technischen Schwierigkeiten beim Einsatz unserer Geräte war nicht zu überhören. Tatsächlich traten wir immer wieder Tage oder Wochen auf der Stelle, weil dieses oder jenes Teil nicht funktionierte. Kein Jahr später, im Januar 1980, hatte ich dann Gelegenheit, während einer Reise, auf der wir die Ballistikbedingungen in niederländischen Casinos überprüfen wollten, ein Kesselguckerpärchen bei der Arbeit zu beobachten.

«Adlerauge» trifft daneben und überzeugt

Die Atmosphäre im Casino Valkenburg gefiel mir, ich schlenderte von Tisch zu Tisch, hatte es nicht eilig, mit Probemessungen zu beginnen. Mein Begleiter schien ähnlich gelassen, traf zufällig einen Bekannten, und die beiden unterhielten sich an der Bar. An einem Tisch sah ich nur zwei Leute spielen, ein Pärchen. Er, ein hagerer, etwas nervöser Typ mit Adlergesicht, beobachtete stehend den Kessel mit der gerade lancierten Kugel und fing dann plötzlich an, Nummern im Manque-Bereich zu setzen. Das war offensichtlich das Signal für sie, ein sehr hübsches, schlankes Mädchen mit langen dunklen Haaren, Einsatzergänzungen auf Passe-Nummern zu starten.

Nach einigen Coups näherte ich mich dem Tisch und sah, daß die beiden auf einen Siebener-Sektor setzten, also eine Nummer mit je drei Nachbarn. Da sich einige Nummern auf dem Tableau stets im Manque-Bereich befanden, andere im Passe-Bereich, teilte sich das Paar die Setzarbeit auf diese Weise.

Plötzlich flüsterte mir mein Begleiter ins Ohr: «Das sind sie… bekannte Kesselgucker… Letzte Woche haben sie in Wiesbaden zwei Tische abgeräumt. Die machen richtig Geld…»

Das Pärchen spielte mit Stücken zu 50 Gulden. Mal trafen sie, dann wieder vier-, fünf- oder sechsmal nicht. Einen Sektor von sieben Nummern, Wahrscheinlichkeit $\frac{7}{37}$ oder etwa $\frac{1}{5,3}$, mußten sie ja im Mittel jedes fünfte Mal treffen, bloß um einigermaßen ausgeglichen zu bleiben; denn bei jedem Treffer hält der Tronc unerbittlich die Hand auf, egal ob man schon im Gewinn ist oder noch tief in den roten Zahlen.

«Zuerst sucht er den konstanten Fallbereich, dann versucht er bei jedem Coup den Ausstiegspunkt zu bestimmen… alles von rückwärts gerechnet», erläuterte mir mein Begleiter. Er wußte anscheinend Bescheid, während ich ihn verständnislos anschaute.

«Was ist der Ausstiegspunkt?» wagte ich zu fragen.

«Das ist der Zeitpunkt, von dem an die Kugel noch genau vier Runden zu absolvieren hat. Es ist auch der Zeitpunkt, an dem er seine Prognose macht. Das erklär ich dir genauer nachher… bei einem Schoppen Wein. Jetzt guck ruhig zu. Jedenfalls machen die das gleiche wie wir, nur umgekehrt; die berechnen alles von rückwärts.»

Ich schaute zu, sah aber nicht viel, nur daß Adlerauge bei jedem Coup den Kessel fixierte und daß beide nachher ihre Stücke mit Tempo auf das Tableau pflasterten, er etwas hastig und zackig, sie anmutig und grazil. Jetzt hatten sie schon acht- oder neunmal nicht getroffen. Aber dann kam ein Treffer. Anschließend gleich ein zweiter; wurde ja auch Zeit. Dann ein dritter. Jedesmal ein anderer Sektor. Die Spannung stieg. Beim vierten Coup stieß die Kugel nacheinander mehrere Rauten an, stürzte hinunter und absolvierte ein paar Runden auf dem Rotor. Treffer! Das darf doch nicht wahr sein!

«Das war jetzt natürlich reiner Zufall», klärte mich mein Begleiter auf.

Das Pärchen, anscheinend ebenfalls von diesem glücklichen Zufall überrascht, lachte und scherzte mit den Croupiers. Nächster Coup, nächster Treffer! Vielleicht wird es den beiden noch gelingen, eine würdige Vorstellung zu geben und den Tisch abzuräumen, dachte ich.

Meine Hoffnung erfüllte sich leider nicht. Von nun an wurde ihre Verlustrate ständig größer. Eine Zeitlang trafen sie gar nicht – fünfzehn- oder zwanzigmal daneben. Aber wer genau hinschaute, mußte feststellen, daß die meisten gefallenen Nummern sehr nah bei den von ihnen gesetzten Sektoren lagen. Das allein genügte, um mich grundsätzlich davon zu überzeugen, daß die Ballistik auch ohne Computer möglich ist.

Die schöne C. macht eine Viertelmillion

Etwa ein Jahr nach dem Erlebnis in Valkenburg, im Februar 1981, nach einer Einsatzwoche in Salzburg – die Einspielergebnisse mit dem Ballistikrechner deckten gerade die Spesen, waren also nicht umwerfend –, machte ich mit meinen Begleitern auf dem Retourweg Station in Bad Wiessee. Abends gingen wir mit unserer kompletten Ausrüstung in die Spielbank, natürlich. Die ersten Erhebungen am Tisch zwischen Kasse und Bar waren vielversprechend, und so begannen wir zu spielen.

Nach etwa einer Stunde waren wir leicht im Verlust; es wollte noch nicht zünden. Da kam ein Mitarbeiter, der Beobachtungen bei einem aussichtsreicheren Tisch anstellte, auf mich zu und sagte, da drüben räume gerade eine traumhaft schöne Kesselguckerin mit Maximaleinsätzen ab. Zweimal schon habe ihr Begleiter an der Kasse Jetons für jeweils 50 000 Mark zurückgetauscht.

Durch die Zusage von 500 Mark Troncgeld pro Treffer (bei 300 Mark Einsatz auf Plein) hatte es das Mädchen erreicht, daß ein bestimmter Croupier auf seine Pause verzichtete, den Zylinder langsam und konstant drehte und eine große homogene Kugel mit äußerst zahmem Sprungverhalten gleichmäßig, aber nicht zu langsam genau dann abwarf, wenn Zéro eine bestimmte Stelle passierte. Das war ein Wurfweitenspiel unter fast ideal gleichbleibenden Bedingungen, also tatsächlich ein Kinderspiel, wie wir es gelegentlich im Labor trieben. Ein Saalchef hatte dieser Vereinbarung vor aller Augen und Ohren zugestimmt.

Na so was, dachte ich neidisch, vergaß mein wissenschaftlich fundiertes Ballistikspiel und eilte zum Tatort. Und da war sie nun am Werk, die Schöne aus Valkenburg, diesmal ohne «Adlerauge», statt dessen flankiert von einem farblosen Begleiter, der ihre Plaques verwaltete; da führte sie nun Regie mit ihrem Charme und kassierte. Der Saalchef beobachtete das Geschehen mit sanftem Lächeln, der auserwählte Croupier drehte einen Coup nach dem anderen ab wie im Bilderbuch, die schöne C. setzte richtig mit drei Nachbarn und traf immer wieder. Ich fing bald an, ebenfalls kesselzugucken, und teilte dem neben mir stehenden Begleiter das Resultat mit; im selben Moment legte C. eine Nummer mit drei Nachbarn aus: mein Tip war fast immer eine der belegten Nummern. Ihre einzige augenscheinliche Geschicklichkeit bestand darin, sieben im Zylinder zusammenhängende Nummern mit je drei Stücken zu 100 Mark in natürlicher Reihenfolge und in kürzester Zeit auf das Tableau zu legen. Annoncen waren nicht zugelassen: Beim *American Roulette* – allerdings mit üblichem europäischem Kessel – muß jeder Spieler seinen Einsatz selbst auslegen.

Eine Überschlagsrechnung ergab: Auf zehn Einsätze (70 Stücke zu 300 Mark) sechs, sieben Treffer oder 220 bis 230 Stücke, macht einen Reingewinn von 150 bis 160 Stücken oder fast 50 000 Mark in einer knappen halben Stunde. Einen solchen Gewinn – mehr als 200 Prozent – erreichten wir selbst im Labor nur als gelegentliches Spitzenergebnis unter idealen, fast *manipulierten* Bedingungen. Tatsächlich ging der Begleiter etwa jede halbe Stunde zur Kasse und tauschte Plaques für genau diese Summe ein. Etwa zweieinhalb Stunden dauerte dieser Auftritt. Abgesehen von kleineren Fluktuationen war alles ziemlich konstant abgelaufen: Rund eine Viertelmillion dürfte also mit Hilfe der Wurfweitenballistik ohne Computer den Besitzer gewechselt haben, bevor die schöne C. mit ihrem Begleiter in die Nacht entschwand.

Sobald auch der Croupier mit der goldenen sanften Wurfhand gegangen war, drehte sein Nachfolger wie ein Irrer, und die Kugel spielte fortan den wilden Rattermann.

Natürlich ging es dem Tronc an diesem Abend auch nicht schlecht: bei etwa vierzig Treffern mußte er dank der Spezialvereinbarung rund 20 000 Mark geschluckt haben. Daß dies alles auf Kosten der Spielbank, das heißt des Bayerischen Staates, mit charmanter offener Duldung eines ihrer Beamten geschah, dürfte wohl nicht weiter skandalträchtig sein. Mit gemischten Gefühlen verließ ich das Casino: Ich war enttäuscht und ermutigt zugleich, ermutigt vor allem deshalb, weil keine wichtige Frage mehr offenstand.

Der «Professor» guckt auch mit den Ohren

Gespannt und konzentriert lauschte ich neben dem Wurfcroupier dem weichen Lauf der Kugel, fünf Stücke in der Hand, und vermied es, in den Kessel zu schauen. Endlich kam die ersehnte «Stimme»; im selben Moment schob ich die fünf Stücke mit der Annonce «Acht und die beiden Nachbarn» zum Croupier, der gerade zu seinem «Rien ne va plus!» ansetzte. Kaum hatte er meine Stücke ausgelegt, vernahm ich die Kollision der Kugel mit einer Raute und das ratternde Springen.

«Onze-impair-manque!» – ich war wieder dabei. Ein kurzer Blick hinüber zu meinem Begleiter, einem pfiffigen Rentner von mondäner Erscheinung, der diskret und befriedigt mit dem Kopf nickte. Er bediente den Rechner heute wie ein Profi, ohne Nervosität, und ich erfuhr das Ergebnis jeder Hochrechnung über Funk vom Männchen im Ohr – die «Stimme» –, das mit Leukoplast und meinen Haaren darüber ganz gut getarnt war.

Es saßen wenige Spieler am Tisch, und der Betrieb war entsprechend gemächlich. Es lief schon eine ganze Weile wie am Schnürchen. Am liebsten hätte ich das Einsatzstück von 50 auf 100 Mark erhöht, aber das wäre doch zu riskant gewesen; ich hatte auch bei niedrigem Einsatz zu wenig, um eine größere Verluststrähne durchstehen zu können.

Plötzlich stand der «Professor» gegenüber am Kessel und *guckte*. Der «Professor», ein großer, hagerer Mann um die Dreißig und mit fortgeschrittener Glatze, war ein bekannter Kesselgucker. Mal war er mit hunderttausend oder mehr im Verlust, verschwand für eine Weile, tauchte wieder auf und setzte sein Spiel fort, wobei er nicht selten noch zwei- oder dreihunderttausend gewann. Heute hatte er noch nicht gespielt. Hoffentlich macht er mir mein Spiel nicht kaputt, dachte ich, aber mir war klar, daß ich von ihm keinerlei Rücksicht zu erwarten hatte. Und tatsächlich, beim nächsten Coup schon beugte er sich fast über den Zylinder, verfolgte die Kugel mit kreisenden Kopfbewegungen, sprang dann in Richtung Tisch, warf seine Einsatzstücke drauf und sagte an. Oft setzte er auch hektisch selbst aus. Ich spielte weiter wie bisher, fühlte mich aber nicht wohl in meiner Haut, weil meine Hochrechnung etwas später kam als seine Annonce und, schlimmer noch, weil meine Hochrechnung sehr oft eine Nummer aus seinem annoncierten Sektor war. Öfter gewannen wir gemeinsam, und ich spürte, alle dachten, ich setzte dem Professor nur nach.

Anscheinend hatte mein Mitarbeiter registriert, was geschah, denn bald kam die Hochrechnung früher als erwartet: Er fing mit seinen Messungen einen oder zwei Kugelumläufe früher an, fast zu Beginn des Laufs. Das war riskant: Die Vorhersagen konnten nicht konstant so gut sein wie vorher. Aber es schien zu funktionieren. Von nun an konnte ich oft schon annoncieren, wenn der Professor noch den Kugellauf verfolgte, und zwar ohne daß ich auch nur einen Blick in Richtung Kessel werfen mußte. Und siehe da, nun war es der Professor, der mir «nachsetzte»! Der Croupier schüttelte den Kopf – auch er hatte die Situation zuvor wohl falsch gedeutet. In Wirklichkeit hatte keiner dem anderen je nachgesetzt.

Der Professor setzte wie gewöhnlich Maximum, und wenn Zeit übrigblieb, ergänzte er seine Annonce durch flinkes Auslegen von passenden Chevaux und anderen mehrfachen Chancen, ja sogar Serien spielte er parallel zu seiner Annonce. Alles mit Maximum. Ein paar Treffer, und man sah die *Tischlage*, das heißt die von der Spielbank aufgelegte Summe für diesen Tisch, förmlich dahinschmelzen. Das vertraute Glockengeläut kündigte dann wieder *Frisches*, Nachschub an.

Nach dem Handwechsel setzte ich ein paar Coups aus, beobachtete aber die Position der Kugel zur hochgerechneten Nummer, alles im Kollisionsmoment: Okay, es konnte weitergehen. Irgendwie warf der neue Croupier anders, jedenfalls lief die Kugel nicht mehr so glatt wie vorher. Ein Kugeltausch war fast sicher ausgeschlossen, denn wir achteten ja wie die Jagdhunde darauf: der Professor vermutlich auch. Wahrscheinlich gab der neue Croupier der Kugel manchmal einen *Spin* gegen den Kesselrand, so daß sie dort einem stärkeren Bremseffekt ausgesetzt war, bevor sie ihren Lauf normal fortsetzte. Für solche Fälle hatten wir eine Korrekturmöglichkeit am Rechner: Falls die neuen Kugelbahnen systematisch verkürzt oder verlängert ausfielen, konnte der *Weitenfaktor* um den beobachteten Betrag vermindert oder erhöht werden, ähnlich wie beim Artillerieschießen. Jetzt aber wollte ich an diesen etwas umständlich einzustellenden Korrekturparameter nicht denken, sondern weiter gewinnen.

Dann liefen zwischendurch ein paar Coups wie der folgende ab: Ich erhielt die 3 als Vorhersage und annoncierte; der Professor wartete noch, blickte aber schon gar nicht mehr in den Kessel, sondern – zur Decke. Dann ließ er den Sektor um die 5 setzen, also diametral entgegengesetzt zu meiner Voraussage, und... gewann! Was soll das nun wieder, dachte ich, und auch mein Meßmeister runzelte die Stirn. Ich beendete die Sitzung – schließlich war es schon deshalb ein blendender Tag gewesen, weil unser Rechner nicht gestreikt hatte – und beobachtete den Professor noch eine Weile. Mein Begleiter sah schon sehr durstig aus, also gingen wir zur Bar hinüber.

Bald darauf erschien auch der Professor. «Schon ganz gut», blinzelte er mir zu und bestellte ein Getränk. «Was heißt ‹schon ganz gut›?» gab ich empört zurück. «Besser kann's doch gar nicht gehen!» Er lächelte siegesgewiß – und irgendwie zu Recht, denn er hatte es etwas besser gemacht als wir. Ich packte den Stier bei den Hörnern und fragte ihn: «Wie war das mit der 5, als ich die 3 setzte?» Er lachte. «Genau! Du siehst, ich bin besser als dein Computer oder was du da in der Tasche hast: Das Ding hat nämlich keine Ohren!» Jetzt begriff ich: Er hatte es also tatsächlich geschafft, die Kugelbahnen dem Abbremsungseffekt in Abhängigkeit vom Rattern anzupassen! Er genoß seine Überlegenheit, und wir unterhielten uns noch eine Weile. Eines stand für mich fest: Bei der nächsten Gelegenheit mußte ich mich mit der akustischen Analyse befassen. Sie bot zwei Vorteile: erstens die vom Professor demonstrierte Anpassung der Laufweiten beziehungsweise Kollisionszeiten und -orte an Störungen des Kugellaufs und zweitens vielleicht sogar eine automatische Kugelortung mittels Doppler-Effekt oder Schallintensität.

Eine Frage der Selbstdisziplin

Es war an einem Sonntagnachmittag, wieder in Wiesbaden. Das Casino war noch mit Wochenendgästen gefüllt, und wir führten Erhebungen durch, ohne große Hoffnung, an diesem Nachmittag zum Zuge zu kommen, da das Gerät wieder einmal seinen Dienst verweigerte. Nach dem Abendessen wollten wir zurück ins Hotel und den Ersatzrechner holen.

Bei einer Tasse Kaffee sah ich meinen Begleiter im Gespräch mit «Adlerauge». Wenn der da ist, dachte ich, wird er mit seiner Show bestimmt die Langeweile hier vertreiben. Aber warum spielt er nicht?

Die Antwort erfuhr ich recht schnell: Er war gerade von Baden-Baden und Bad Dürkheim herübergekommen, hatte dort sein operatives Bargeld, um die Hunderttausend, verspielt und suchte nun «gegen gute Zinsen» Fünfzigtausend, die er spätestens am nächsten Morgen, wenn die (normalen) Banken öffneten, zurückzahlen wollte.

Offensichtlich hatte niemand die gewünschten Fünfzigtausend, denn bald spielte er mit *Louis*, Zwanzigern, traf ein paarmal, erhöhte auf Fünfzig und verlor nacheinander. Erneut diskrete Gespräche. Es dauerte nicht lange, und Adlerauge fing wieder mit Louis an. Beim Spiel trank er ein Bier nach dem anderen. Gewann, verlor, beschaffte wieder einen Kredit, gewann, erhöhte und trank. Von den Kesselguckern, die ich beobachtete, spielte er am schnellsten: Nach den ersten drei bis fünf schnellen Kugelumläufen lancierte er bereits seine Annonce. Aber er traf nicht am besten. Die meisten anderen hätten unter diesen Bedingungen gar nichts riskiert. Er benahm sich wie ein Zocker, psychisch unter Druck stehend, ungeduldig und undiszipliniert.

Das Rouletteproblem, wie auch immer es betrachtet wird, ist stets dualer Natur: Neben das Sachproblem einer positiven Erwartung tritt immer auch das Problem der Selbstdisziplin, der psychischen Bewältigung aller Vorgänge, besonders wenn diese mit Schwierigkeiten aller Art behaftet sind. Die beste Methode mit positiver Erwartung, ohne Disziplin angewandt, wird schließlich ähnlich Schiffbruch erleiden wie ein selbstsicherer, disziplinierter Spieler bei Anwendung eines beliebigen herkömmlichen Systems.

Nach all den Spielerjahren bin ich mir nicht sicher, welcher dieser Problemteile die meisten Menschen vor die größeren Schwierigkeiten

stellt, denn natürlich hängt die Beantwortung dieser Frage von vorherr-
schenden individuellen Faktoren wie Intelligenz und Temperament ab.
Außerdem dürfte der Anteil derjenigen, denen es gelungen ist, den
sachlichen Problemteil gültig zu lösen, verschwindend klein sein gegenüber dem Anteil jener, die nur irrtümlich glauben, ihn gelöst zu haben.
Jedenfalls nützt Beharrlichkeit allein nicht viel, wenn Lernfähigkeit
nicht vorhanden ist.

Auch ich habe bis 1982 geglaubt, die wissenschaftlich-technische Bewältigung der Rouletteballistik sei der Kern der Lösung. Dabei unter-
schätzte ich die praktischen, vorwiegend psychologischen Probleme
einer rationalen Durchführung, die mindestens 50 Prozent des Erfolgs
ausmachen.

Seit meinen ersten Beobachtungen der Kesselgucker sind fünfzehn
Jahre vergangen, und diese Zeit ist an ihnen nicht spurlos vorüberge-
gangen. Kein Mensch übersteht unbeschadet ein langfristiges Wechselbad aus Triumphen und Niederlagen. Einige strandeten, Opfer ihrer
Disziplinlosigkeit, ihrer psychischen Schwächen angesichts des Dauer-
stresses, einige boten – obwohl oder gerade weil auch sie schließlich
riesige Jahresverluste hinnehmen mußten – Privatseminare für Inter-
essenten an, andere wiederum gaben einfach auf. Nur sehr wenige, die
sich noch rechtzeitig vor vielen Jahren zurückzogen, dürften einen fi-
nanziellen Erfolg ins Leben hinübergerettet haben, und eine noch wesentlich geringere Zahl von Kesselguckern wird die Methode heute
noch mit bescheidenem Erfolg anwenden. Es war vorauszusehen, daß
die Spielbanken nicht ewig die günstigen Bedingungen zu liefern bereit
waren, die es den Kesselguckern vor allem anfangs erlaubt hatten, die
Tische zeitweise leerzufegen.

Die Schwierigkeit, akkurate Prognosen zu stellen, liegt letztlich in der
komplexen Wirklichkeit, die sich deduktiv nur unzureichend modellieren läßt. Die Kapazitätsgrenze des menschlichen Denkens bei der
schnellen simultanen kognitiven Verarbeitung von zwei bis drei Faktoren einerseits sowie die vorschnelle und unzulässige Verallgemeinerung
unvollständiger und einseitiger Einzelbeobachtungen («Erfahrung»)
andererseits müssen jeden noch so geschickten Kesselgucker auf Dauer
überfordern. Beim Kesselguckerspiel beruht, wie bei jeder physikalischen Methode, die Prognose allein auf dem Zusammenhang von Ursache und Wirkung. Es gilt herauszufinden, welche Ursachen sich auf

welche Weise auswirken. Ein spezielles Muster ist für unsere Betrachtungsweise eine Ursache. Solange es mit einer erwarteten Wirkung korreliert, spielt es keine Rolle, wie diese im einzelnen zustande kommt. Jedes Roulette, bei dem eine Korrelation zwischen jedem Effekt (der rechtzeitig stattfindet) und dem Ergebnis des Coups besteht, stellt eine vorteilhafte Situation dar.

Laurance Scott meint, daß die Einbeziehung einer *Akustikanalyse* des Kugellaufs der nächste entscheidende Fortschritt sein könnte. Er experimentierte mit einer Kombination seiner (optischen) «Überschneidungsmuster» mit Akustikmustern des Kugelschalls und fand heraus, daß der Vorteil bei *verträglichen*, übereinstimmenden Mustern signifikant größer wurde. Das überrascht uns nicht: Wir erinnern uns an die Begegnung mit dem «Professor»: Auch er benutzte sein Gehör und analysierte mit seinem Gehirn.

Denken Sie auch an kriminologische Identifikationsmethoden: ballistische Zuordnung von Waffe und Geschoß, Fingerabdrücke, DNA-Printing von Zellen usw. In all diesen Fällen geht es um Musteranalysen.

Möglicherweise entdecken aber gerade Sie etwas verblüffend Einfaches, woran bisher noch niemand gedacht hatte, zum Beispiel eine zuverlässige Korrelation in Form eines untrüglichen Musters; und vielleicht können Sie dann ein paar Nächte lang vor Aufregung nicht schlafen.

Vorteilhaftes Spiel:
Psychologie und Strategie

Die Psyche leidet unter Schwankungen

Bereits im Abschnitt «Eine Frage der Selbstdisziplin» wurde bei der Schilderung der heutigen, meist desolaten Situation der Kesselgucker deutlich, daß die Bewältigung der praktischen, vorwiegend psychischen Probleme zu mindestens 50 Prozent an einem Erfolg beteiligt ist. Einer der Hauptgründe, weshalb die meisten Spieler scheitern, ob sie nun ein System mit ausnahmsweise positiver Erwartung haben oder nicht, sind die (Verlust-)Schwankungen des Spielkapitals; unter ihnen leidet die Psyche besonders stark. Es treten zum Teil ungeheure Schwankungen auf, durch die man leicht entmutigt werden könnte, denn niemand kann auf Dauer den coolen Roboter spielen. Selbst in einer der Situation angemessenen Stimmung echter Überlegenheit kann einen angesichts mancher Launen des Zufalls gelegentlich der Zorn packen. Hinzu gesellt sich die Ungewißheit, ob denn alles noch stimme. So mag sich die Frage stellen, wie einer solchen nervenzermürbenden Situation von vornherein am besten ausgewichen werden kann.

Man könnte es sich zum Beispiel zur Regel machen, bei Erreichen eines bestimmten Verlustes das Spiel für diesen Tag zu beenden. Das wäre nicht nur weise im Hinblick auf die Schonung der Nerven, sondern auch deshalb, weil Verluste neben den rein zufälligen Schwankungen auch noch andere Ursachen haben können: schlechte allgemeine Durchführungsbedingungen, Konzentrationsschwierigkeiten, Müdigkeit usw. Durch eine tägliche Verlustbegrenzung kann der Zufall zwar nicht überlistet werden, man geht aber möglicherweise anderen, prinzipiell vermeidbaren Schwierigkeiten, die einem nicht immer bewußt sein müssen, automatisch aus dem Weg.

Die folgende variable Strategie hat sich bei mir gut bewährt. Zu Beginn des Spiels setze ich mir eine Verlustgrenze, sagen wir 75 Stücke. Ganz selten passiert es dann: Die 75 Stücke sind verloren, ohne daß ich in eine nennenswerte Gewinnzone gekommen bin. Somit ist das Spiel an diesem Tag beendet. In den meisten Fällen jedoch stellt sich nach relativ kurzer Zeit ein Reingewinnüberschuß von 50 bis 100 Stücken ein. Von diesem Zeitpunkt an verfahre ich wie zu Beginn: Eine neue Spielsequenz mit 75 Stücken Verlust würde Spielabbruch bedeuten. Etwa nach einer weiteren Stunde wächst der Gewinn meistens weiter an: 100 bis 150 Stücke Reingewinnüberschuß insgesamt. Fühle ich mich noch fit, spiele ich weiter wie bisher, wobei mir im Fall des Verlustes von 75 Stücken immer noch etwa 25 bis 75 Stücke Reingewinn verbleiben.

Auf die Art gelingt es, einen gelegentlichen Tagesverlust zu begrenzen und bereits erzielte Gewinne stufenweise nach unten abzusichern. Der Stress entfällt, es kann belastungsfrei und selbstsicher gespielt werden. Allerdings ist der Zufall großer Schwankungen dadurch nicht überlistet worden. Ich gehe nur gewissen menschlichen Schwächen aus dem Weg. Das lohnt sich. Außerdem ertrage ich die Zufallsschwankungen leichter.

Viele Tüftler von Spielmethoden für das klassische Roulette mit seiner negativen Erwartung haben es sich zum Ziel gesetzt, Spielsysteme auszuarbeiten, die nur einen geringen Kapitalbedarf erfordern und möglichst gleichmäßige Resultate produzieren, also Systeme, die Schwankungen vermeiden. Ein gewisser Unterhaltungswert kann ihnen nicht abgesprochen werden, obgleich sie oft vorschreiben, Spieleinsätze nur dann zu tätigen, wenn bestimmte, oft komplizierte Bedingungen (Figuren, Signale etc.) eingetreten sind. Setzt der Spieler weniger, wird er im Mittel auch weniger verlieren, und in der Zwischenzeit ist er ja mit seinen Berechnungen oder Figuren beschäftigt.

Ein Spieler dagegen, der mit Hilfe relevanter physikalisch-statistischer Informationen eine kleine positive Erwartung erreicht, hat ungleich bessere Aussichten. Die Schwankungen seines Spielkapitals werden sich aber weder qualitativ noch quantitativ in signifikanter Weise von den Schwankungen eines Systems mit leicht negativer Erwartung unterscheiden. Für Systeme mit positiven Erwartungen gilt die folgende Wahrscheinlichkeitstabelle für verschieden lange Verluststrekken.

Die Tabelle gibt für bestimmte erwartete Vorteile die jeweilige Wahrscheinlichkeit an, eine gegebene Anzahl aufeinanderfolgender Verluste in zehntausend und tausend Coups zu erleiden, wenn die an-

Wahrscheinlichkeitstabelle (in %) für Verluststrecken

Anzahl Verluste	Anzahl Coups	Anzahl Nummern	Erwarteter Vorteil (%)				
			5	10	15	20	25
200	10000	1	54	46	38	31	25
80	10000	3	44	34	26	20	14
50	10000	5	42	32	23	17	12
25	10000	9	73	59	45	33	23
125	1000	1	51	46	42	37	33
60	1000	3	30	24	20	16	13
35	1000	5	44	37	30	24	19
20	1000	9	45	36	28	21	16

(Quelle: Scott)

gegebene Anzahl Nummern gesetzt wird. Zwei Beispiele sollen dies verdeutlichen:

1. Bespielen Sie drei Nummern mit einem mittleren Vorteil von 10 Prozent, dann beträgt die Wahrscheinlichkeit dafür, daß Sie eine ununterbrochene Verluststrecke von achtzig Coups innerhalb von zehntausend Coups erleben, 34 Prozent.

2. Bespielen Sie neun Nummern mit einem mittleren Vorteil von 5 Prozent, dann beträgt die Wahrscheinlichkeit dafür, daß Sie eine ununterbrochene Verluststrecke von zwanzig Coups innerhalb von tausend Coups erleben, 45 Prozent.

Abbildung 20 veranschaulicht die Entwicklung der Spielkapitalschwankungen für ein günstiges Spiel, bei dem der *Spieler* einen mittleren Vorteil von 5,4 Prozent hat. Aus Übersichtsgründen wurden für die Standardabweichung nur die Grenzen ±2σ eingetragen, was bedeutet, daß sich etwa 95 Prozent aller Fluktuationen innerhalb dieser Grenzen abspielen. (Abbildung 20 ist das «Gegenstück» zur Abbildung 6, Seite 44; dort wurden die Spielkapitalschwankungen für ein ungünstiges Spiel gezeigt, bei dem die *Spielbank* einen mittleren Vorteil von 5,4 Prozent hatte.)

Sehr eng verflochten mit den Verluststrecken ist natürlich der Kapitalbedarf bei einem günstigen Spiel und damit wiederum die optimale

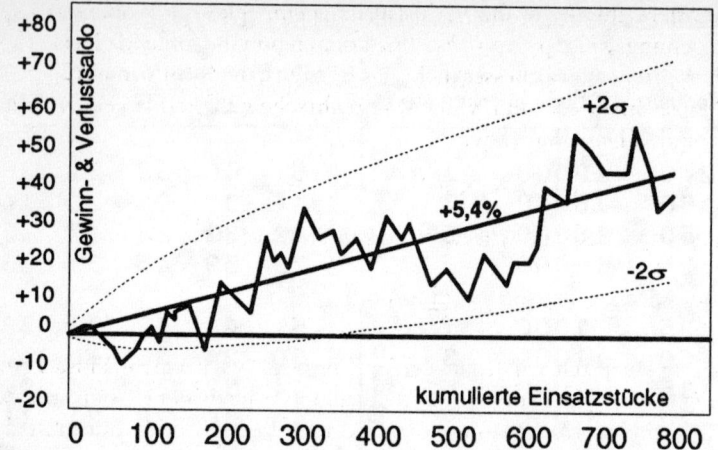

Abb. 20: Gewinn-und-Verlust-Entwicklung (Gesamtsaldo) im Laufe des Spiels bei konstanten Einsätzen und einem Spielervorteil von 5,4 Prozent

Einsatzstückelung. Beide Aspekte erörtere ich nun in den nächsten beiden Abschnitten.

Das Ruinproblem und der Kapitalbedarf

Selbst wenn die mathematische Erwartung einer Methode für den Spieler positiv ist, ist ihm damit noch keineswegs ein Gewinn garantiert. Vor allem ist es erforderlich, das Verhältnis Kapital/Einzeleinsatz, also die Anzahl der Stücke, weise festzulegen, wobei wir einmal annehmen, daß jedes Stück einem Einzeleinsatz entspricht. Weise heißt, daß starke Fluktuationen durchgestanden werden können bei gleichzeitigem Gewinnen auf längere Sicht. Dieses «Ruinproblem des Spielers» läuft darauf hinaus, exakte Wahrscheinlichkeiten dafür zu erhalten, daß sich ein Spieler bei einem endlichen Spiel mit Erwartung ungleich Null ruiniert (oder daß er Erfolg hat).

Zuerst betrachten wir den Fall, daß der Spieler entweder sein Einsatzstück verliert oder ein Stück als Gewinn verbuchen kann (Spiel auf einfachen Chancen). Die Wahrscheinlichkeit eines Gewinns bei einem

Einzelereignis sei p, die Verlustwahrscheinlichkeit q, wobei $q = 1 - p$ beziehungsweise $p + q = 1$ ist. (Sie können nun die folgende Herleitung überspringen, aber besser nicht das Resultat, die Ruinformel.)

Bezeichnen wir mit r(x) die Ruinwahrscheinlichkeit bei einem Spielkapital x. Dann haben wir

$$r(x) = p \times r(x + 1) + q \times r(x - 1)$$

Falls wir auf Rot setzen, ergibt sich in diesem Fall

$$r(x) = \frac{18}{37} \times r(x + 1) + \frac{19}{37} \times r(x - 1)$$

eine Formel, die wir leicht deuten können: Nach einem Einsatz von einem Stück auf Rot ist unser Spielkapital nach dem Coup mit der Wahrscheinlichkeit $\frac{18}{37}$ um ein Stück angestiegen $(x + 1)$ oder mit der Wahrscheinlichkeit $\frac{19}{37}$ um ein Stück verringert $(x - 1)$; (lassen wir in diesem numerischen Beispiel einfachheitshalber die Zéro-Regel außer Betracht; wir stehen also in Wirklichkeit etwas schlechter da, weil wir bei Erscheinen von Zéro das Einsatzstück als verloren ansehen müssen).

Durch Multiplikation beider Teile der Gleichung mit 37 erhalten wir

$$37 \times r(x) = 18 \times r(x + 1) + 19 \times r(x - 1)$$

Diese sogenannte Rekursionsformel, eine *Differenzengleichung zweiter Ordnung*, liefert uns eine einfache Beziehung zwischen den Ruinwahrscheinlichkeiten mit Spielkapitalhöhen von jeweils $x - 1$, x und $x + 1$. Was wir erhalten möchten, ist jedoch nicht eine Beziehung zwischen Ruinwahrscheinlichkeiten, sondern einen *Ruinwahrscheinlichkeitsausdruck* in Abhängigkeit von bekannten Faktoren; was wir suchen, ist eine Antwort auf das Ruinproblem, also eine Lösung der Differenzengleichung.

Wir ersparen uns die nicht ganz einfache Herleitung der Lösung, von der nachgewiesen werden kann, daß sie die folgende Form hat:

$$r(x) = A + B \times \left(\frac{1}{S}\right)^{x} ; \quad S = \frac{p}{q}$$

Die Zahlen A und B hängen von den anfänglichen Spielkapitalhöhen des Spielers und seines Gegenspielers ab. Der Spieler beginnt mit a

Stücken, und das Anfangskapital seines Opponenten betrage b Stücke. Dann können wir leicht die zwei trivialen Randbedingungen

1. $r(a = 0) = A + B = 1$
2. $r(a + b) = 0$

deuten: 1. Die Ruinwahrscheinlichkeit des Spielers beträgt 100 Prozent ($= 1$), sobald er kein Kapital mehr hat ($a = 0$). 2. Die Ruinwahrscheinlichkeit des Spielers beträgt 0 Prozent ($= 0$), sobald er die b Stücke seines Gegenspielers dazugewonnen hat. Mit anderen Worten: Die Entscheidung ist gefallen, wenn das Spiel nicht weitergespielt werden kann.

Dies sind zwei Gleichungen mit den beiden unbekannten Konstanten A und B. Nach Auflösung und Gleichsetzen von x mit a erhalten wir als Lösung der Differenzengleichung die allgemeine Formel:

$$r(a) = \frac{1 - S^b}{1 - S^{a+b}} = \frac{1 - (\frac{1}{S})^b}{S^a - (\frac{1}{S})^b}$$

Die neuerliche Auflösung im Falle $p = q$ führt zur speziellen Formel

$$r(a) = \frac{a}{a + b}$$

Wenn das Spielerkapital a gegenüber dem Bankkapital b vernachlässigbar klein ist, erhalten wir in allen Fällen für die Ruinwahrscheinlichkeit des Spielers auf längere Sicht

$$r(a) \rightarrow 1 \text{ oder } 100\%$$

Betrachten wir jetzt den vertrauten Fall, daß sich der Spieler das Ziel setzt, sein anfängliches Spielkapital zu verdoppeln. In der Ruinformel dürfen wir $b = a$ setzen, da der Spieler nur a Stücke gewinnen möchte und es daher nicht interessiert, ob sein Gegenspieler beziehungsweise die Bank mehr als a Stücke hat. Die Ruinformel reduziert sich in diesem Fall auf die einfache Form

$$r(a) = \frac{1}{1 + S^a}; \quad (S = \frac{p}{q}; p + q = 1)$$

Dies ist eine sehr wichtige Formel, die jeder Spieler kennen sollte! Hier bedeutet r(a) die Ruinwahrscheinlichkeit auf einfachen Chancen beim

Versuch, ein Spielkapital von a Stücken zu verdoppeln. S wird «Erfolgsfaktor» genannt.

Auch hier sehen wir sofort: Ist p < q, das heißt S < 1, dann hilft dem Spieler auch der größte Reichtum nichts: Je größer sein Kapital, desto näher liegt seine Ruinwahrscheinlichkeit bei 1 oder 100 Prozent! Anders herum: Die größte Wahrscheinlichkeit, sein Kapital zu verdoppeln, besteht darin, möglichst wenige Stücke zu riskieren, das heißt aber: genau ein Stück; das gesamte Kapital muß also möglichst auf einmal gesetzt werden. Diese als *bold play* bezeichnete Strategie ist tatsächlich die optimale bei *ungünstigen* Spielen, wie wir schon gesehen haben.

Für den Fall eines *günstigen* Spiels, bei dem also die mathematische Erwartung positiv ist, läßt sich das benötigte Kapital errechnen, wenn man sich vor Spielbeginn überlegt, mit welcher statistischen Sicherheit das Spielkapital verdoppelt werden soll. Es gilt also, eine Grenze für die Wahrscheinlichkeit festzulegen, mit der (trotz positiver Erwartung) das gesamte Spielkapital verloren werden kann. Je höher die Sicherheit gewählt wird, desto mehr Geld wird gebraucht oder desto kleiner muß die Stückgröße sein. Gewöhnlich werden 95 Prozent oder 97 Prozent gewählt, was einer Ruinwahrscheinlichkeit von 5 beziehungsweise 3 Prozent entspricht. (Für sehr kapitalintensive Operationen werden oft 99 oder sogar 99,9 Prozent gewählt.)

Gibt es eine Wahrscheinlichkeit t für den Gleichstand als Spielergebnis, so müssen p durch $p' = \frac{p}{1-t}$ und q durch $q' = \frac{q}{1-t}$ ersetzt werden.

Der Erfolgsfaktor $\frac{p'}{q'}$ hängt mit der Erwartung E (= p − q) wie folgt zusammen:

$$S = \frac{1 - t + E}{1 - t - E}$$

Aus dieser Gleichung und derjenigen für die Ruinwahrscheinlichkeit läßt sich nun die Anzahl der Einsatzstücke a berechnen, die zur Verdopplung des Kapitals erforderlich sind:

$$a = \frac{\ln\left(\frac{1}{r} - 1\right)}{\ln(S)}$$

Die Funktion «*ln*» bezeichnet dabei den natürlichen Logarithmus.

Die beiden folgenden Tabellen geben ein paar Richtwerte für a (Stücke) in Abhängigkeit von der Ruin- beziehungsweise Irrtumswahrscheinlichkeit und der Erwartung wieder.

Kapitalbedarfstabelle (Einfache Chancen)

r (%) ↓ \ E (%) →	1	2	5	10
0,1	350	175	70	35
1	230	115	50	25
3	175	90	35	20
5	150	75	30	15
10	110	55	22	11

Kapitalbedarfstabelle (Stücke) in Abhängigkeit von der Erwartung E und der Ruinwahrscheinlichkeit r bei einem Masse-égale-Spiel auf einfache Chancen

Gehen wir nun zu mehrfachen Chancen über und betrachten als Beispiel einen Gleichsatz auf ein Plein (mit Gewinn 35 : 1). Unsere anfängliche Differenzengleichung lautet nun

$$r(x) = p \times r(x + 35) + q \times r(x - 1)$$

wobei p diesmal eine Zahl um $\frac{1}{37}$ und q eine um $\frac{36}{37}$ ist, während p und q früher nahe bei $\frac{1}{2}$ lagen. Diese *lineare Differenzengleichung der Ordnung 36* ist weitaus schwieriger zu lösen als unsere ursprüngliche zweiter Ordnung. Andererseits fehlen alle Glieder von x + 1 bis x + 34, was die Anwendung effizienter Näherungsmethoden erlaubt. Um ausreichend exakte praktische Resultate zu erhalten, genügt es, einen einfachen Trick anzuwenden, der durch die erwähnten Näherungen ausreichend begründet ist: Es genügt, die Stückzahl für die entsprechenden Bedingungen auf einfachen Chancen mit 35 zu multiplizieren!

Auf einfachen Chancen ist die Wahrscheinlichkeit, ein Stück zu gewinnen, p und die Wahrscheinlichkeit, ein Stück zu verlieren, q. Deswegen beträgt der erwartete Nettoprofit p − q. Bei einem Plein bedeutet p die Gewinnwahrscheinlichkeit von 35 Stücken und q die Verlustwahrscheinlichkeit eines Stücks. Der erwartete Nettoprofit beträgt daher 35 p − q. Damit kann eine für die Praxis ausreichende Kapitalbedarfstabelle für das Masse-égale-Spiel auf Pleins aufgestellt werden.

Kapitalbedarfstabelle (Plein-Spiel)

		E (%) ⟶			
		1	2	5	10
r (%) ↓	0,1	12250	6125	2450	1225
	1	8050	4025	1750	875
	3	6125	3150	1225	700
	5	5250	2625	1050	525
	10	3850	1925	770	385

Kapitalbedarfstabelle (Stücke) in Abhängigkeit von der Erwartung E und der Ruinwahrscheinlichkeit r bei einem Masse-égale-Spiel auf Plein

Nehmen wir an, eine Nummer erscheint in einer ausreichenden Stichprobe im Mittel einmal alle 34 Coups. Daraus ergibt sich $p = \frac{1}{34}$ und $q = \frac{33}{34}$. Der erwartete Vorteil beträgt in diesem Fall

$$35 \times \frac{1}{34} + (-1) \times \frac{33}{34} = \frac{2}{34} = \frac{1}{17} \approx 0{,}0588 \text{ oder } + 5{,}88\,\%$$

Soll der Tronc berücksichtigt werden, ergibt sich der Vorteil zu

$$34 \times \frac{1}{34} + (-1) \times \frac{33}{34} = \frac{1}{34} \approx 0{,}0294 \text{ oder } + 2{,}94\,\%$$

Damit gehen – im Ernstfall – *50 Prozent des Profits* direkt an die Angestellten! Illusionslose, knallharte Überlegung ist also erforderlich, um festzulegen, von welcher Vorteilsgrenze an sich ein «günstiges» Spiel wirklich rechnet und *rentabel* wird.

Um nun die Anzahl der Stücke bei, sagen wir, 90 Prozent statistischer Sicherheit herauszufinden, schauen wir in die zweite Tabelle. Bei 2 Prozent Vorteil und 10 Prozent Ruinwahrscheinlichkeit brauchen wir 1925, bei knapp 3 Prozent Vorteil rund 1000 Stücke. Gehen wir nur von 2 Prozent Vorteil aus und möchten die Ruinwahrscheinlichkeit auf 3 Prozent reduzieren, dann benötigen wir mindestens dreimal so viele (3150 Stücke).

Das Kelly-System: Einsätze proportional zur Erwartung

Die optimale Einsatzstückelung bei einem Spiel mit negativer mathematischer Erwartung ist in gewissem Sinne trivial: möglichst das gesamte Spielkapital auf einen Coup setzen (*bold play*). Damit hat man objektiv die größte Chance, es zu vermehren. Jede andere Einsatzstückelung bringt Sie nur mehr oder weniger langsam, aber sicher an den Rand des Ruins.

Das alles trifft selbstverständlich nicht mehr zu, wenn das Spiel günstig ist, wenn also die aufgrund einer ausreichenden Stichprobe ermittelte empirische oder *a posteriori*-Wahrscheinlichkeit zu einer positiven mathematischen Erwartung führt. Dann nämlich sind zwei Aspekte zu berücksichtigen: erstens die sehr große Ruinwahrscheinlichkeit bei zu geringem Spielkapital und zweitens der *optimale* Gewinnzuwachs in Abhängigkeit von der Erwartung.

«Optimal» soll hier heißen, daß der schnellste Gewinnzuwachs gewählt werden soll, aber ohne Erhöhung des Ruinrisikos. Es kann gezeigt werden, daß es eine solche optimale Stückelung tatsächlich gibt: Es ist das Kelly-Prinzip des proportionalen Einsatzes – *erwartungsproportional zum Spielkapital* – bei positiver Erwartung.

Hier das Resultat: Wenn Sie für ein Einfache-Chancen-Spiel eine feste mathematische Erwartung $E > 0$ besitzen, sollten Sie stets einen Bruchteil E Ihres laufenden Spielkapitals setzen; bei einem dreiprozentigen Vorteil wird man also 3 Prozent seines laufenden Kapitals setzen. Diese Einsatzstückelung bewirkt, daß Ihr Kapital mit der größten Rate wächst, wobei es praktisch ausgeschlossen ist, daß Sie sich jemals ruinieren. Nach Gewinnen erhöht sich der absolute Einsatz, nach Verlusten verringert er sich, weil dieser Einsatz ja ein konstanter Bruchteil Ihres fluktuierenden Spielkapitals ist.

Setzen Sie einen kleineren Bruchteil, so werden Sie ebenfalls reicher und reicher, aber langsamer. Das gleiche gilt, wenn Sie einen größeren Bruchteil wählen, etwa bis zur Größenordnung 2 E. Ist hingegen der Bruchteil größer als 2 E, werden gelegentliche Fluktuationen Sie ruinieren und Ihr Kapital schließlich auf Null bringen, selbst wenn Sie zwischendurch ein schnelleres Gewinnwachstum zu verzeichnen hatten. Der Beweis dieses Optimums – den Sie überspringen können – ist kurz und lehrreich.

Seien g Gewinne und v Verluste bei n Coups, also $n = g + v$. Setzen

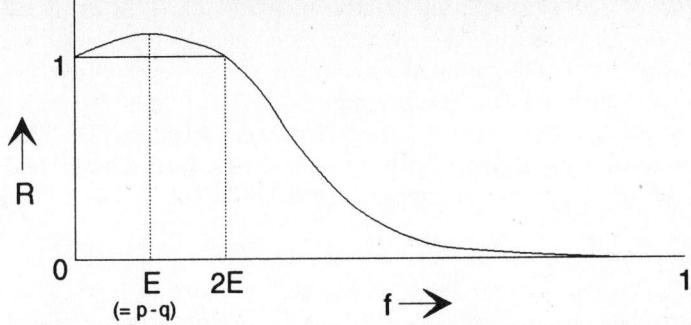

Abb. 21: Wachstumsrate R als Funktion des Einsatzbruchteils f vom Spielkapital

wir den Bruchteil f des laufenden Spielkapitals ein, dann ist der Endzustand K(n) eines anfänglichen Kapitals K(0)

$$K(n) = K(0) \times (1 + f)^g \times (1 - f)^v$$

Die durchschnittliche Rate R, durch die das Kapital bei jedem Coup wächst, ist der Grenzwert der n-ten Wurzel von $\frac{K(n)}{K(0)}$, wenn n beliebig groß wird; als Formel:

$$R = \lim_{n \to \infty} \sqrt[n]{\frac{K(n)}{K(0)}} = \lim_{n \to \infty} \left[(1 + f)^{\frac{g}{n}} \times (1 - f)^{\frac{v}{n}} \right]$$

Bei der Umformung wird nur von der Regel Gebrauch gemacht, nach der die n-te Wurzel eines Ausdrucks A, $\sqrt[n]{A}$, auch in Exponentenform $A^{\frac{1}{n}}$ geschrieben werden kann.

Da wir unter $\frac{g}{n}$ und $\frac{v}{n}$ (im Grenzfall!) unsere Gewinn- und Verlustwahrscheinlichkeiten p und q erkennen, können wir weiter schreiben:

$$R = (1 + f)^p \times (1 - f)^q$$

mit p + q = 1. Abbildung 21 zeigt die graphische Darstellung der Funktion R(f).

Damit das Spielkapital wächst, muß die Wachstumsrate R größer als 1 sein. Dies geschieht für alle Brüche f zwischen 0 und 2E = 2(p − q).

Zwischen diesen Grenzen hat die Funktion R(f) ein Maximum für $f = p - q$ (was mittels üblicher Berechnungen gezeigt werden kann). Wichtigste Voraussetzung für diese Betrachtung ist eine positive Erwartung $E > 0$, das heißt die Bedingung $p - q > 0$.

Wie läßt sich dieses Ergebnis auf ein Pleinspiel übertragen? Die Faktoren in der ursprünglichen Gleichung verändern sich zu $(1 + 35f)$ und $(1 - f)$, und der optimale Einsatzbruchteil ergibt sich zu

$$\frac{35p - q}{35} = \frac{E}{35}$$

was nichts anderes bedeutet, als daß Sie bei gleich großem Vorteil auf ein Plein über 35mal so viele Stücke verfügen müssen – oder die Stückgröße entsprechend zu reduzieren haben.

Nehmen wir das Eingangsbeispiel: 3 Prozent Vorteil, Masse-égale-Spiel auf eine einfache Chance, ergibt eine Stückgröße von 3 Prozent Ihres Spielkapitals, das demnach etwa 30 bis 35 Stücke betragen sollte. Bei 3 Prozent Vorteil auf ein Plein ergibt die Kelly-Regel $\frac{1}{35}$ von 3 Prozent Ihres Kapitals als optimales Einsatzstück, was aber zu einem Spielkapital führt, das 35mal mehr Stücke umfassen sollte, also über 1000 Stücke. In der Praxis liegt der Pferdefuß darin, daß Sie auf einer klassischen einfachen Chance im Roulette (Rot, Schwarz, Gerade etc.) niemals einen Vorteil werden finden können. Gelingt es Ihnen aber, eine zusammenhängende Kesselhälfte zu setzen, und bezeichnen Sie diesen Einsatz als ein Stück, dann gilt der Sachverhalt.

Eine Optimierung kann in aller Regel nach verschiedenen Gesichtspunkten erfolgen. Die gerade beschriebene Kelly-Strategie maximiert beispielsweise die Wachstumsrate des Spielkapitals. Aber auch zahlreiche andere Zielfunktionen können optimiert (maximiert oder minimiert) werden. Hier ein Beispiel für eine wichtige Optimierung – die übrigens mit dem Kelly-Kriterium *konsistent* ist: Unter der Voraussetzung einer positiven Erwartung soll die *Ruinwahrscheinlichkeit minimiert* werden. Das ist eine Art «Überlebenskriterium», das durch die sogenannte *schüchterne Strategie* realisiert wird: stets minimale Einsätze zu tätigen. Der Unterschied zur Kelly-Strategie ist offensichtlich: Während ein mutiger Spieler danach trachtet, bei einem günstigen Spiel die Wachstumsrate seines Kapitals zu maximieren, geht ein schüchterner Spieler lieber auf Nummer Sicher und wird daher versuchen, seine Ruinwahrscheinlichkeit zu minimieren.

Fredricksons Schätzungen für die Vorteilsbestimmung

Voraussetzung für eine positive Erwartung ist, daß der Spieler relevante Informationen nutzt, um die Trefferwahrscheinlichkeiten grundsätzlich zu verbessern. Bei den ins Auge gefaßten Trefferwahrscheinlichkeiten ist er jedoch häufig auf *Schätzungen* angewiesen, zumal Beobachtungen und Informationen oft unvollständig, ungewiß oder vage sind. Es genügt nicht immer, einfach gründlicher hinzuschauen; es sollte auch einigermaßen gewährleistet sein, daß man sich in zweierlei Hinsicht nicht zu sehr irrt: Zum einen sollten optische Täuschungen möglichst vermieden werden, zum anderen gilt es, darauf zu achten, daß man sich bei Schätzungen selbst nichts vormacht. Welche Vorsicht soll der rationale Spieler hier walten lassen?

Wir behandeln dieses Problem in erster Linie bezogen auf die Kesselguckermethode; aber auch die sinngemäße Anwendung auf andere Datenerfassungen, und hier vorwiegend auf das Wurfweitenspiel, kann davon profitieren. Darüber hinaus werden wir erfahren – und das macht die Bedeutung dieser Überlegungen aus –, wie stark sich kleinste Schätzunterschiede auf die Erwartung auswirken (Hebelwirkung) und welchem Trugschluß viele Kesselgucker (und Wurfweitenspieler) erliegen, wenn sie größere Sektoren (große oder kleine Serie) ergänzend setzen.

Drei verschiedene Vorteilarten, die ein rationaler, ballistischer Geschicklichkeitsspieler verfolgen sollte, werden nun vorgestellt:

1. der erwartete Vorteil;
2. der Auftreffvorteil;
3. der tatsächliche Vorteil.

Der *erwartete Vorteil* ist eine Schätzung des Vorteils, den Sie bei einem bestimmten Roulette erreichen zu können glauben; diese Schätzung beruht einerseits auf den speziellen Charakteristika der vorliegenden Bedingungen hinsichtlich Kessel, Kugel und Croupier und andererseits auf Ihrem geschätzten Geschicklichkeitsniveau. Während des Spiels kann der *Auftreffvorteil* ein guter Indikator für die Prognosequalität des Kugelfalls auf die Scheibe sein. *Der tatsächliche Vorteil ist der einzige Vorteil, der wirklich zählt.* Die anderen Vorteilarten sind nur insofern nützlich, als sie Ihnen helfen, die guten von den schlechten Gelegenheiten zu trennen.

Brent Fredrickson lieferte die Grundlagen für die nun anstehenden Profitberechnungen. Er kann nicht nur knifflige Simulationen durchführen, sondern ist auch ein Rouletteprofi mit einem angeblich weit über dem Durchschnitt liegenden Intelligenzquotienten. Seine Berechnungen und Tabellen wurden zuerst im Skript von Laurance Scott veröffentlicht. Allgemeingültige Wahrscheinlichkeitsgleichungen für Verluststrecken und Ruinereignisse, die der Erstellung nützlicher Kapitalbedarfstabellen dienen, sowie für fundierte Schätzungen von Beobachtungen sind keineswegs trivial.

Bevor wir in die Diskussion der einzelnen Vorteilarten eintreten, definieren wir die Größen, die in die Vorteilberechnungen eingehen:

B: Breite des erwarteten Nummernsektors, in dem die Kugel auftreffen und/oder landen wird. Erwarten Sie beispielsweise, daß die Kugel innerhalb eines Neunersektors auftreffen/landen wird, dann wäre B = 9.

G: Geschicklichkeitsfaktor. Die relative Anzahl der Fälle (in Prozent), in denen Sie erwarten, Ihren prognostizierten Sektor zu treffen, falls die Kugel wie erwartet hinabstürzt.

Z: Zufallsfaktor. Die relative Anzahl der Fälle (in Prozent), in denen Sie erwarten, Ihren prognostizierten Sektor zu treffen, falls die Kugel nicht wie erwartet hinabstürzt.

S: Streufaktor. Eine prozentuelle Schätzung darüber, wie die Streuung der Kugel den schließlichen wirklichen Vorteil in Mitleidenschaft zieht. Wenn Sie beispielsweise meinen, daß die Streuung Ihren Auftreffvorteil um 25 Prozent vermindert, dann hätten Sie S = 75 Prozent.

A: Auftreffzahl. Die Anzahl der Fälle, in denen die Kugel tatsächlich im prognostizierten Sektor auftrifft.

E: Ergebniszahl. Die Anzahl der Fälle, in denen das Coupergebnis tatsächlich im prognostizierten Sektor liegt.

K: Kugelfallfaktor. Die Anzahl der Fälle (in Prozent), in denen Sie erwarten, daß die Kugel fällt wie prognostiziert.

N: Gesamte Anzahl effektiv gesetzter Coups während der Sitzung.

Sehen wir uns nun an, wie jede dieser Vorteilarten zu berechnen ist.

Berechnung des erwarteten Vorteils (EV)

Der erwartete Vorteil wird gebildet aus einer Kombination der Eigenschaften des speziellen Roulettes und Ihrem geschätzten individuellen Geschicklichkeitsniveau. Die Kessel-Kugel-Croupier-Bedingungen können durch gründliche Erkundung bestimmt werden, doch können nur Sie selbst Ihr Geschicklichkeitsniveau schätzen. Die Gleichung für den erwarteten Vorteil lautet:

$$EV = [K \times G + (1 - K) \times Z] \times S \times \frac{36}{B} - 1$$

Wird beim späteren Spiel die Tronc-Abgabe (gewinnendes Einsatzstück) berücksichtigt, müßte die 36 bereits jetzt durch eine 35 ersetzt werden.

Sehen wir uns ein konkretes Beispiel an. Nehmen wir an, Sie haben eine Situation gefunden, in der Ihrer Meinung nach der von Ihnen vorhergesagte Kugelabsturz in fünf von zehn Fällen (50 Prozent) stattfindet und in der Sie glauben, einen Neunersektor in 60 Prozent der Fälle, in denen der Kugelabsturz richtig stattfindet, treffen zu können. Setzen wir also:

K = 50 % oder 0,5 (folglich 1 − K = 50 %)
G = 60 % oder 0,6
B = 9

Ferner glauben Sie zu wissen, daß der Neunersektor etwa in 15 Prozent der Fälle getroffen wird, wenn die Kugel nicht an der erwarteten Stelle hinabstürzt (die Zufallstrefferquote für einen Neunersektor wäre ungefähr 25 Prozent, aber im vorliegenden Fall müssen Sie stets weniger annehmen); das ergäbe:

Z = 15 % oder 0,15

Schließlich schätzen Sie, daß das Streuverhalten der Kugel Ihre Gesamterwartung um etwa 25 Prozent verringert. Dies ist die Größe, die am schwierigsten zu schätzen ist, weil sie einerseits den Vorteil tendenziell verringert, wenn die Kugel wie erwartet fällt, und weil sie andererseits den Vorteil tendenziell erhöht, wenn die Kugel nicht wie erwartet fällt. Setzen wir also:

S = 75 % oder 0,75

Nun haben wir alle Größen konkretisiert und können die Werte in die Gleichung für den erwarteten Vorteil (EV) einsetzen:

$$EV = (50\,\% \times 60\,\% + 50\,\% \times 15\,\%) \times 75\,\% \times \frac{36}{9} - 1 = 12,5\,\%$$

Unter den Voraussetzungen dieses Beispiels würde Ihr erwarteter Vorteil in dieser Situation also 12,5 Prozent betragen. (Wird der Tronc berücksichtigt, ergibt sich der EV zu 9,375 Prozent; 3,125 Prozent oder 25 Prozent von 12,5 Prozent würden also in den Tronc wandern; die weiteren EV-Berechnungen machen wir ohne Tronc, da uns nur die *Empfindlichkeiten* der verschiedenen Faktoren interessieren.)

Erhöhen wir den Kugelfallfaktor K von 50 auf 60 Prozent, dann würde der erwartete Vorteil von 12,5 auf 26 Prozent klettern. Erhöhen wir außerdem noch den Geschicklichkeitsfaktor G von 60 auf 70 Prozent, dann klettert der erwartete Vorteil auf 44 Prozent. Sie sehen, daß kleine Verbesserungen sowohl Ihrer Geschicklichkeit als auch der Charakteristika des Roulettes ungeheure Verbesserungen des Vorteils zur Folge haben.

Lassen wir nun die Voraussetzungen für die 44 Prozent bestehen, mit einer einzigen Ausnahme: Wir vergrößern die Breite des erwarteten Nummernsektors B von neun auf zwölf. Dann sinkt der erwartete Vorteil *von 44 auf 8 Prozent!* Eine Verbreiterung des erwarteten Nummernsektors um nur drei Nummern (33,3 Prozent) hat also eine Abnahme des Vorteils von 44 auf bloße 8 Prozent zur Folge, das ist eine Abnahme des Vorteils um mehr als 80 Prozent (eine absolute Minderung von 36 bezüglich 44 Prozent macht relativ 81,8 Prozent aus). Auch wenn der Sachverhalt prinzipiell plausibel ist, würden sich vermutlich viele Spieler verschätzt und bei weitem nicht eine derart ungünstige Hebelwirkung angenommen haben. Dies veranschaulicht auf dramatische Weise ein fundamentales Gesetz für Vorteilberechnungen im Roulette: *Einer Verbreiterung des erwarteten Nummernsektors muß auch eine entsprechende Erhöhung der Trefferquote gegenüberstehen, um den Gesamtvorteil zu erhalten.*

Dies ist ein überaus wichtiges Gesetz, dessen Auswirkung a priori nicht unmittelbar einleuchtet. Und ausgerechnet dieses Gesetz stellt den wesentlichen Pferdefuß dar, wenn die klassischen Kesselsektoren als Einfallsektoren für ballistische Prognosen herangezogen werden. Beim Sturz des Vorteils von 44 auf magere 8 Prozent hatten wir den erwarteten Einfallsektor nur von neun auf zwölf Nummern erhöht. Die kleine Serie umfaßt ja gerade zwölf, die große Serie sogar siebzehn Nummern. Um beim Serienspiel noch einen spürbaren Vorteil zu behalten, müßten sich daher die Geschicklichkeit und die Trefferquote eines Serien-Kesselguckers drastisch verbessern; oder die Kessel-Kugel-Bedingungen müßten außergewöhnlich gut sein. Wer normalerweise als Kesselgucker ansehnliche Gewinne beim engeren Sektorenspiel erzielt, braucht entweder wesentlich bessere Bedingungen und/oder ein viel höheres Geschicklichkeitsniveau, wenn er auch auf Serien erfolgreich sein will. Dies ist der Intuition nur schwer zugänglich, aber die einfachen Sensitivitätsberechnungen zeigen unerbittlich, daß damit nicht zu spaßen ist.

Sehen wir uns noch zwei extreme Beispiele an. Wie wär's mit einem Sektor von 36 Nummern? Sie müßten für den Rest Ihres Lebens zu 100 Prozent treffen und dürften dem Tronc niemals ein Stück schenken, nur um ausgeglichen zu bleiben; ein einziger Verlust, und Sie würden nie mehr wieder auf einen Gleichstand kommen. Und wie verhält es sich mit einem «Einersektor»? Machen wir ein kleines Gedankenexperiment. Nehmen wir an, wir hätten normale Zufallsbedingungen vorliegen, die nur für ein seltenes Ereignis nicht gelten, das im Mittel bloß einmal im Laufe von fünfzig Coups eintritt. Wenn es zu diesem Ereignis kommt, sei unsere Prognose aber zu 100 Prozent richtig. Das Ergebnis der Rechnung ist verblüffend: Der erwartete Vorteil beträgt 65 Prozent! Unsere Erwartung liegt bei 4,5 Treffern bei einhundert Coups: zwei Treffer dank dem seltenen Ereignis und 2,5 Treffer dank dem Zufall. (Beim aktiven Zielwurf waren wir dieser sensiblen Hebelwirkung ja schon begegnet.)

Diese beiden extremen Beispiele sollten den Vorteil veranschaulichen, der auf seiten der *Satztechnik mit hoher Varianz* liegt, das heißt mit engeren Sektoren, bis zu maximal fünf, eventuell noch sieben Nummern (Zielnummer mit zwei, eventuell noch drei Nachbarn). Hier benötigen Sie nur bescheidene Bedingungen und Geschicklichkeiten, um einen substantiellen Vorteil zu erlangen – allerdings um den Preis größerer statistischer Schwankungen als bei einem breiteren Sektor.

Berechnung des Auftreffvorteils (AV)

Für jede Spielphase sollten Sie sich Ihren Auftreffvorteil merken. Dieser mißt Ihren wahren Geschicklichkeitsfaktor. Wenn Sie einen großen Auftreffvorteil haben, aber nur einen kleinen tatsächlichen Vorteil, dann müssen Sie eine schwere Entscheidung treffen: weiterspielen oder abbrechen?

Ihre Entscheidung sollten Sie auf der Basis vergangener Erfahrungen mit diesem Kessel und unter ähnlichen Bedingungen wie auch auf der Grundlage Ihrer subjektiven Beurteilung der Situation fällen. Wenn Sie zum Beispiel wissen, daß die Kugel sonst nicht so umherspringt, dann möchten Sie vielleicht doch weitermachen. Wenn die Kugel außerdem in systematischer Weise streut, werden Sie Ihre Prognose den Bedingungen anpassen. Die Formel für den Auftreffvorteil lautet:

$$AV = \frac{A}{N} \times \frac{36}{B} - 1$$

Ein numerisches Beispiel: Nehmen wir an, Sie haben ein Spiel auf Fünfersektoren im Sinn, es sei also $B = 5$. Nehmen wir ferner an, Sie hätten achtzig Coups gespielt, wobei die Kugel vierzehnmal den prognostizierten Sektor getroffen hätte; $N = 80$ und $A = 14$. Nun läßt sich der Auftreffvorteil berechnen:

$$AV = \frac{14}{80} \times \frac{36}{5} - 1 = 26\%$$

In dieser Spielphase hätten Sie einen Auftreffvorteil von 26 Prozent erreicht. Mit anderen Worten: Wenn die Kugel stets auch im Fünfersektor zur Ruhe gekommen wäre, auf dem sie zuerst auftraf, dann hätten Sie bei einem Einsatz von $80 \times 5 = 400$ Stücken 104 Stücke dazugewonnen, abzüglich vierzehn Stücke oder 13,5 Prozent Ihres Gewinns für den Tronc. Der Auftreffvorteil bringt Ihnen aber in Wirklichkeit kein Geld; er ist nur ein Indikator für Ihren Geschicklichkeitsgrad unter den gegebenen Bedingungen. Und noch ein wichtiger Punkt: Seien Sie kompromißlos ehrlich bei der Festlegung Ihres Auftreffsektors und bei der Beurteilung, ob die Kugel getroffen hat oder nicht; es bedarf guter Sehkraft und großer Konzentration, um die Auftreffnummer akkurat zu beobachten. Fangen Sie nicht damit an, die Resultate zurechtzubiegen, nur um Ihren Vorteil gut aussehen zu lassen.

Berechnung des tatsächlichen Vorteils (TV)

Nur wenn Ihr tatsächlicher Vorteil positiv ist, werden Sie auf Dauer gewinnen. Allerdings können Sie auch in einer solchen Situation zeitweise Geld verlieren. Ein kurzfristiger Verlust bei einem tatsächlichen Vorteil stellt eine unvermeidbare statistische Schwankung dar. Die Formel für den tatsächlichen Vorteil lautet:

$$TV = \frac{E}{N} \times \frac{36}{B} - 1$$

beziehungsweise troncbereinigt:

$$TV = \frac{E}{N} \times \frac{35}{B} - 1$$

Sie ist identisch mit der Formel für den Auftreffvorteil, abgesehen davon, daß die Auftreffzahl durch die Ergebniszahl ersetzt wurde. Allerdings sollte spätestens beim tatsächlichen Vorteil der Tronc berücksichtigt werden, so daß in der Formel statt der 36 eine 35 stehen muß.

Numerisches Beispiel: Nehmen wir an, Sie würden bei jedem Coup drei Passe-Nummern, jeweils zufällig aus einem Sektor von fünfzehn Nummern ausgewählt, tatsächlich spielen. Die Spielphase betrage 185 Coups, und die Kugel lande 86mal im prognostizierten Fünfzehnersektor. Als tatsächlicher Vorteil (ohne Tronc) ergibt sich:

$$TV = \frac{86}{185} \times \frac{36}{15} - 1 \approx 8,5\,\%$$

Wenn Sie im Laufe Ihres Spiels einen positiven tatsächlichen Vorteil halten, werden sich ab und zu «dramatische» Gewinne einstellen. Dabei überkommt Sie ein Gefühl, als hörte ein Bankomat nicht mehr auf, Scheine auszuspucken. Kaum etwas ist so belebend wie eine Reihe von Adrenalinstößen während einer kurzen obszönen Gewinnphase.

Lernen, aufspüren, spielen und «spielen»

Im folgenden werden wichtige allgemeine Aspekte für die erfolgversprechende Implementierung einer *physikalischen Beobachtungsmethode* diskutiert, vornehmlich Nützliches für die Kesselguckermethode und das Wurfweitenspiel. Es gibt drei grundlegende Schritte, die Sie in Betracht ziehen müssen, wenn Sie eine Methode mit positiver Erwartung im praktischen Casinospiel realisieren wollen:

1. eine Lernstrategie,
2. eine Aufspürstrategie,
3. eine Spielstrategie.

Lernstrategie

Ihr erster Schritt wird es sein, jene Geschicklichkeiten zu lernen, die Sie zur Anwendung der Methode benötigen. Ich schätze, daß ein motivierter Spieler damit rechnen kann, die grundlegenden Geschicklichkeiten für die Prognose in etwa vierzig Stunden Beobachtung und Praxis zu lernen. Ein guter Videofilm mit einer ausreichenden Anzahl von Coups – besser noch ein Originalkessel – ist sehr förderlich und bequem. Aber natürlich können Sie auch gleich ins Casino gehen und am «lebenden Objekt» studieren.

Auch die Geschicklichkeit, die erforderlich ist, um die Einsätze rechtzeitig anzubringen, muß trainiert werden. Machen Sie sich ein Tableau, legen Sie sich Spielmarken zu, und üben Sie das Aussetzen von Nummernsektoren auswendig. Pflastern Sie das Tableau einigermaßen voll, bevor Sie Ihren prognostizierten Sektor belegen; das simuliert den Tableauzustand im Casino besser.

Dieses Lernprogramm wird einige Wochen in Anspruch nehmen. Gehen Sie auch ins Casino, und beobachten Sie alle möglichen Betriebsbedingungen: Handhabung des Geräts und der Kugel, Absagezeitpunkt usw. Wenn Sie das Gefühl haben, Sie sind für einen praktischen Einsatzversuch bereit, spielen Sie, aber setzen Sie nur kleine Stücke; sorgen Sie sich in dieser Phase keinesfalls um Gewinn oder Verlust. Es geht zunächst nur darum, als rationaler Spieler ein Gefühl für das gesamte Casinogeschehen zu entwickeln. Aber verhalten Sie sich stets so, daß Sie jederzeit wieder unauffällig am selben Ort agieren können.

Aufspürstrategie

Die meiste Zeit im Casino werden Sie auf das Aufspüren und Analysieren von Kessel-Kugel-Croupier-Kombinationen verwenden. Vergessen Sie nicht, daß nur wenige dieser Kombinationen günstig genug sind, um vernünftige Prognosen stellen zu können. Sie müssen lernen, unerwünschte Bedingungen rasch zu erkennen und zu meiden. Als generelle Regel gilt, daß es wichtiger ist, Zeit auf die Suche nach neuen guten Gelegenheiten zu verwenden, als sich auf einen speziellen Kessel zu versteifen. Alles, was Sie tun müssen, ist zu bestimmen, ob ein Kessel unter gewissen Bedingungen besiegt werden kann oder nicht. Haben Sie bei einem Kessel potentiell gewinnbringende Bedingungen gefunden, so kann es durchaus sein, daß Ihnen noch mehr Daten über diesen Kessel nicht notwendigerweise mehr Hilfe bieten. Sie sollten Ihre Suche ständig fortführen. Die Bedingungen ändern sich von Tag zu Tag, von Stunde zu Stunde. Ihr Geschicklichkeitsniveau wird laufend besser, und dann werden Sie auch Bedingungen in den Griff bekommen, die Sie früher für unbesiegbar gehalten hatten; wenn Sie zum Beispiel die Prognose des Fallpunktes beherrschen, wird sich Ihnen eine ganz neue Welt offenbaren, eine Perspektive, aus der Ihnen Kessel in einem anderen Licht erscheinen.

Vor allem sollten Sie eine disziplinierte Aufspürstrategie entwickeln, die Ihrer Persönlichkeit und Ihren Zeitbeschränkungen angepaßt ist. Es sollte eine regelmäßige Beschäftigung sein, idealerweise jeden Tag eine Zeitlang. Nach zwei oder drei Monaten werden Sie auch besondere Effekte sehen, und die (für Sie sichtbaren) vorteilhaften Gelegenheiten werden automatisch zahlreicher. Das steigert nicht nur Ihre Selbstsicherheit, sondern auch Ihre Motivation. Nichts ist beflügelnder als der Erfolg.

Spielstrategie und Rollenspiel

Wenn Sie dann beschließen, eine Kessel-Croupier-Kombination zu bespielen, sollten Sie ein ganz klares Bild von Ihrer beabsichtigten Vorgehensweise haben. Sie sollten genau wissen, welche Charakteristika Sie in Betracht ziehen und wie Ihre Aktionen und Setztechnik beschaffen sein werden.

Achten Sie auf die Tarnung im generellen Verhalten und mittels Tarnsätzen. (Das gilt selbstverständlich nur, wenn Sie eine Methode mit positiver Erwartung haben. Andernfalls gibt es ja nichts zu tarnen.) *Spielen Sie eine Theaterrolle*, zum Beispiel die des Systemspielers. Casinos lieben Systemspieler. Notieren Sie dieses und jenes. Zeigen Sie sich etwas frustriert oder unentschlossen bezüglich der Nummern, die Sie spielen möchten; damit liefern Sie eine (unausgesprochene) Erklärung für Ihr spätes Setzen und fördern Duldung seitens des Personals. Oder geben Sie sich als naiver Anfänger, auch und besonders während einer Gewinnsträhne: eine schlaue und die einzige Bluff-Strategie, die Sie im Roulette erfolgreich anwenden können.

Eine andere Rolle, die Sie spielen können, falls Ihr Temperament sich dazu eignet, ist die des Zockers. Casinos lieben auch Zocker – wenn sie nicht randalieren. Zocker befürchten stets, einen potentiell gewinnbringenden Einsatz zu verpassen, während die Kugel ihrem Ende entgegenrollt, und pflastern bis zum letzten Moment das Tableau. Und sie haben immer auch Glückssträhnen – eine natürliche Tarnung.

Auch die Rolle des Mauerblümchens am Tischende, zwei bis vier Passe-Nummern setzend, eignet sich gut. Man rede sich ein, unsichtbar zu sein, und versuche, mit niemandem zu plauschen. Ein eingeschüchterter Tourist. In Casinos sind diskret-introvertierte Spieler sehr willkommen.

Vermeiden Sie auf jeden Fall Rollen, die nicht Ihrem Charakter entsprechen. Wenn Sie in den Grundzügen zum Beispiel eher ein nachdenklich-technischer Typ sind, wird Ihnen die Rolle des Zockers vermutlich nicht überzeugend gelingen. Und wenn Sie als gestreßter Manager gewohnt sind, immer über die Maßen beschäftigt zu sein, wird Ihnen das Casino die Rolle des naiven Mauerblümchens kaum abkaufen.

Bei jedem Kessel, den Sie bespielen, müssen Sie die jeweilige Gesamtsituation beurteilen und entscheiden, welcher der beiden Strategien – Plünderung oder maßvolle Nutzung – Sie die Priorität geben. Die Plünderungsstrategie besteht darin, einen maximalen Gewinn in kürzester Zeit zu realisieren, ohne geringste Rücksicht auf Tarnung, während das «konservative» Verhalten Ihnen die Tür für ein unauffälliges Wiederkommen offenhält. Die Plünderungsstrategie ist eine Politik der verbrannten Erde, die Sie nur dann in Betracht ziehen sollten, wenn Sie der Meinung sind, es wäre Ihre einzige und letzte Chance. Sie hämmern, was das Zeug hält, bis Sie unwiderruflich gestoppt werden. Nehmen wir beispielsweise an, Sie wüßten zuverlässig, daß ein Casino demnächst neuartige Kessel erhalten wird, die die Anwendung Ihrer Methode nicht mehr ermöglichen. Was gibt es hier noch zu bewahren?

Setztechniken und Tarnung

Wenn Sie gewisse Verhaltensweisen nicht sorgfältig tarnen oder die Auswirkungen bestimmter Aktionen beim Spiel nicht beachten, dann wird Ihr Leben als rationaler Spieler ein rauhes und schwieriges werden – oder auch ein sehr kurzes. Deshalb ist es überaus wichtig, sich über Setzstrategien Gedanken zu machen, die Ihre Handlungen tarnen und Sie wie einen normalen Roulettespieler (also meistens im Verlust) erscheinen lassen.

Ich habe die drei grundlegenden Setztechniken auf Sektoren bereits angedeutet:
1. Setztechnik mit kleiner Varianz oder Streuung (größere Sektoren, kleinere Hebelwirkung);
2. Setztechnik mit großer Varianz oder Streuung (kleinere Sektoren, größere Hebelwirkung);
3. Streusetztechnik.

Dies sind die drei möglichen Grundtypen des Setzens, mit denen wir uns nun beschäftigen werden. Jedes erdenkliche Setzschema ist eine Kombination aus diesen Grundtypen.

Die *Setztechnik mit kleiner Varianz* ist technisch gesehen die korrekteste: Sie setzen sieben oder mehr benachbarte Nummern eines Kesselbogens im Bereich Ihrer Prognose. Die Bezeichnung «mit kleiner Varianz» besagt, daß Ihr Spielkapital bei einer größeren Anzahl bespielter Nummern sehr wahrscheinlich nur relativ kleine Schwankungen durchlaufen wird. Sie arbeiten mit mehr Einsatzstücken, und Sie werden mit größerer Wahrscheinlichkeit konstant gewinnen. Das ist jedoch auch eine sehr augenfällige Setzform, die das Casino darauf hinweist, daß Sie ein (visueller oder elektronischer) Ballistiker sind.

Es gibt prinzipiell zwei Möglichkeiten, diese Setztechnik durchzuführen: Entweder Sie bespielen variable Sektoren mit der prognostizierten Nummer in der Mitte, oder Sie teilen den Nummernkranz von vornherein in feste Sektoren ein und setzen jeweils auf denjenigen, der die prognostizierte Nummer enthält. Das Spiel auf Serien zählt zur zweiten Möglichkeit, auch stellt es eine Setztechnik mit sehr kleiner Varianz dar, aber bei den Serien spielen noch andere Überlegungen eine entscheidende Rolle (wir haben den katastrophalen Effekt einer Verbreiterung des Prognosesektors auf den Vorteil schon diskutiert).

Die *Setztechnik mit großer Varianz* ähnelt äußerlich der mit kleiner Varianz, allerdings mit dem Unterschied, daß Sie hier nur eine bis maximal fünf (benachbarte) Nummern bespielen. Diese Setztechnik hat ein paar bestechende Vorteile. Ihr Vorteil ist am ergiebigsten; für das Personal und Außenstehende ist sie ziemlich schwer zu erkennen, wenn Sie geschickt vorgehen; und Sie können sie von jedem Sitz des Tisches aus praktizieren. Ihr Nachteil besteht darin, daß Sie sehr große statistische Schwankungen in Kauf nehmen müssen, bevor sich die positive Erwartung auf Dauer einstellt.

Bei der Setztechnik mit großer Varianz (und bei mehr als einer einzigen gesetzten Nummer) spielt es kaum eine Rolle, ob Sie variable oder fixe oder gar *durchlöcherte* Sektoren bespielen, sofern sich die gesetzten Nummern innerhalb eines geringen Abstandes von Ihrer prognostizierten Nummer befinden. Sie fahren auf Dauer genausogut, wenn Sie stets entweder drei Manque- oder drei Passe-Nummern wählen – und Sie tarnen sich damit auch noch, da Sie nach außen hin praktisch wie ein Systemspieler auf niedrige oder hohe Nummern setzen.

Die *Streusetztechnik* hat einen ganz eigenen Reiz. Sie besteht darin, zwischen sechs und zwölf Nummern innerhalb einer Kesselhälfte zu setzen. Es ist also eine Setztechnik auf eine *durchlöcherte Kesselhälfte*. Dies setzt voraus, daß die Kugel die prognostizierte Kesselhälfte zu mindestens 60 Prozent auch wirklich trifft.

Die Vorteile liegen auf der Hand: Sie bringen mehr Bewegung und Einsatz ins Spiel, und Ihre Setzmuster sind gut getarnt, da sie aussehen wie die eines Systemspielers. Der Nachteil der Streusetztechnik liegt darin, daß Sie relativ viel Spielkapital brauchen, und das hat zwei Gründe: Zum einen bespielen Sie mehr Nummern, wobei die Kugel auch mal gehäuft in die Löcher hineinfällt, und zum zweiten ist Ihr prozentueller Vorteil bei einer Kesselhälfte bekanntlich geringer als bei einem engeren Sektor.

Wie sollte die jeweilige Kesselhälfte nun bestimmt werden? Als eine Möglichkeit bietet sich natürlich an, daß die ungefähre Mitte der Kesselhälfte jeweils die prognostizierte Nummer bildet. Eine andere Me-

thode besteht darin, vier fixe Kesselhälften festzulegen, die zum Beispiel um die Nummern 0, 34, 10 und 9 zentriert sind.

Ihre prozentuale Gesamterwartung bei der Streusetztechnik wird geringer ausfallen, aber das wird mehr als wettgemacht durch die natürliche Tarnung, die Ihnen diese Spieltechnik beschert.

Tarnsätze

Tarnsätze sind Einsatzstücke, die Sie auf das Tableau setzen, bevor Sie
Ihre Prognose stellen, damit Außenstehende oder Spielaufseher denken
mögen, Sie seien ein *normaler* Spieler. Das ist manchmal sinnvoll, denn
schließlich sind Verluste die beste Tarnung. Jeder Tarnsatz kostet Sie
im Mittel 5,4 Prozent des gesetzten Betrags.

Für Streusätze und Sätze mit großer Varianz (kleinere Sektoren) sind
Tarnsätze meistens unnötig, da diese Setztechniken obskur genug erscheinen; für Sätze mit kleiner Varianz (größere Sektoren) dagegen
sind sie zumeist notwendig. Und so könnten Sie Tarnsätze, Prognoseerstellung und Sätze aufgrund der Prognose handhaben, etwa vom mittleren Sitz aus: Zuerst muß das Verhältnis Tarnsätze/Prognosesätze
nach oben beschränkt werden; Sie sollten für jedes Tarnstück mindestens drei Prognosestücke setzen, da die Tarnung sonst zuviel aufzeh-
ren würde. Im Moment des Kugelwurfs oder kurz zuvor könnten Sie
einen Tarnsatz auf ein Nummernfeld (Plein, Cheval, Carré, Transversale pleine) im Passe-Bereich plazieren; anschließend setzen Sie ein
Stück im Manque-Bereich und koordinieren Ihre Bewegungen so, daß
Sie den Kesselbereich gut und unauffällig überblicken und Ihre Prognose stellen können. Sodann können Sie quer über das Tableau die
fünf bis maximal sieben Nummern des Prognosebereichs *ergänzen*, mit
zwei oder mehr Stücken pro Nummer und ohne während der letzten
drei, vier Kugelumläufe einen Blick in Kesselrichtung zu werfen. Zum
Schluß könnten Sie noch ein Stück auf ein Carré oder auf eine Transversale legen.

Der Trick bei dieser Technik besteht darin, alle genannten Aktionen
scheinbar nahtlos ineinander übergehen zu lassen und nicht wie gebannt in den Kessel zu starren, wenn Sie Ihre Prognose machen. Die
Fähigkeit zu antizipieren, der nur flüchtige Blick auf den Kessel während der Prognoseerstellung muß trainiert werden. Dabei können Sie

möglicherweise keine so präzise Vorhersage treffen wie durch auffälliges Fixieren, aber das machen Sie wieder wett durch die beste Setztechnik. Einem Außenstehenden erscheint Ihr Verhalten wie das eines normalen Zockers. Wenn Sie nicht übermäßig hohe Gewinne einstreichen und wenn Sie hin und wieder auch einen Tarnsatz gewinnen, müßten Sie diese Strategie über einige Stunden Qualitätsspiel durchhalten können – ohne Zurückweisung oder sonstigen Ärger. Leert sich der Tisch langsam, dann sollten auch Sie gehen.

Gewinne im physikalischen Roulette bergen hohe Risiken

Alle physikalischen Methoden im nichtklassischen, real existierenden Roulette haben dank erfaßbarer relevanter Abweichungen vom Zufall größere Gewinnchancen als die herkömmlichen Techniken. Das ist aber nur die halbe Wahrheit, und «die halbe Wahrheit ist nie die Hälfte einer ganzen», sagte schon der schlaue Waggerl. Zur ganzen Wahrheit gehören noch zwei weitere Aspekte: zum einen das größere Verlustrisiko, zum anderen die in der Praxis schwierigeren Durchführungsbedingungen.

Betrachten wir zuerst die Verlustrisiken. Bei herkömmlichen Spielsystemen genügt es, sich die konstante Erwartung zu vergegenwärtigen: sie ist negativ, unabhängig von irgendwelchen Aktionen, die das Spielsystem vorschreibt – Märsche, Progressionen nach Verlust oder Gewinn, Überlagerungen, Degressionen, Stellentilgung, Einsatz nach ausgetüftelten Signalen usw. Umgekehrt aber wird es nicht gelingen, eine signifikant und einigermaßen konstant größere als die übliche Verlustrate zu erreichen. Der «Gegenmarsch» hat die gleiche Verlusterwartung wie der Marsch selbst, und so ist es auch bei «Anti-Progressionen», bei Nichtbeachtung von Einsatzsignalen, beim Spiel «gegen die Bank» und «mit der Bank». «Gegen die Bank» verliert der Spieler, und «mit der Bank» gewinnt die Bank, hier kann man nie falsch liegen. Jedes herkömmliche System verliert, und keines hat ein «Gegenteil», das zu einer positiven Erwartung Anlaß gäbe.

Bei physikalischen Methoden, die ja gerade Zufallsabweichungen erfassen, um zu einer positiven Erwartung zu gelangen, sieht die Kehrseite der Medaille ganz anders aus: Hier kann man richtig Schiffbruch erleiden, bedeutend mehr verlieren als bei Allerweltssystemen, nämlich dann, wenn man *falsch liegt*. Daß man hier überhaupt falsch liegen kann, zeigen ausführlich einige Abschnitte dieses Buches:

- Beim Kesselfehlerspiel genügt eine unvorsichtige Kesselidentifikation (ebenso wie eine Permanenzerfassung, ohne die beiden Drehrichtungen zu vermerken), und schon rennt man ins Messer, ein Effekt, der darauf zurückzuführen ist, daß die Stichproben nicht aus derselben Grundgesamtheit geschöpft werden.

- Beim Wurfweitenspiel ist das Risiko noch größer, einerseits, weil zwischen Datenerfassung und Einsatz nicht viel Zeit bleibt, und andererseits, weil sich die Bedingungen – und daher auch die Daten – laufend ändern. Die Wanderungstendenz des Wurfweitenschwerpunktes *(Alles fließt!)* ist die häufigste und subtilste Ursache für diese dynamischen Änderungen.

- Auch wer sich rein ballistischer Methoden (Kesselguckerspiel und Meßballistik) bedient, die unter vernünftigen Durchführungsbedingungen die besten Gewinnaussichten haben, riskiert noch viel, wenn ein Kugeltausch oder eine veränderte Handhabung durch den Croupier nicht rechtzeitig bemerkt werden.

Aber nicht nur die höheren Verlustrisiken bei physikalischen Methoden sind eine Kehrseite der größeren Gewinnmöglichkeiten im Vergleich zu herkömmlichen Systemen, sondern auch die erschwerten Durchführungsbedingungen in der Casinopraxis. Bei der Beschreibung des Kesselfehlerspiels kam dies ja sehr deutlich zum Ausdruck: Werden die Einsatzeinheiten klein gehalten, lohnt sich der ganze Aufwand nicht. Geht man zu großen Einsätzen über, erregt man rasch die Aufmerksamkeit der Spielbankangestellten, und es dauert in der Regel nicht sehr lange, bis der Zufall wiederhergestellt ist.

Schon oft habe ich erlebt, wie plötzlich beste Durchführungsbedingungen für das Wurfweitenspiel durch einen diskreten Befehl des *Chef de table* oder, wenn der gerade gedöst hatte, des *Chef de salle* zerstört wurden. Bei den rein ballistischen Methoden wird man unversehens aufgefordert, früher zu setzen – auch wenn die Spielabsage noch nicht erfolgt ist: ein Wink mit dem Zaunpfahl an den Wurfcroupier, sein *Rien ne va plus* früher zu verkünden. Und dann geht wirklich nichts mehr.

All diese durchaus verständlichen Gegenmaßnahmen der Spielbanken sind nur ein Teilaspekt der erschwerten Durchführungsbedingungen. Der andere Aspekt ist ein vielleicht noch größeres Problem: Es liegt in der Psychostruktur des Spielers selbst und betrifft sein Vermögen (beziehungsweise Unvermögen), sich in Geduld zu fassen, das zudem ständig vom Zweifel geplagt wird, ob sich die Bedingungen nicht bereits geändert haben. Der nach physikalischen Methoden operierende Spieler könnte sehr gut die stoische, aber nutzlose Geduld eines hoffnungslos selbstsicheren Spielers gebrauchen, der sich einen starren Marsch mit untrüglichen Einsatzsignalen auf einfachen Chancen ausgedacht hat.

Ballistikelemente für Computerprogramme: fünfter agonaler Angriff

Die Anatomie des Kugellaufs und das Sprungverhalten

Um die Trefferwahrscheinlichkeit bei einem beliebigen, auch fehlerfreien Roulette wirksam zu erhöhen, genügt keineswegs die Einsicht, daß man es mit einem Problem sich bewegender Projektile, also mit einem Problem der Ballistik, zu tun hat, noch handelt es sich um eine Frage des Einsatzes geeigneter Minicomputer. Viel wichtiger und grundlegender ist die Analyse der Gesetzmäßigkeiten des Kugellaufs, physikalisch und statistisch gesehen.

Anfang 1977 vor die Frage gestellt, wie ich mehr über das Roulette erfahren konnte, als publik war, wie sich also das ballistische Roulette methodisch erschließen ließ, zeichnete sich rasch das geeignete Mittel ab: Nahfilmaufnahmen von Coups in Zeitlupe – die beste und bequemste Methode, *gründlicher hinzusehen.*

Während die bestellten Utensilien nach und nach eintrafen, präzisierte sich meine geplante Arbeitsmethodik: Die Filmaufnahmen sollten mir beim Aufbau des Ballistikprogramms anfänglich die wichtigste Stütze sein. Zu diesem Zweck hatte ich bereits ein optisches Linsensystem entwickelt, das es mir erlaubte, die leuchtende Anzeige der Uhr gut sichtbar in eine Ecke der Filmbilder einzublenden.

Nun konnte ich mit meinen Untersuchungen beginnen. Den Anfang bildeten ganz einfache Beobachtungen. Sehr bald wurde mir das erste *Geheimnis des Sichtbaren* bewußt, nämlich daß der Kugellauf von Anfang bis Ende in zwei Phasen unterteilt werden kann: einen vorwiegend deterministischen Ablauf bis zur Kollision mit einer der senkrechten Rauten und einen vorwiegend stochastischen, zufälligen Ablauf nach der Kollision. In der zweiten Phase *streut* die Kugel, und dieses Streuverhalten betrachten wir nun zuerst.

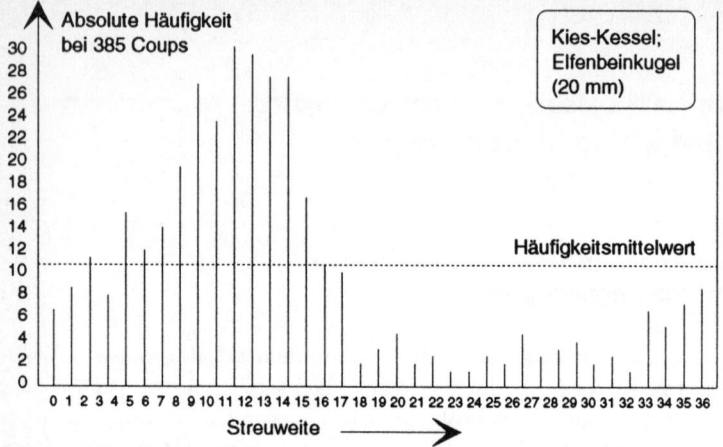

Abb. 22: Stabdiagramm zur Streuweitenverteilung bei stillstehender Scheibe. Die Streuweite eines Coups wird von der Kollisionsraute aus in Kugellaufrichtung gezählt.

Die Streuweitenverteilung als Sprungverhalten der Kugel

Um unser Augenmerk auf das Wesentliche richten zu können, werfen wir einige hundertmal die Kugel bei stillstehender Scheibe. Das ist natürlich nur eine erste Annäherung an die Wirklichkeit. Dabei fertigen wir eine einfache Strichliste an: Ausgehend von der jeweiligen Kollisionsraute, tragen wir bei jedem Coup die *Streuweite* auf, das heißt die Anzahl der Nummernfächer (in Kugellaufrichtung) zwischen der Kollisionsraute und dem Fach, das die Kugel schließlich aufnimmt. Nach wenigen Würfen wird uns klar: Im Einzelfall ist die Streuweite unberechenbar, aber im Laufe der Würfe kommen bestimmte Streuweiten signifikant häufiger vor als andere. Die Streuweiten sind also alles andere als gleichverteilt. Um zu sehen, wie ihre empirische Verteilung aussieht, brauchen wir nur unsere Strichliste graphisch darzustellen (Abbildung 22).

Wäre ein Spieler bei stillstehender Scheibe in der Lage, die Kollisionsraute mit Sicherheit richtig vorherzusagen, so könnte er eine Umsatzrendite von über 100 Prozent erzielen: Er bräuchte nur im Bereich der maximalen Streuweitenverteilung Einsätze zu tätigen. Und selbst wenn es ihm nur in zwei von drei Fällen gelänge, die richtige Kollisionsraute vorherzusagen, wäre seine Umsatzrendite noch mindestens fünfzehnmal so hoch wie die der Spielbank.

Die Scheibe steht aber in der Praxis nicht still. Deshalb fragen wir uns, wie sich die Verteilung in Abbildung 22 wohl verändern mag, wenn die Scheibe rotiert. Man wird erwarten müssen, daß sich die Verteilung etwas abflacht und daß sich ihr maximaler Bereich etwas nach rechts, also in Kugellaufrichtung, verschiebt. Denn die Streuweiten können durch die gegenläufige Scheibe im Mittel nur länger werden, und zwar um etwa den Weg, den die Scheibe zurücklegt, während die Kugel streut. Bei langsamer Scheibe wird die Verteilung ihr Aussehen nur unwesentlich verändern, bei sehr schneller Scheibe dagegen wird sie sich schließlich derart abflachen, daß sie näherungsweise die Gestalt einer Gleichverteilung annimmt. Eine Gleichverteilung der Streuweiten bietet aber keine Möglichkeit mehr, eine höhere als die übliche Trefferwahrscheinlichkeit zu erzielen, und zwar auch dann nicht, wenn der deterministische Teil des Kugellaufs bekannt wäre.

Die Streuweitenverteilung hängt im wesentlichen von der Scheibengeschwindigkeit ab und nicht so sehr von der Beschaffenheit der Kugel und dem Kesselfabrikat. Bei steileren Kesseln spielt die Scheibengeschwindigkeit allerdings eine geringere Rolle als bei Kesseln der flacheren Bauart. Wichtigste Voraussetzung für eine positive Erwartung mittels der Ballistik ist, daß die Streuweitenverteilung nicht zu nahe an eine Gleichverteilung herankommt; die Rotorgeschwindigkeit darf also nicht zu groß sein.

Die Eigenheiten des Kugellaufs

Nachdem ich gesehen hatte, daß die Streuweitenverteilung unter den üblichen Bedingungen weit von einer Gleichverteilung entfernt ist, untersuchte ich die Wurfarten näher, wobei ich das Augenmerk zuerst hauptsächlich auf das Streuverhalten der Kugel richtete. Ich unterschied zwischen *Zahlenläufen, Rücksprüngen, Mehrfachkollisionen* und *regulärem Streuverhalten*.

Ein *Zahlenlauf* findet statt, wenn die Kugel nach der Kollision mindestens einen Umlauf auf dem Nummernkranz absolviert. Die Ursache hierfür ist, daß die Kugel nach erfolgter Kollision einen ganz bestimmten Streuwinkel einnimmt. Bei dem alten Kessel, an dem ich meine Untersuchungen durchführte, war das in rund 20 Prozent aller Würfe der Fall.

Zu *Rücksprüngen* kommt es, wenn die Kugel im letzten Teil ihres Laufs durch eine Stegwand des (entgegenkommenden) Fächerkranzes so zurückgeworfen wird, daß die Streuweite sehr klein oder – eben durch den Rücksprung – gar «negativ» ist. Bei meinen Untersuchungen waren rund 8 Prozent aller Streuungen Rücksprünge. Bei kleineren, elastischen Kunststoffkugeln kann dieser Prozentsatz erheblich anwachsen, wie ich später feststellen mußte.

Bei *Mehrfachkollisionen* kollidiert die Kugel mit verschiedenen, auch waagrechten Rauten nacheinander. Das kommt vor, wenn sie zuerst eine Raute nur leicht antippt und mit einer der nächsten Rauten frontal zusammenprallt. In diesem Fall ist es ratsam, die zuerst leicht angetippte Raute als Kollisionsraute anzusehen, da die Kugel bei ihrer letzten Kollision meistens zurückgeworfen wird. Mehrfachkollisionen haben die Tendenz, die Streuweite zu vergrößern; aber die letzte Kollision verkleinert sie meistens durch den Rückwurf wieder, so daß bezüglich der zuerst angetippten Raute eine ganz *reguläre*, häufige Streuweite entsteht. (*Kompensationen* dieser Art finden bei den Kugelläufen häufig statt.) Rund 12 Prozent aller Streuprozesse waren Mehrfachkollisionen.

Ein ausgesprochen *reguläres Streuverhalten* zeigten rund 60 Prozent aller Würfe. Aber auch hier kamen Streuweiten zwischen 5 und 32 vor.

Zu Unregelmäßigkeiten des Kugellaufs kommt es aber auch häufig bereits vor der Kollision, also in der vorwiegend *deterministischen Phase*. Gewiß können die Croupiers die Kugel zu Beginn des Wurfes auch in beliebige Eigenrotationen versetzen. (Ich habe die Eigendrallbewegungen von gestreiften Kugeln in Zeitlupenaufnahmen studiert: Es ist aussichtslos, diese Effekte berechnen, geschweige denn vorausberechnen zu wollen. Hier hilft nur die Statistik weiter, um das häufigste, wahrscheinlichste Verhalten zu entdecken.) Eine *ideal* runde und homogene Kugel wird in einem *idealen* Kessel nach ein paar Umläufen durch die herrschenden gleichmäßigen Reibungsverhältnisse einen derartigen Spineffekt *abgebaut* haben, so daß sie nur mehr *reguläre*, wenn auch relativ komplizierte Rollbewegungen ausführen wird. Je idealer die Bedingungen, desto berechenbarer der Prozeß.

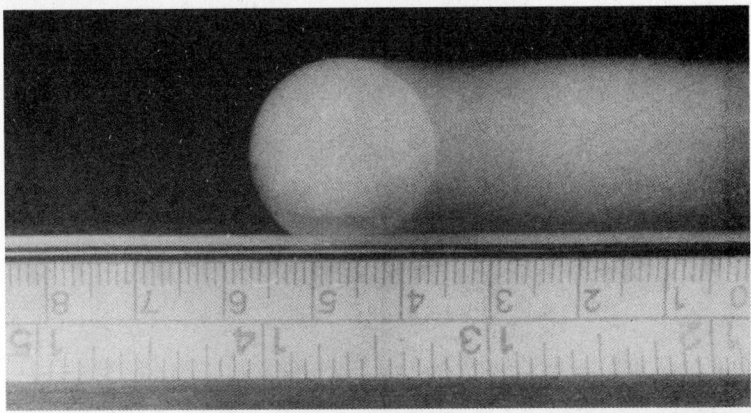

Abb. 23: Oben: Abrollvorgang einer «eiernden» Elfenbeinkugel. Unten wird der Streuvorgang einer Kugel festgehalten. Die Kugel stößt zuerst an eine waagrechte Raute, macht einen kleinen Sprung in die Höhe (in Augenrichtung des Betrachters), kollidiert dann «frontal» mit der nächsten senkrechten Raute, wobei sie stark nach unten abgelenkt wird (etwa 90 Grad) und ins Fach der Sieben hinunterstürzt. Durch ihren Schwung und durch ihre seitliche Kollision mit dem Trennungssteg zu der 29 springt sie jedoch aus dem Siebenerfach wieder heraus, rollt ein Stück den kegelförmigen Mittelteil hinauf und wieder hinunter, um schließlich vom Fach der Zwölf eingefangen zu werden, wo sie sich dann immobilisiert. (Aus Pierre Basieux, *Roulette im Zoom*.)

Die drei wichtigsten Variablen eines Coups

Nehmen wir nun die vorwiegend deterministische Phase des Kugellaufs unter die Lupe. Von den unzähligen Faktoren, die den Kugellauf bestimmen, sind die drei mit dem stärksten Einfluß für eine Analyse des Geschehens unverzichtbar.

1. die Geschwindigkeit der Kugel,
2. die Geschwindigkeit der Scheibe und
3. die relative Position von Kugel und Scheibe zueinander.

Diese drei meßbaren Faktoren müssen sich auf einen bestimmten Augenblick beziehen und bilden die ballistischen Anfangsbedingungen des Kugellaufs (was nicht bedeutet, daß unmittelbar zu Beginn des Wurfes gemessen werden muß). Doch läßt sich allein aufgrund dieser drei ballistischen Faktoren noch keine brauchbare Prognose stellen. Eine wirklichkeitsnahe Vorausberechnung bezieht noch zahlreiche im Kessel-Kugel-System herrschende Nebenbedingungen empirischer Art ein, zum Beispiel Verlangsamungen der Kugel und der Scheibe. Sind diese physikalischen Parameter aber bekannt, dann ist der Wurf im wesentlichen nur mehr eine Funktion der drei oben formulierten ballistischen Variablen.

Wie aber lassen sich diese Variablen nun kurz nach Beginn eines Wurfs schnell und einfach messen? – Gemessen werden müssen lediglich zwei Dinge: die Umlaufzeiten der Kugel und der Scheibe, bezogen auf einen festen Referenzpunkt im starren Teil des Kessels. Dieser Meßort kann eine senkrechte Raute sein. Sodann wird ein Fixpunkt auf der rotierenden Scheibe gewählt, mit dessen Hilfe die Scheibenumlaufzeit gemessen wird. Das grüne Zéro drängt sich sofort auf, da es optisch am auffälligsten ist. Die jeweiligen Umlaufzeiten der Kugel und der Scheibe können mit einer Impulstaste gemessen werden (oder mit zwei getrennten Impulstasten, eine für die Kugel und eine für die Scheibe). Eine einzige Impulstaste reicht aus, wenn die Meßreihenfolge stets gleichbleibend ist. Die dritte ballistische Größe, die relative Position von Kugel und Scheibe zueinander, ergibt sich über das Zeitintervall zwischen dem Passieren der Kugel und des Zéro an der Referenzraute. Diese Umsetzung kann aber ein geeignet programmierter Rechner schnell und bequem ausführen.

Für die nötigen Messungen, die Hochrechnung und für das Setzen bis zur Spielabsage muß genügend Zeit vorhanden sein. Das ist norma-

lerweise der Fall: Eine geworfene Kugel, die zwischen zwölf und fünfzehn Sekunden unterwegs ist, verläßt nach sieben bis neun Sekunden
den Kesselrand; das ist der späteste Zeitpunkt für das *Rien ne va plus*.
Die Messungen beanspruchen etwa fünf Sekunden ab Wurfbeginn, die
Hochrechnung selbst (auf einem Minicomputer) geschieht praktisch
augenblicklich, so daß für die Annonce oder das Aussetzen noch ein
paar Sekunden übrigbleiben.

Die paradoxe Rolle der Rauten

Angeblich wurden die Rauten vor geraumer Zeit angebracht, um eine
Vorausberechnung unmöglich zu machen. Das erscheint auf den ersten
Blick auch ganz plausibel. Denn der Kugellauf in einem rautenlosen
Kessel wäre meistens oder zumindest fast bis zum Schluß ein vorwie-
gend deterministischer Prozeß, was eine Vorhersage begünstigen
würde – sind wir geneigt zu meinen.

Ein anfänglicher, kleiner Meßfehler würde sich aber während des
viel längeren, spiralförmigen Hinunterrollens der Kugel *fortpflanzen*
und sich derart vergrößern, daß der Einfallbereich nur noch auf einen
halben Kesselsektor mehr oder weniger genau berechnet werden
könnte. Dies würde aber bedeuten, daß jeder mögliche Einfallbereich
nahezu gleich wahrscheinlich wäre, ein Ergebnis, zu dem der berühmte
Henri Poincaré bereits um die Jahrhundertwende kam. Es sind also
gerade die Rauten, die durch das *Abschneiden* von Meßfehlerfortpflanzungen eine brauchbare Vorausberechnung ermöglichen! Insofern scheinen sie eine äußerst paradoxe Rolle zu spielen, weil sie offensichtlich das Gegenteil dessen bewirken, wozu sie ursprünglich gedacht
waren. Das Abschneiden von Meßfehlerfortpflanzungen stellt jedenfalls einen Vorteil dar, der den Nachteil des durch die Rauten verur-
sachten Streuverhaltens der Kugel bei weitem übersteigt. Und es sind
nicht zuletzt auch die Rauten, die es erlauben, eine geringe günstige
Kesselschieflage zu erfassen und zu nutzen; dieser *Rauteneffekt* wird
im nächsten Abschnitt beschrieben.

Geringe Fehler bei der Messung der Scheibenumlaufzeit können
praktisch vernachlässigt werden. Nehmen wir eine Scheibenumlaufzeit
von etwa fünf Sekunden und einen relativ großen Meßfehler von einer
Zehntelsekunde an. Nehmen wir ferner an, die Restlaufzeit der Scheibe

bis zur Kugelkollision betrage noch etwa acht Sekunden. Dann ist die vorausberechnete Scheibenposition weniger als zwei Nummernfächer von der tatsächlichen Position entfernt, wie der Leser leicht nachrechnen kann.

Auch die Scheibenverlangsamung braucht meistens nicht berücksichtigt zu werden, besonders wenn die Scheibe nicht zu schnell und auch nicht zu langsam rotiert. Scheiben mit Umlaufzeiten zwischen drei und sieben Sekunden haben in der Regel eine weitgehend konstante Verlangsamung von etwa einer bis drei Hundertstelsekunden pro Umdrehung. Dafür sorgt das Präzisionskugellager.

Es kann natürlich vorkommen, daß sich alle denkbaren kleinen und größeren Fehler und Einflüsse in ungünstigster Weise verbünden, um einem das Leben schwerzumachen. Aber glücklicherweise haben, wie schon erwähnt, viele unabhängige Fehler die Tendenz, die Summe ihrer Auswirkungen zu minimieren.

Effekte und Kompensationseffekte

Der Rauteneffekt als Folge geringer Kesselschieflagen

Bei meinen Untersuchungen tarierte ich den Kessel aus, so gut es ging. Trotzdem konnte ich nicht verhindern, daß die Kugel mit einigen Rauten signifikant häufiger zusammenstieß als mit anderen. Dabei fiel mir auf, daß die häufigsten Kollisionsrauten meistens unmittelbar benachbart waren.

Zuerst führte ich diesen Vorfall auf die starke Abnutzung meines alten Kessels zurück. Dann fragte ich mich aber, ob nicht derselbe Effekt bei Kesseln in den Casinos auftrete. Also fuhr ich zur nächsten Spielbank und fertigte so viele Kollisionsstrichlisten an, wie Tische in Betrieb waren. Und siehe da: Alle hatten den gleichen, mehr oder weniger ausgeprägten Tick, den ich *Rauteneffekt* nannte.

Die Ursache für einen Rauteneffekt bei idealen und ideal angeordneten Rauten kann nur eine Kesselschieflage sein, also eine nicht vollkommen horizontale Kessellage – ein *Tilt*. Warum aber kommt das so häufig vor, obwohl doch die Kessel, wie die Spielbanken oft betonen, regelmäßig austariert werden? Es dauerte nicht lange, bis mir dieser Umstand plausibel erschien: Zum einen genügt, um den Effekt hervor-

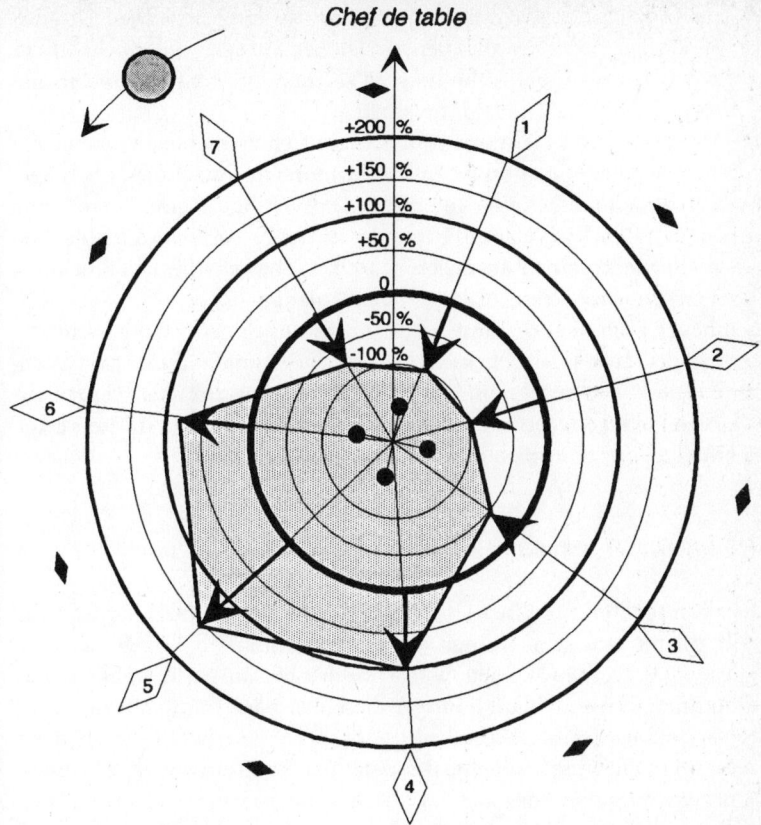

Abb. 24: Beispiel eines Kollisionsdiagramms (eine gewöhnliche Strichliste tut es auch). Die senkrechten (radial ausgerichteten) Rauten sind von 1 bis 7 durchnumeriert. Aufgetragen sind die relativen Häufigkeitsabweichungen vom Mittelwert.

zurufen, eine sehr geringe Schieflage von 0,15 bis 0,25 Grad, die sich angesichts der vielen Leute, die sich häufig auf den Tableaurand stützen, leicht einstellen kann, zum zweiten ist der Kugellauf gegenüber Kesselschieflagen empfindlicher, als es selbst gute Wasserwaagen sind. Die Lage des Rauteneffekts im Kessel ist manchmal abhängig von der

Kugelwurfrichtung, besonders bei etwas stärkeren Effekten. Deshalb empfiehlt es sich, für die beiden Drehrichtungen unterschiedliche Strichlisten anzulegen. Abbildung 24 zeigt ein typisches *Kollisionsdiagramm* eines Kessels mit Rauteneffekt.

Der Rauteneffekt läßt sich für das Kesselfehlerspiel nicht ausnutzen, weil die Scheibenposition im Kollisionsmoment stets als zufällig angesehen werden muß. Keine Spielbank der Welt hat je einen Pfennig an einen Kesselfehlerspieler aufgrund der Tatsache verloren, daß die Kessel nicht vollkommen austariert waren. Es besteht für die Spielbank kein Grund, ihre Kessel auszutarieren, solange – ja solange keine Kesselgucker kommen, die ihre Schätzungen auf diesen Effekt abstellen; und selbst dann ist dies keine wirksame Gegenmaßnahme. Im Gegenteil: Durch den regelmäßigen Versuch des Austarierens werden die Kesselschieflagen meist optimal klein gehalten, während starke Kesselschieflagen für den Spieler nicht mehr so günstig sind.

Kompensationseffekte

Der Rauteneffekt mußte vor allem mit Hilfe der Computer-Meßballistik gut nutzbar sein. Rauten, die einer bestimmten Kugelumlaufzeit zugeordnet werden können, würden selbst bei Unregelmäßigkeiten im deterministischen Ablauf häufiger dieselben oder zumindest unmittelbar benachbart sein. Dies bedeutet aber, daß die Auswahl zwischen den wahrscheinlichsten Kugelpositionen im Kollisionsmoment eingeschränkt wird. Und das kann wiederum nur zu einer höheren Trefferwahrscheinlichkeit führen.

Allerdings hat ein Rauteneffekt auch zur Folge, daß die zu einer bestimmten Kugelumlaufzeit gehörenden Kollisionszeiten mehr streuen und unschärfer sind. Das wirkt sich aber paradoxerweise bei relativ schwachen Rauteneffekten nicht spürbar aus. Schauen wir uns diesen Umstand genauer an.

Wir gehen von einer bestimmten Kugelumlaufzeit und von einem nicht zu starken Rauteneffekt aus, der dieser Kugelumlaufzeit mit großer Wahrscheinlichkeit eine bestimmte Kollisionsraute zuordnet. Nun betrachten wir den Bereich der Kollisionszeiten, die bei der gegebenen Kugelumlaufzeit vorkommen. Eine geringere Kollisionszeit als erwartet hat zweierlei zur Folge: Erstens ist die Bewegungsenergie der Kugel

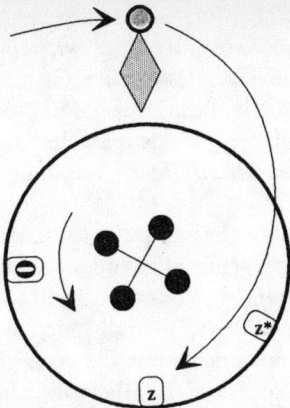

Abb. 25a: Der vorausberechnete Kugeleinfallbereich z befindet sich wegen der kleineren Kollisionszeit noch nicht im *Standardstreuweitenabstand* von der Kugel, wie z*. Aber durch die größere Streuweite strebt die Kugel trotzdem – mit relativ höherer Wahrscheinlichkeit – zum vorausberechneten Einfallbereich z.

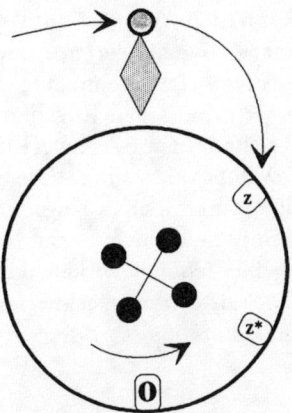

Abb. 25b: Der vorausberechnete Kugeleinfallbereich z hat den *Standardstreuweitenabstand*, in dem sich z* befindet, wegen der größeren Kollisionszeit bereits passiert. Aber durch die kleinere Streuweite strebt die Kugel trotzdem – mit relativ höherer Wahrscheinlichkeit – zum vorausberechneten Einfallbereich z.

im Kollisionsmoment überdurchschnittlich groß, was wahrscheinlich zu einer größeren Streuweite führt; aber zweitens befindet sich die entgegenkommende Scheibe wegen der kürzeren Kollisionszeit noch nicht ganz in der vorberechneten Position, so daß diese Differenz dazu tendiert, sich mit der größeren Kugelstreuweite auszugleichen! Das nennen wir einen *Kompensationseffekt*. Abbildung 25a veranschaulicht diesen Fall.

Bei einer längeren als der erwarteten Kollisionszeit ist der Sachverhalt umgekehrt, die Kompensationstendenz jedoch die gleiche: Die Bewegungsenergie der Kugel hat dann im Kollisionsmoment einen eher unterdurchschnittlichen Wert, so daß eine kürzere Streuweite sehr wahrscheinlich ist; andererseits hat die entgegenkommende Scheibe (wegen der längeren Kollisionszeit) die vorausberechnete Position im tatsächlichen Kollisionsaugenblick bereits passiert. Also ist auch hier eine Ausgleichstendenz wirksam, wie Abbildung 25b veranschaulicht.

Sehr starke Kesselschieflagen sind keineswegs so günstig, wie man nach den bisherigen Ausführungen glauben könnte. Nehmen wir einmal an, der Kessel sei so schief gelagert, daß die Kugel nur mit einer einzigen Raute kollidiert (so etwas gibt es tatsächlich). Dann wird aber die Kugel im Laufe der Zeit mit dieser Raute in allen Energiezuständen kollidieren: vom schwunghaften Antippen mit voller Energie bis zum müden Abfallen nach einer ausgehungerten Runde, wobei die Kugel dann allerdings noch eine letzte Beschleunigung erfährt. Jedenfalls ist das *Spektrum* der zu einer gemessenen Kugelumlaufzeit gehörenden Kollisionszeiten einfach zu breit (eine oder zwei Kugelumläufe) und die Kompensation eines Vorlaufs oder einer Verzögerung zu unwahrscheinlich, da die Scheibe während eines Kugelumlaufs einen beachtlichen Weg zurücklegt. Und die kleinste Unregelmäßigkeit – oder ein kleiner Meßfehler – kann hier schon bewirken, daß die Kugel eine Umdrehung mehr oder weniger als vorausberechnet absolviert. Die Kesselgucker nennen dies einen *Umdrehungsirrtum*.

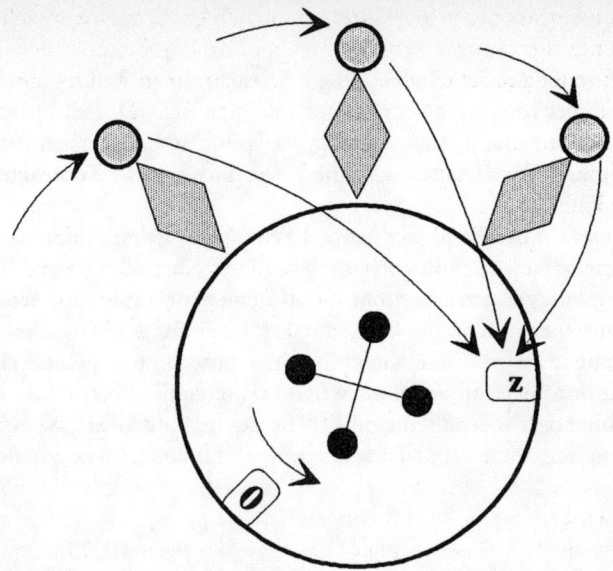

Abb. 26: Wahrscheinliche Kompensationstendenzen zwischen verschieden langen Kugelbahnen (zu den verschiedenen Kollisionsrauten) und den tendenziell dazugehörigen Streuweiten bei Vorliegen eines kleinen Rauteneffekts. Genaugenommen ist die Scheibenposition in den drei Fällen nicht identisch, sondern geringfügig verschieden.

Haben wir es dagegen mit einem *kleinen*, üblichen Rauteneffekt zu tun, bei dem vorwiegend drei benachbarte Rauten getroffen werden, so stehen die Chancen viel besser, denn dann kommen wieder sehr wahrscheinliche Kompensationen zum Zuge. Kollidiert die Kugel nicht mit der vorausberechneten Raute, sondern eine Raute früher, so besteht die Tendenz einer etwas größeren Streuweite; kollidiert sie eine Raute später, so tendiert sie dazu, kürzer zu streuen. Abbildung 26 veranschaulicht auch diesen Fall.

Genauigkeit ist nicht Wahrheit

Bereits zu Beginn der ballistischen Betrachtungen ist uns klargeworden, daß der funktionale Zusammenhang zwischen Kugelumlauf- und Kollisionszeit nicht nur wichtig, sondern unentbehrlich für eine brauchbare Vorhersage ist. Sehen wir uns diesen Zusammenhang etwas näher an.

Wir waren bereits zu der groben Erkenntnis gelangt, daß die Kollisionszeiten bei zunehmenden Kugelumlaufzeiten abnehmen. Machen wir folgendes Experiment: Mit Hilfe einer Stoppuhr, die eine Zwischenzeit speichern kann, messen wir das Zeitintervall zwischen einem beliebigen Passieren der Kugel an einer bestimmten Kesselstelle und dem Kollisionsmoment, wobei wir eine Kugelumlaufzeit als Zwischenzeit stoppen. Wir erhalten eine Tabelle der folgenden Art, wobei $t(KG)$ die Kugelumlaufzeit und T die Gesamtzeit bis zur Kollision bedeuten:

$t(KG)$	T	$t(KG)$	T
1,15	8,40	0,91	8,85
0,93	9,65	0,85	9,60
1,22	9,05	1,35	7,55
0,97	8,60	0,84	8,45
1,30	7,45	1,08	8,68
1,24	7,61	1,13	8,00
0,98	7,60	0,98	9,22
1,05	8,33	0,88	9,26
1,02	8,70	1,26	7,75
1,18	7,78	0,86	10,75

Dies sind also zwanzig Messungen. Die Kollisionszeit, das heißt die Restlaufzeit der Kugel nach der gemessenen Kugelumlaufzeit bis zur Kollision, ergibt sich, indem von der Gesamtzeit T die Kugelumlaufzeit $t(KG)$ abgezogen wird. Die funktionalen Abhängigkeiten $T = T(t)$ und $T = T(T - t)$ sind aber identisch, weshalb wir T nicht zu $T - t$ zu transformieren brauchen. Um nun ein Schaubild dieses funktionalen Zusammenhangs zu erhalten, tragen wir die Paare $(t(KG), T)$ als Punkte in ein rechtwinkliges Koordinatensystem ein. Abbildung 27 stellt diese Graphik dar.

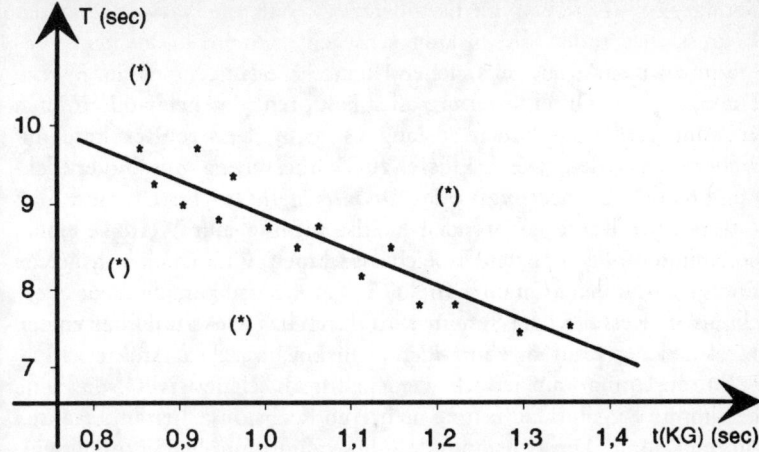

Abb. 27: Eintragung der Meßwertpaare (t(KG), T) als Punkte in ein Koordinatensystem. Die in Klammern gesetzten Wertepaare stellen Ausreißer dar.

Bei den Wertepaaren kommen vier offensichtliche Ausreißer vor, die ich in Klammern gesetzt habe. Die übrigen sechzehn Wertepaare bilden einen länglichen, abfallenden Punkteschwarm, durch den wir uns leicht eine Gerade gezogen denken können, wie in der Abbildung eingezeichnet. Um die Parameter für diese Gerade zu erhalten, gibt es ein elementares Verfahren, das die *Methode der kleinsten Quadrate* genannt wird. Sie ermittelt diejenige Gerade, durch die der Punkteschwarm am besten angenähert wird. In vielen wissenschaftlichen Taschenrechnern ist das Verfahren einprogrammiert, so daß nur die Wertepaare nacheinander eingegeben werden müssen, um die Parameter der gesuchten *Regressionsgeraden* zu erhalten.

Tatsächlich schrieb ich im Frühjahr 1977 mein erstes Programm zur Vorausberechnung des wahrscheinlichsten Einfallbereiches der Kugel unter Verwendung dieser Regressionsgeraden. Deren zwei Parameter mußten zu Beginn ermittelt und in den Minicomputer eingetippt werden.

Insgesamt befriedigten mich die damit erzielten Ergebnisse aber nicht, weil sie nur gelegentlich gut ausfielen. Ich machte mich also daran, die Struktur der Wertepaare (t(KG), T) noch genauer zu unter-

suchen, denn ich war davon überzeugt, daß die Verwendung der
Regressionsgeraden die bislang schwächste Stelle in meinem Pro-
grammkonzept war, ausreichend gute Messungen vorausgesetzt.
Durch weitere Differenzierung aller Faktoren (das heißt durch noch
gründlicheres Hinschauen) gelang es dann, bessere Resultate auf
Dauer zu erzielen. Der Schlüssel zur Verbesserung war die Entdek-
kung des *Diskretisierungs-* oder *Quanteneffekts*: Ich stellte fest, daß
die zu einer Raute gehörenden Kollisionszeiten nur Werte in einem
bestimmten abgegrenzten Bereich annehmen, ähnlich den diskreten
Energiezuständen (Quanteneffekt) im atomaren Bereich. Jedes mechanische Kessel-Kugel-System wird durch das Spektrum ihrer zu den
verschiedenen Rauten gehörenden Kollisionsbereiche charakterisiert.

Enttäuschung kam jedoch wieder auf, als ich feststellte, daß eine
bestimmte Kugelumlaufzeit zu mehreren Kollisionszeiten und Rauten
führen konnte. Der Umstand, daß diese Zuordnung nicht immer eindeutig war, mußte die Prognosegüte in Frage stellen. Hier scheinen
wir an einer gewissen Grenze angelangt zu sein. Wir können nur die
unterschiedlichen Kollisionshäufigkeiten der verschiedenen Rauten,
bezogen auf einen bestimmten Kollisionszeitbereich, berücksichtigen
und außerdem hoffen, daß benachbarte Kollisionsorte durch unterschiedliche Streuweiten häufig kompensiert werden.

Betrachten wir aber das Zusammenwirken des beschriebenen Dis-
kretisierungseffekts mit einem Rauteneffekt, so schwindet wieder alle
Enttäuschung – ein wahres Wechselbad der wissenschaftlichen Hoffnungen. Denn dann wird die zu einem bestimmten Kollisionszeitbereich gehörende Häufigkeitsverteilung der Rauten sehr ausgeprägt
sein. Außerdem sind Kompensationstendenzen bei einem Rauteneffekt stärker, da das Spektrum der Kugelenergien im Kollisionsmoment viel größer ist als bei völlig austariertem Kessel. Bei einer durchschnittlichen Kugelumlaufzeit von etwa 1,2 Sekunden (in der Meß-
phase) legt die Kugel den Weg zwischen zwei benachbarten Rauten in
etwa 0,2 Sekunden zurück. Eine manuelle Zeitmessung mit einer Genauigkeit von 0,05 Sekunden ist jedoch nach kurzer Übung möglich,
da man die Kugel sich ihrem Meßort gleichmäßig nähern sieht. Dies
bedeutet aber, *daß eine manuelle Zeitmessung völlig ausreicht*, während eine supergenaue Messung mit optoelektronischen und eventuell
akustischen Hilfsmitteln keine wesentlich besseren Ergebnisse bringen
kann – höchstens eine Automatisierung.

Die universelle, statistische Ballistiklösung

Nach all meinen Experimenten und Analysen war die statistische Synthese der ballistischen Faktoren, die ich in den vorangegangenen Abschnitten beschrieben habe mit dem Ziel, einen brauchbaren Ballistikrechner zu Prognosezwecken – einen Prädiktor – zu entwickeln, keine schwere Aufgabe mehr. Hardware und Programm mußten speziell für diese Lösung sinnvoll aufeinander abgestimmt werden.

Vorab müssen dem Prädiktor einige notwendige Konstanten des betrachteten Kessel-Kugel-Systems eingegeben werden können: die Anzahl senkrechter Rauten, die beobachtete durchschnittliche Streuweite des häufigsten Bereiches, den zu messenden Bruchteil einer Scheibenumlaufzeit, eventuell noch den Verlangsamungsfaktor der Scheibe. Stets ist auf die Drehrichtung zu achten, die am bequemsten durch einen Schiebeschalter eingestellt und blind kontrolliert werden kann.

Sodann ist es wichtig, den Prädiktor auf zwei Arten betreiben zu können: im Lernmodus und im Spiel- oder Vorhersagemodus. Im Lernmodus werden die Gesetzmäßigkeiten des Kugellaufs gelernt. Mit einer Impulstaste werden einerseits mehrere Kugelumlaufzeiten an einem festen Bezugspunkt des Kessels gemessen, andererseits hat die Zeitmessung jeweils noch bis zum Kollisionsmoment weiterzulaufen, um zu jeder Kugelumlaufzeit auch die ihr zugeordnete Restlaufzeit bis zur Kollision (Kollisionszeit) abspeichern zu können. Die Nummer der Kollisionsraute wird eingegeben, wozu eine einzige Zähltaste genügt. Die Lerntabellen des Prädiktors füllen sich nach und nach auf. Sie spiegeln die Abhängigkeiten zwischen Kugellaufzeiten, Kollisionszeiten und Kollisionsrauten beziehungsweise -orten wider. Im Spiel- oder Vorhersagemodus werden nur die ballistischen Anfangsbedingungen gemessen, das heißt eine Scheibenumlaufzeit (oder ein Bruchteil davon) und eine Kugelumlaufzeit (oder auch mehrere). Das kann in ein paar Sekunden bewerkstelligt werden. Fast gleichzeitig mit dem Abschluß der Messungen hat der Prädiktor das wahrscheinlichste Resultat bereits ermittelt. Er kann es automatisch und ohne Zeitverlust über einen Sender zu einem wenige Meter entfernten Spieler übertragen, der mit dem entsprechenden Empfänger ausgerüstet ist. Der Empfänger teilt dem Spieler das Resultat direkt über einen unauffälligen Ohrhörer oder über einen angekoppelten Rechner mit, der die gesendete Information automatisch rückübersetzt und dem Spieler unauffällig mittels einer

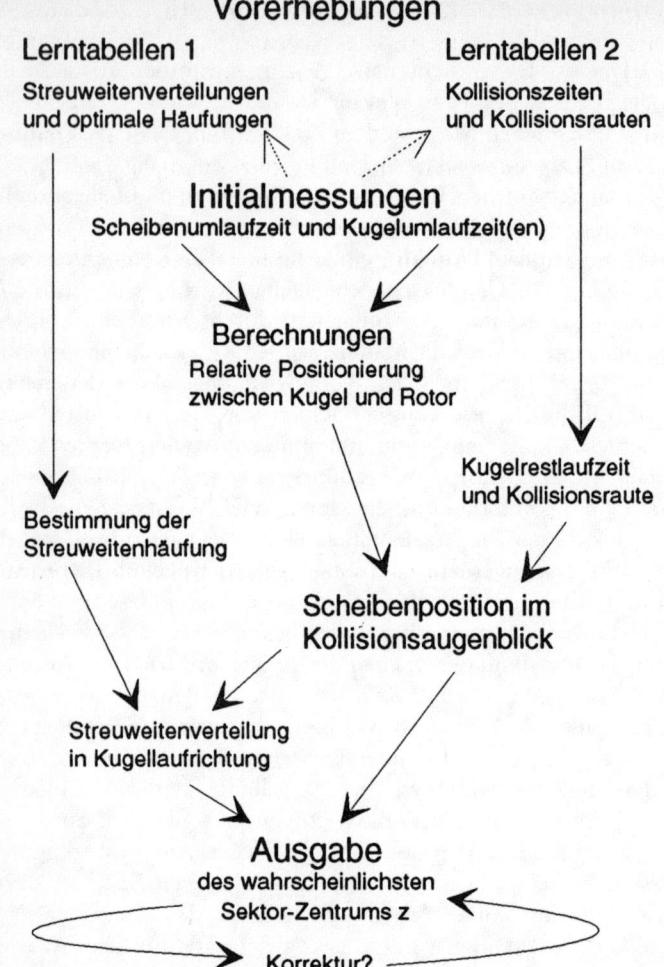

Abb. 28: Die wichtigsten Stationen des Programmablaufs für die computergestützte Ballistikvorausberechnung

optischen Ziffernanzeige, etwa in einem Uhrengehäuse, zuleitet. Der gesamte Rechen- und Übertragungsvorgang dauert keine Zehntelsekunde. Der Spieler kann noch vor dem *Rien ne va plus* setzen oder annoncieren.

Damit habe ich bereits alle wichtigen Stationen des Programmablaufs beschrieben; sie sind in Abbildung 28 zusammengefaßt.

Natürlich sind zahlreiche Variationen und Verfeinerungen möglich. Beispielsweise läßt sich ein Programm schreiben, das im Spielmodus weiterlernen kann; oder man mißt nicht nur eine, sondern zwei oder drei Kugelumlaufzeiten, je nach Gelegenheit, wodurch gewisse Meßfehler verringert werden.

Wie nahe kommen nun die Vorhersagen an die tatsächlichen Ergebnisse der Würfe heran? Und wie groß ist die empirische Erwartung? Die Ergebnisse werden, wie etwa folgende Tabelle zeigt, laufend aufgeschrieben: vorausberechnete Nummer (Z), tatsächliches Resultat (R) und Anzahl der Fächer, im Verhältnis zur Kugellaufrichtung positiv und negativ, die zwischen Resultat und Vorhersage liegen (Abstand Δ); die Kugellaufrichtung sei dabei als positive Richtung vereinbart. (Das Symbol ✓ kennzeichnet die Coups, bei denen die Scheibe im Uhrzeigersinn läuft.)

	Z	R	Δ
✓	15	35	5
	13	32	-11
✓	20	31	-2
	7	3	4
✓	5	24	-1
	22	22	0
✓	17	18	16
	34	26	-10
...	...	...	...

Alle Abstände Δ werden auf einer Kreuzliste eingetragen, getrennt nach Drehsinn, womit deren Verteilung besonders übersichtlich wird. Abbildung 29 stellt eine solche Kreuzliste mit fünf Rotationen (185 Coups) für einen Drehsinn dar.

Bei der Betrachtung fällt sofort der *Häufigkeitsbauch* um den Abstand 0 herum auf (Erwartung: + 60 bis + 70 Prozent). Von 185 Würfen ist die Kugel 121mal nicht weiter als acht Nummern von der Vorhersage entfernt gelandet (Erwartung: etwa + 35 Prozent mit acht Nachbarn). 65 Prozent aller Würfe endeten in einem zusammenhängenden Teil des Fächerkranzes, der nur $\frac{17}{37}$ oder rund 46 Prozent ausmacht. Und gar jeder vierte bis fünfte Wurf endete in dem kleinen Raum um die Vorhersage herum, der nur ein Siebtel bis ein Achtel des Fächerkranzes ausmacht.

Was dies hinsichtlich der Gewinnerwartung bedeutet, läßt sich leicht ausmalen. Stellen Sie sich vor, Sie bespielten eine einfache Chance und kassierten im Gewinnfall die Auszahlung für ein gesetztes Dutzend. Oder Sie würden auf eine Nummer mit jeweils drei Nachbarn setzen (sieben Stücke Einsatz), aber eine Gewinnwahrscheinlichkeit besitzen, als ob Sie zusätzlich noch die vierten und fünften Nachbarn gesetzt hätten. Solche traumhaften Vorstellungen sind aber nur angebracht, wenn das Programm auf gute Durchführungsbedingungen trifft.

Bei weniger günstigen Bedingungen, etwa bei relativ schneller Scheibe oder sehr kleiner, unregelmäßig gerundeter Kugel, kann sich die durchschnittliche Umsatzrendite spürbar verringern. Schließlich hängt die empirische Erwartung noch direkt von der Streuweitenverteilung der jeweiligen Kugel ab. Bei guter deterministischer Vorhersage und einer nahezu konstanten Streuweite wird man über 100 Prozent Umsatzrendite erzielen können. Nähert sich dagegen, wie schon angeführt, die Streuweitenverteilung einer Gleichverteilung, so ist trotz ausgezeichneter Vorhersage des deterministischen Ablaufs keine brauchbare Gesamtprognose mehr möglich. Darüber weiß man aber schon nach kurzer Voruntersuchung Bescheid und kann die Spielentscheidung in aller Gelassenheit darauf abstellen.

In der Verteilung der Abstandshäufigkeiten (Abbildung 29) können wir außer dem Hauptmaximum *Nebenmaxima* beobachten, und zwar ziemlich periodisch alle fünf bis sieben Stellen. Zunächst dachte ich, es handle sich um ein zufälliges Phänomen. Als aber diese Nebenberge im Laufe Tausender Coups nicht nur erhalten blieben, sondern sich zudem noch präzisierten, wurde mir allmählich klar, daß sie nur das Produkt der Kollisionen mit den *Nebenrauten* der vorausberechneten Kollisionsraute sein konnten, und zwar in den Fällen, in denen das Streuverhalten der Kugel keinerlei Kompensation zeigte.

Abstand Δ	Absolute Häufigkeiten	Differenz zum Mittelwert 5
18	XXXX	-1
17	XXX	-2
16	XX	-3
15	XXX	-2
14	XXXX	-1
13	XXXXX	0
12	XXXXX	0
11	XX	-3
10	XX	-3
9	XXXX	-1
8	XXXXX X	1
7	XXXXX XX	2
6	XXXXX	0
5	XXXXX X	1
4	XXXXX	0
3	XXXXX X	1
2	XXXXX XXX	3
1	XXXXX XXXXX	5
0	XXXXX XXXX	4
-1	XXXXX XX	2
-2	XXXXX XXXXX X	6
-3	XXXXX XXXXX	5
-4	XXXXX X	1
-5	XXXXX X	1
-6	XXXXX XX	2
-7	XXXXX XXXX	4
-8	XXX	-2
-9	XXXXX X	1
-10	XXX	-2
-11	XXX	-2
-12	XX	-3
-13	XXXX	-1
-14	XXXX	-1
-15	X	-4
-16	XX	-3
-17	XXX	-2
-18	XX	-3

Abb. 29: Verteilung der Abstandshäufigkeiten zwischen Prädiktor-Vorhersagen und tatsächlich eingetretenen Ergebnissen (185 Coups)

Es kann nicht immer das Günstigste sein, die Umsatzrendite zu maximieren. Ein Augenmerk auf die absoluten Gewinne ist zumindest aufschlußreich. Welcher Bereich sollte gespielt werden? Und welcher Bereich läßt sich tatsächlich in der Praxis spielen?

Der goldene (in einem bestimmten Sinne *optimale*) Mittelweg zwischen den beiden Zielfunktionen *absolute* und *relative* Gewinnerwartung dürfte nach wie vor der Fünfersektor sein. In der Praxis wird ohnehin eine Nummer mit höchstens jeweils vier Nachbarn gespielt. Eine Nummer mit jeweils zwei Nachbarn wird als Annonce meistens noch angenommen.

Ist der agonale Kampf
noch zu gewinnen?

Hindernisse für den Spieler

Die Kette *Entdeckung, Erfassung und Verarbeitung relevanter Informationen über Abweichungen vom Zufall* führt zu Methoden mit positiver Erwartung. Um solche Methoden anwenden zu können, müssen oftmals viele Faktoren zusammentreffen, doch wäre es ein Irrtum zu glauben, diese seien im Zeitalter der technischen Perfektion grundsätzlich *passé*: Die heutigen Roulettekessel werden noch lange meßbare Konstruktionsfehler und Abnutzungserscheinungen aufweisen und vor allem von Menschen bedient werden, und auch inhomogene Kugeln sind bis zu einem gewissen Grad durch statistische Auswertung ballistischer Merkmale in den Griff zu bekommen.

Es gibt zwei einleuchtende Gründe, weshalb sich die Systemspieler nicht auf die wenigen echten Gewinnmethoden stürzen. Zum einen widerstrebt dies der Natur des *Homo ludens emotionalis*, zum anderen liegt es im vitalen Interesse der Spielbanken. Die Erarbeitung relevanter Informationen ist bei weitem nicht so bequem wie naive Gläubigkeit und Hoffnung. Dieser Umstand schützt die Spielbanken weit mehr als ihre Qualitätskontrollen und Gegenmaßnahmen. Zudem verfügen die meisten Spieler nicht über den nötigen Background für ein solches Unternehmen, im speziellen auch nicht über die erforderliche psychische Einstellung für ein erfolgreiches Durchhalten. Da dem Menschen das Denken in Wahrscheinlichkeiten (und Erwartungen) nicht angeboren ist, erzeugen die unvermeidlichen Fluktuationen des Spielkapitals Angst. Der Mensch neigt dazu, deterministisch zu denken und zu planen, und dieser Neigung kommt ein handelsübliches Spielsystem mit geringem Kapitalbedarf beziehungsweise konstantem Kapitalverbrauch und starrer Durchführung entgegen.

Und *last but not least*: Da es ein vitales Interesse der Spielbanken ist, den reinen Zufall zu garantieren, stößt man tendenziell immer seltener auf ideale Bedingungen, die eine Nutzung signifikanter Abweichungen in kurzer Zeit gestatten. Die Spielbank kann stets etwas gegen eine Methode mit positiver Erwartung tun: Sie braucht nur den reinen Zufall wiederherzustellen. Und das tut sie auch, und zwar mit wesentlich geringeren Kosten und Mühen, als investiert werden müssen, um auch nur die kleinste rentable Abweichung von der totalen Zufälligkeit ausfindig zu machen. Die Achillesferse jeglicher Ballistikmethode ist zum Beispiel eine rechtzeitige Spielabsage; das bedeutet, daß insbesondere ein Kesselgucker auf Duldung seitens der Spielbank angewiesen ist.

All diese Umstände führen dazu, daß auch den Gewinnern niemals ein längerfristiger Erfolg beschieden ist. Jede Strategie im Roulette, ob mehr oder weniger spitzfindig, ob mehr oder weniger Geschicklichkeit erfordernd, ob wissenschaftlich fundiert oder nicht, kann daher stets nur eine Spielanregung ohne Erfolgsgarantie sein. Ungeachtet dessen bleibt diese Materie jedoch ein reizvolles Betätigungsfeld für die menschliche Phantasie.

Letzter Ausweg für das agonale Spiel

Wie könnten zukünftige Methoden aussehen? Bereits 1977 spekulierte ich mit gewissen technischen Möglichkeiten wie Funkbildübertragung bei realzeitlicher Bildverarbeitung und Akustikanalyse, aber die Hürden schienen auch zehn Jahre später, als die erste Auflage der *Zähmung des Zufalls* erschien, noch sehr hoch zu sein. Selbst die herkömmlichen elektronischen Lösungen überraschten mit immer neuen technischen Problemen, vor allem während der praktischen Durchführung – unabhängig von den *natürlichen* Schwierigkeiten, die Einsätze noch unauffällig und rechtzeitig auf das Tableau zu bekommen, und unabhängig von den häufigen Gegenmaßnahmen der Spielbankangestellten.

Mittlerweile, nach weiteren fünf Jahren, scheinen sich auf verschiedenen Gebieten Evolutionssprünge ereignet zu haben, die uns veranlassen können, das Problem und seine mögliche technologische Superlösung in einem neuen Licht zu sehen. Denn eines ist sonnenklar: Jede bessere Lösung der Rouletteballistik kann nur dem Ziel dienen, den größten Schwachpunkt bei der praktischen Durchführung, nämlich alle möglichen menschlichen Schwächen, auch die Bedienungs- und Beurteilungsunsicherheiten, kompromißlos zu beseitigen. Fortschritte bei den Versuchen, eine bessere technische Lösung des Ballistikproblems zu finden, zeichnen sich vor allem auf zwei Gebieten ab: in der Hardware und der Software.

Die Hardware – die «physischen Entitäten», also die Dinge, die man anfassen kann – ist immens verfeinert und miniaturisiert worden: Videokameras, Bildfunksysteme und nicht zuletzt Computer selbst. Mir ist eine Gruppe bekannt, die mit getarntem Gerätesystem (im wesentlichen Kamera, Sender, Stromquelle) jedes Spiel aus jedem Casino ohne Zeitverzögerung in ein Hotelzimmer oder zu einer mobilen Station funken kann. Unsummen wurden Ende der achtziger Jahre investiert, um dies zu realisieren, aber die Gruppe weiß mit den Bildern kaum etwas anzufangen, da sie kein zufriedenstellend funktionierendes Verarbeitungs- und Prognoseprogramm besitzt; ohne Programm ist dieser ganze Zauber nur teurer Müll. Heute ist die Miniaturisierung solcher Hardware schon so weit fortgeschritten, daß diese größtenteils auf dem gewöhnlichen Verbrauchermarkt für einen mäßigen Monatslohn zu erwerben ist.

Natürlich hat es auch auf dem Software-Sektor Innovationen und Fortschritte gegeben, vor allem im Bereich der *Künstlichen Intelligenz*. Im Kapitel «Informationsverarbeitung und Prognose» werde ich noch darauf zu sprechen kommen.

Das zentrale Problem betrifft jedoch die Spielmethode selbst und vor allem die Durchführung. Einiges kam bereits zur Sprache, vor allem im Kapitel «Vorteilhaftes Spiel: Psychologie und Strategie». In Zukunft wird es immer schwieriger werden, so auffällig zu spielen, wie es die Kesselgucker jahrelang getan haben; es wird immer ratsamer und notwendiger, eine Methode mit positiver Erwartung zu tarnen. Wie kann dies am besten geschehen?

Vor allem bei den ballistischen Methoden dürfte folgende Strategie angebracht sein: Falls Sie einen Sektorumfang unter erkennbar günstigen Bedingungen mittels physikalischer Überlegungen wiederholbar überdurchschnittlich gut prognostizieren können, dann wenden Sie die bereits beschriebene Streusatztechnik an, eventuell mit einem oder zwei Tarnstücken vor dem Coup. Dies gilt insbesondere für das Serienspiel (große und kleine Serie), bei dem Setzfelder auf dem Tableau vorgesehen sind; hier können Sie sich die Tarnstücke ersparen. Allerdings sollten Ihre *dauerhaften* Trefferquoten, ein gelegentliches Troncstück berücksichtigt, wirklich überdurchschnittlich sein:

- mindestens 60, besser 65 Prozent oder mehr für die große Serie (siebzehn Nummern),
- mindestens 40, besser 45 Prozent oder mehr für die kleine Serie (zwölf Nummern).

Die Orphelins (Waisen) bilden keinen zusammenhängenden Sektor, sondern zwei Grenzsektoren von jeweils drei und fünf Nummern zwischen der großen und der kleinen Serie. Allenfalls theoretisch könnte in Betracht gezogen werden, die kleine Serie (oder sogar die große Serie) zusammen mit den Orphelins zu setzen. Ich rate davon jedoch aus vorwiegend praktischen Erwägungen ab.

Der allerletzte Ausweg für das Casino

Wie soll – angesichts der Kesselfehlerspezialisten, Wurfweitenspieler, Kesselgucker und Computerballistiker – ein künftiger, zufallsgarantierter Roulettebetrieb beschaffen sein? Offenbar hat der perfekte Zufall einen sehr hohen Qualitätsanspruch. Einen künstlichen Zufall zu produzieren, der «pur wie Quellwasser» ist, erscheint ebenso unmöglich wie absolute physikalische Präzision; sowohl der «Dreckeffekt» als auch Inseln verborgener Ordnungen sind allgegenwärtig. Es gibt seriöse Zufallsforscher, die zu Recht dem Zufall und sowohl seinen mechanischen als auch elektronischen Generatoren wie Roulettekugeln oder künstlichen Zufallszahlen noch nie getraut haben. Im Laufe der agonalen Angriffe haben wir auch erfahren, wohin wir gründlicher schauen müssen, um etwaige Zufallsabweichungen zu entdecken.

Das fehlerhafte Roulette hat uns gezeigt, daß die technisch-physikalische Präzision der Maschine nur eine graduelle, daß eine absolute Genauigkeit der Konstruktion prinzipiell unmöglich ist. Allerdings sind die Hersteller in der Lage, eine ausreichende Präzision zu erreichen, also eine, bei der das Kesselfehlerspiel für den Spieler nicht zu positiven Erwartungen führt. Aber auszuschließen ist es nicht, daß auch anfänglich perfekte Geräte im langjährigen Betrieb keine Abnutzungserscheinungen erleiden. Und möglich ist vor allem auch, daß Maschinenteile, wie immer wieder geschehen, manipuliert werden.

Obwohl das Roulette als chaotisches System die deterministische Vorhersage von Einzelereignissen nicht erlaubt, läßt es prinzipiell durchaus Berechnungen aufgrund übergeordneter Aspekte zu, hauptsächlich dank zweier Faktoren: der beliebigen Wiederholbarkeit unter ähnlichen Bedingungen und der enormen Hebelwirkung kleiner Abweichungen vom Zufall.

Was die gröbere Makro-Ordnung betrifft, so erinnern wir uns: Die einzelnen Schneeflocken bewegen sich auf verschiedenen, sehr komplizierten Bahnen; dennoch nehmen sie alle an der allgemeinen Fallbewegung teil. Es hat also durchaus Sinn, Verteilungen der Fallbewegungen zu untersuchen.

Speziell hat die Betrachtung des Roulettes als Ballistikproblem gezeigt, daß die Rauten gar keinen ausreichenden Zufallseinfluß ausüben, ganz im Gegenteil: Erstens verkürzen sie den Kugellauf, verhindern also das natürliche Anschwellen von Datenerfassungsfehlern, und zweitens produzieren sie entgegen allem Anschein Streuungen, die von einer (zufälligen) Gleichverteilung weit entfernt sind. Schaut man nur gründlicher hin, so wird klar, daß unrunde Kugeln und zahlreiche Störfaktoren dank der beliebigen Wiederholbarkeit meistens in den Griff zu bekommen sind.

Spätestens die Möglichkeit des aktiven Zielwurfs sollte uns davon überzeugt haben, daß das real existierende Roulette bei weitem kein ausreichend garantierter Zufallsgenerator ist – auch dann nicht, wenn die Konstruktion der Maschine perfekt wäre: Croupiers können Spieler benachteiligen oder auch Fiskus und Spielbank betrügen.

Sowohl die Meßballistik als auch das Kesselgucken setzen eine Datenerfassung zu Beginn des Wurfs voraus, was es den Casinos erleichtert, diesen Methoden einen wirksamen Riegel vorzuschieben, etwa durch Vorverlegung der Spielabsage. Es bleiben aber zahlreiche andere Möglichkeiten, den Roulettezufall zu überlisten, und zwar auch betrügerische Methoden, mit oder ohne Komplizenschaft des Personals. Wie könnte vor allem diese betrügerische Manipulation mit einer an Sicherheit grenzenden Wahrscheinlichkeit verhindert werden – zumindest so weit, daß das Restrisiko nicht größer wäre als beim Betrieb einer normalen Bank?

Die wirksamste Möglichkeit setzt eine Entkopplung zwischen dem Personal und den Auswirkungen möglicher Zufallsabweichungen voraus. Mit anderen Worten, etwaige natürlich entstandene oder künstlich manipulierte Zufallsabweichungen in den Rand- oder Anfangsbedingungen dürften sich nicht vorausberechenbar auswirken. Die zwei wesentlichen Fälle seien durch konkrete Beispiele veranschaulicht:

1. Die Stege sind manipuliert worden, die Randbedingungen also beeinflußt. Die Forderung besteht nun darin, daß dies keine vorausberechenbare Auswirkung auf die Nummernfolge haben darf. Die Konstruktion und der mechanische Ablauf müssen so beschaffen sein, daß die gelockerten oder wie auch immer veränderten Stege keinen Einfluß zeigen.

2. Ein routinierter Croupier, der beim Zielwerfen unter günstigen Bedingungen die Große Serie in durchschnittlich sieben bis acht von zehn Versuchen trifft, der also die Anfangsbedingungen seiner Würfe stark beeinflussen kann, dürfte ebenfalls keine vorausberechenbare Auswirkung auf seine Nummern- beziehungsweise Wurfweitenfolge haben.

Dies erachte ich als die beiden wesentlichen Anforderungen an eine angemessene spieltechnische Sicherheit des Roulettes. Aus diesen prinzipiellen Anforderungen können nun verschiedene Lösungen abgeleitet werden, je nach weiteren Bedingungen des Spielbetriebs im Unternehmen. Das Spektrum der denkbaren Möglichkeiten erstreckt sich von einer etwas anderen Kesselkonstruktion unter Beibehaltung des heutigen globalen Spiel- und Personalbetriebs (wobei lediglich die Anzahl der *Freiheitsgrade* des Systems, das heißt der Zufall, erhöht werden müßte) bis hin zu jetonlosem elektronischem Banking, eventuell über Telekommunikationsnetze. Auch das ist eine Form der Unterhaltung, über deren Wert und Niveau erst gar nicht gestritten werden sollte.

Die Welt als Roulette

Selbstorganisation, Evolutionsroulette, Humansysteme

Wir beobachten heute Materie und Lebewesen in den verschiedensten Organisationsformen. Die Wissenschaft lehrt uns, daß diese vielfältigen Strukturen nicht von Anfang an existiert, sondern sich über viele Zwischenstufen aus primitiven anorganischen Gebilden entwickelt haben. Molekulare Systeme seien so komplex geworden, daß neuartige Eigenschaften, zum Beispiel die «Selbstreproduktivität», entstehen konnten, die den Weg zu Einzellern (zum Beispiel Bakterien) und zu immer höheren Lebensformen ebneten. Information gilt als Schlüsselbegriff zur Darstellung des Komplexitätsphänomens; Leben sei ein dynamischer Ordnungszustand der Materie, und *Evolution* bedeute Optimierung funktioneller Effizienz durch die Entstehung und Eingliederung immer neuer Information. Dem Darwinschen Prinzip zufolge breite sich das informationsreichere, besser angepaßte Neue aus und verdränge das informationsärmere, schlechter angepaßte Alte. Diesem irreversiblen Prozeß scheine ein universelles Ordnungsprinzip für die *Selbstorganisation* zugrunde zu liegen. Zufällige *Mutation*, etwa durch Einwirkung von Umweltfaktoren, verändere eine funktionelle Struktur, und der Konkurrenzkampf zwischen neuen und unveränderten Wesen entscheide anschließend über Sieg oder Niederlage. *Selektion* (durch «survival of the fittest») bedeute Fokussierung auf eine oder ganz wenige unter vielen alternativen Möglichkeiten.

So gesehen ist die Evolution, Motor zur Hervorbringung immer höherer Lebensformen, seit Anbeginn das größte natürliche Roulette. Am vorläufigen Ende dieser Entwicklung auf der Erde stehen wir, die Menschen, organisiert in einer Vielzahl von *Humansystemen* (Paare, Familien, Gemeinden, Staaten etc.) und eingebettet in eine physikalisch-biosoziale Umwelt.

Zwei Dinge erscheinen mir dabei besonders bemerkenswert.

Erstens ist der Evolutionsmechanismus *fehlertolerant*: Krankheit

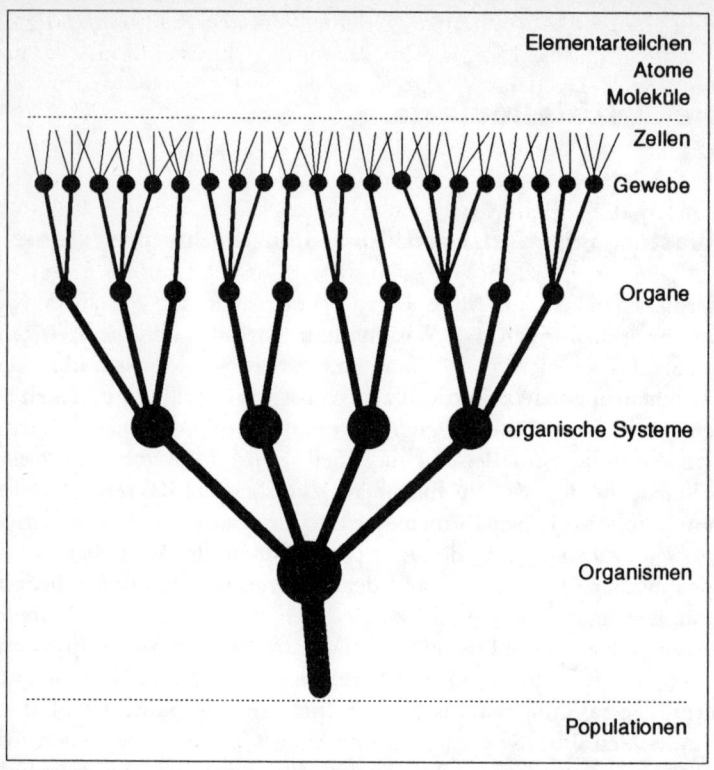

Abb. 30: Strukturbaum der verschiedenen Komplexitätsebenen in einem lebenden individuellen Organismus als fundamentales Prinzip der Selbstorganisation

und Kriminalität sind das Resultat partieller Desorganisation; die natürliche Selektion läßt es aber zu, daß zum Beispiel Psychosen und Neurosen existieren, weil lokale Desorganisation durchaus mit der Bedingung des Überlebens verträglich ist. (Das berührt jedoch nicht die Tatsache, daß sich Systeme durch den Verlust der strukturellen Identität *auflösen* können, zum Beispiel wenn ein Individuum stirbt, ein Paar sich trennt oder eine Nation untergeht.)

Die zweite Eigenschaft der Evolution, die ich hervorheben möchte, ist die *Abnahme der genetischen und instinktiven Determinierung des Verhaltens* in dem Maße, wie die Organismen die Evolutionsleiter hinaufstiegen. Bei niederen Tierarten, zum Beispiel Insekten, wird das Verhalten zu einem großen Teil durch das Erbmaterial (eine bestimmte Molekularstruktur) bestimmt. Instinktives Verhalten läßt kaum Wahlmöglichkeiten bestehen. Am anderen Ende der Evolutionsleiter steht der Mensch, der kaum mehr ein instinktives Verhalten hat: Er hat die Qual der Wahl, muß alles gestalten – und jede Entscheidung, jede Auswahl, die er trifft, ist für ihn bis zu einem gewissen Grad auch ein Rouletteproblem.

Suboptima sind unser Schicksal: Klempnerroulette

Zwei Aspekte des Auswahl- und Entscheidungsmechanismus stehen im Vordergrund: das *Woraus* (wir auswählen) und das *Wie* (wir entscheiden). Das Woraus ist die grundlegende, philosophische, ganzheitliche und letztlich die wichtigere Frage, während das Wie, um das es in diesem Abschnitt geht, den zwar bekannteren, aber auch technischen, reduktionistischen Aspekt darstellt.

Eines der wichtigsten traditionellen geistigen Werkzeuge zur Bewältigung von Auswahl- und Entscheidungsproblemen ist der immense interdisziplinäre Methodenkomplex Entscheidungstheorie, Spieltheorie, *Operations Research* («Unternehmensforschung») mit einer großen Vielfalt verschiedener Planungs- und Optimierungsmethoden; alle weiteren Theorien und Verfahren, zum Beispiel die Statistik und die Wahrscheinlichkeitsrechnung, werden herangezogen, falls es notwendig oder nützlich erscheint.

Betrachten wir das Wesen dieses Methodenkomplexes im Hinblick auf *Wissen und Erkenntnis* des Menschen, genauer auf analytisches Wissen und ganzheitliche Erkenntnis, aus einer gewissen kritischen Distanz. Dabei wird deutlich, daß er hauptsächlich Detailwissen erzeugt, weil die Lösung eines Problems stets eine exakte abstrakt-formale Modellierung verlangt. Und da die Probleme der Wirklichkeit zumeist sehr vage und komplex sind, muß bei ihrer Modellierung in der Regel stark vereinfacht werden. Bei Optimierungsproblemen ist die zu optimierende Zielfunktion nicht selten so spezifisch und einfach, daß ein praxisbezogener Mensch nur von einem Suboptimum reden mag. Je restriktiver die Modelle der Operations Research, desto realitätsferner und suboptimaler ihre Lösungen.

Dennoch können die Methoden der Unternehmensforschung gute Dienste bei allen möglichen Auswahlproblemen leisten – vorausgesetzt, die Lösungen der reduktionistischen Modelle werden durch eine vernünftige ganzheitliche Diskussion ergänzt. Klassische Betätigungsfelder und Beispiele seien hier nur angedeutet: vom Rucksack- zum Rundreiseproblem, von der linearen Optimierung zur dynamischen Programmierung, die vorteilträchtigen Probleme der Planungsforschung von der Netzplantechnik für große Projekte bis zum geographischen und zeitlichen Design eines Flugnetzes, Algorithmen für die optimale Auswahl von Mitarbeitern oder Produkten oder von Wertpapieren («Portfolio») für einen Anleger usw.

Da auch diese Wissensgebiete evoluieren, indem sie schrittweise immer realitätsnäher werden, kann es nicht verwundern, daß auch die Zielfunktionen vieler Optimierungsprobleme komplexer werden, was zum Teil auch darauf zurückzuführen ist, daß sie untereinander konkurrieren: Beispielsweise ist es vernünftiger, möglichst nicht nur die Gesamterwartung der Rendite eines Portfolios zu maximieren, sondern auch gleichzeitig das Gesamtrisiko zu minimieren beziehungsweise unterhalb einer vorgegebenen Schranke zu halten. Komplexe Bedingungen und mehrfache Zielsetzungen finden naturgemäß nur mühsam Zugang zur exakten mathematischen Behandlung.

Ein häufiger Aspekt zahlreicher Optimierungsprobleme ist die astronomisch hohe Anzahl von Möglichkeiten, aus denen die optimale ausgewählt werden soll. Das trifft besonders auf Fragen der sogenannten *kombinatorischen* Optimierung zu. Gleichzeitig handelt es sich hier um besonders anschauliche Probleme – wie etwa das Rucksackproblem –, deren Lösungen sich in der Praxis sofort bewähren müssen. Hat man es mit einem kombinatorischen Problem der Planungsforschung zu tun, dann sollte der Algorithmus die optimale Lösung liefern, obwohl nur ein Bruchteil der zulässigen Lösungen durchgemustert wird (eine vollständige Durchmusterung wäre angesichts einiger hundert oder tausend Jahre Rechenzeit auf modernsten Mainframe-Computern auch gar nicht machbar). Wie funktioniert das? Ronald Graham, Direktor der Abteilung für mathematische Forschung bei den Bell Laboratories der AT&T in Murray Hill, New Jersey, der beim Apollo-Projekt der NASA Planungsprobleme lösen half, erklärt diese

Wechselwirkung von Theorie und Praxis folgendermaßen: «Wie man etwas über eine einzige Möglichkeit aussagen kann, ohne alle anderen Möglichkeiten durchprobiert zu haben, ist eine interessante Frage, die wirklich auf den Kern der Methoden zielt, mit denen man die reale Welt mathematisch analysiert. Um vom praktischen Problem zum mathematischen Modell zu kommen, kann man sich auf einige wohlbekannte Schritte stützen. Im Modell sollen sich die wesentlichen Aspekte des Problems wiederfinden, aber in einer Art, die einer mathematischen Behandlung zugänglich ist. Wenn das Problem erst einmal in die Welt der Mathematik übertragen ist, kann man über alle mathematischen Möglichkeiten Aussagen machen. Und diese Aussagen werden schließlich für die Situation in unsere Welt rückübersetzt. Wie gut das Ganze aber tatsächlich funktioniert, hängt empfindlich von der Qualität der Übersetzung des mathematischen Modells ab.

Hierzu fallen mir gerade die Leute ein, die als erste mathematisch untersuchten, wie Bienen fliegen, und zu dem Ergebnis kamen, daß Bienen theoretisch gar nicht fliegen können. Die Bienen kümmerte das natürlich gar nicht. Das Modell wurde schließlich modifiziert, so daß die Bienen letztendlich auch mathematisch betrachtet fliegen konnten.»

Hier wird deutlich, daß von Laien oft überschätzt wird, was Theoretiker machen. Auch hochangesehene Wissenschaftler basteln unentwegt an Suboptima herum und bessern den Flickenteppich ihres Wissens nur bruchstückweise aus. Da auch anschauliche Untersuchungen einen sehr hohen Abstraktionsgrad verlangen können, sind noch viele konkrete Probleme ungelöst.

Hochrisiko-Roulette und Angst

Woraus wir bei einem vorliegenden Entscheidungsproblem auswählen, das heißt, wie kreativ wir uns den möglichen Gestaltungsraum vorgeben, ist für unsere *adaptive Fitness* und daher für unsere weiteren Chancen in einer sich ständig wandelnden Welt nicht weniger bedeutend als das *Wie*, ganz im Gegenteil: Es nützt uns oft nicht sehr viel, wenn wir irgendwelche *Dinge richtig* machen; wir sollten vor allem die *richtigen Dinge* tun. Mit anderen Worten, es ist wichtig, in erster Linie die übergeordneten Ziele durch einen ständigen Denk- und Kommunikationsprozeß kritisch in Frage zu stellen und uns für die *richtigen Ziele* zu entscheiden.

Woran aber erkennt man, beispielsweise in der Großtechnik (Petrochemie, Schiffahrt, Flugsicherung, Kernkraftwerke, Gentechnik usw.), welche Ziele die richtigen sind? Wer entscheidet darüber, und wer macht die Risikoanalysen? Und welche Beziehungen bestehen zwischen Technologierisiken, Risikoanalysen und der Angst der Menschen, sei diese nun begründet oder übertrieben? Es kommt auch vor, daß die Menschen vor realen Risiken gar keine Angst haben; Abwesenheit von Angst ist manchmal eine gefährlichere Irrationalität als übertriebene Angst.

In seinem Buch *Normale Katastrophen* hat Charles Perrow, Professor für Soziologie an der Yale University in New Haven, versucht, Systeme nach zwei Eigenschaften oder Risikodimensionen zu klassifizieren: zum einen nach der *interaktiven Komplexität* (linear oder nichtlinear) und zum anderen nach dem *Kopplungsgrad* (enge oder lose Kopplung). Nichtlineare Prozesse sind unberechenbarer, also unvorhersehbarer als lineare und folglich auch risikoreicher. Enge Kopplung bedeutet, daß es zwischen zwei miteinander verbundenen Teilen des Systems keinen Spielraum, keine Pufferzone gibt – wodurch das Risiko einer unerwünschten Kettenreaktion tendenziell groß ist. Dagegen können lose gekoppelte Systeme zum Beispiel Erschütterungen, Störungen oder erzwungene Änderungen verarbeiten, ohne sich zu destabilisieren.

Durch die Zusammenfasung der beiden Dimensionen Komplexität und Kopplung in einem zweidimensionalen Koordinatensystem konnte Perrow alle möglichen Systeme tendenziell einordnen: vom Postamt (linear und lose gekoppelt) bis zum Kernkraftwerk (komplex und eng gekoppelt), von der Universität (komplex und lose gekoppelt) bis zum Staudamm (linear und eng gekoppelt). Das Risikopotential einer Technologie hängt aber noch von weiteren Faktoren ab, beispielsweise davon, wie kontrollierbar die Folgen eines Unfalls sind.

Bei der objektiven Auswahl der «richtigen» Technologien spielen uns jedoch die Verzerrungen unseres Risikobewußtseins oft einen Streich. Haben nicht viele von uns Flugangst, aber keine Angst vor Autofahrten? Ein verzerrtes Risikobewußtsein kann zu Entscheidungen mit erhöhtem Risiko führen. Desgleichen können risikoarme Technologien unbeachtet bleiben, obwohl sie durchaus wirtschaftlich sind.

Forscher haben versucht, den Mechanismen auf die Spur zu kommen, die unserem Risikobewußtsein zugrunde liegen. Aus einer Reihe von Studien hat die *New York Times* einige Regeln herausgeschält, an denen sich unsere Psyche zu orientieren scheint; Christian Weymayr hat diese Regeln in einem Artikel aufgelistet:

- Selbstgewählte Gefahren erscheinen attraktiv (agonales Prinzip!) und geringer als aufgezwungene – die Risiken bestimmter Sportarten wie Skifahren, Drachenfliegen oder Reiten gehen wir bewußt ein, dagegen wehren wir uns gegen Konservierungsstoffe in unserer Nahrung.
- Prinzipiell kontrollierbare Risiken sind akzeptabler als solche, auf die wir scheinbar keinen Einfluß haben – fettes, nährstoffarmes Essen ist beliebt, während Leitungswasser auch dann gemieden wird, wenn die Trinkqualität garantiert ist.
- Katastrophen alarmieren uns mehr als der alltägliche Wahnsinn – werden nach einem Schiffsunglück Ölklumpen oder Giftbeutel an die Strände geschwemmt, ist die Aufregung groß, während die schleichende Vergiftung der Meere kaum zur Kenntnis genommen wird.
- Risiken, die von schwer faßbaren Techniken ausgehen, werden eher wahrgenommen als die von vertrauten Techniken – eine Müllverbrennungsanlage mit relativ geringen Emissionen wird bekämpft, der Autoverkehr hingegen verteidigt.
- Schlechte Nachrichten werden eher geglaubt als positive – Stürme und Überschwemmungen gelten als Beweis für den Treibhauseffekt, doch die geringer gewordene Verschmutzung des Rheins halten viele für Propaganda der Industrie.

Soll das heißen, daß wir alle Risikoeinschätzungen den «Experten» zu überlassen haben, da nur sie die Gefahren richtig quantifizieren und daher beurteilen können? Daß wir unverbesserliche Ignoranten sind, wenn wir der Logik der «wissenschaftlichen Gutachten» nicht folgen? Keineswegs:

- Die Kosten-Nutzen-Analyse von Risiken, kurz Risikoanalyse, ist zwar eine ziemlich komplizierte Materie, die jedoch auf die Frage *Wie sicher ist sicher genug?* durch die ausschließlich monetäre Bewertung sozialer und kultureller Güter ihre engen Grenzen findet: Was nicht gekauft werden kann, wird von den komplizierten Berechnungen nicht erfaßt; Risiko ist ausschließlich eine Geldsache – manche Schiffskapitäne erhalten eine Prämie, wenn sie den Lotsen einsparen.

- Die Risikoforscher sehen zwar den Unterschied zwischen freiwilligen (Skifahren, Drachenfliegen) und unfreiwilligen Risiken (unsachgemäße Lagerung von Giftstoffen); «was sie», so Perrow, «hingegen nicht sehen, ist der Unterschied zwischen der Zumutung von Risiken durch gewinnorientierte Firmen, die in der Lage wären, diese Risiken zu verringern, und der *Hinnahme* eines Risikos durch die Bevölkerung, sofern es um Privatvergnügungen geht (Skifahren) oder eine gewisse Kontrolle ausgeübt werden kann (Autofahren)». Zu der Hinnahme von *Privatrisiken* durch die Bevölkerung gehören in Deutschland auch Gesundheitsschäden in Höhe von hundert Milliarden Mark jährlich durch Fehlernährung (zuviel, zu fett, zu süß).

- Die Kosten-Nutzen-Analyse von Risiken schafft ihre eigenen Bewertungen; einerseits stützt sie sich auf die augenblicklichen Marktpreise, in denen sich jedoch die jeweiligen wirtschaftlichen Verhältnisse widerspiegeln, die von vielen in Frage gestellt werden; andererseits fallen die Kosten eines Unfalls oft nur deshalb so niedrig aus, weil das ökonomische System manche Menschen (Hilfsarbeiter in der Rezession) und Sachen (Grundstücke in der Nähe eines Chemiewerks) sehr niedrig bewertet. Zudem werden die technologischen Risiken von den verschiedenen Klassen der Gesellschaft nicht zu gleichen Anteilen getragen – was aber die Risikoanalytiker tunlichst ignorieren.

- Es darf nicht bloß die Rede sein von technischen Risiken im Zusammenhang mit profitorientierten Privatunternehmen; die meisten risikofreudigen Konzernmanager «erweisen sich», schreibt Perrow, «häufig als überraschend ängstlich, wenn es um riskante soziale Experimente geht, mit denen sich möglicherweise Armut, Abhängigkeit und Kriminalität verringern ließen... Die Wagehälse in der freien Wirtschaft und im Militär möchten es nicht einmal auf einen Versuch ankommen lassen, da sie Konsequenzen für die Klassenstruktur, ihre Macht und die Werte ihrer Klasse zu fürchten haben... Die Gefahren, die unser Land groß werden ließen, waren keine industriellen Risiken wie unsichere Kohlebergwerke oder schadhafte Giftfässer, sondern gesellschaftliche und politische Risiken im Zusammenhang mit demokratischen Institutionen, dezentralisierten politischen Strukturen, religiöser Freiheit, Pluralismus und allgemeinem Wahlrecht.»

• Ivan Illich predigt in *Fortschrittsmythen* die Entlarvung des elitären Expertenethos und die Befreiung von der entmündigenden Expertenherrschaft: «Die Glaubwürdigkeit des wissenschaftlichen Experten, sei er Ingenieur, Therapeut oder Manager, ist die Achillesferse des Industriesystems... Das Verschwinden des Herrschaftsanspruchs der Experten ist eine notwendige Voraussetzung dafür, daß eine neue Beziehung hergestellt werden kann. Der erste Schritt dazu ist eine skeptische, respektlose Einstellung der Bürger gegenüber dem wissenschaftlichen Experten. Die Erneuerung der Gesellschaft muß vom Zweifel ausgehen.» Selbst wer den radikalen Humanismus von Illich nicht uneingeschränkt teilt, wird wohl der Forderung zustimmen, daß die Experten ihre vorwiegend autoritäre Geisteshaltung ablegen müssen, weil sie auch nur Menschen sind, Opfer verzerrter Schätzungen – und profitabler Aufträge, die sogar unbewußt korrumpieren können. Nur sachlich kompetente Stellen, die auch politisch und wirtschaftlich unabhängig und neutral sind, können eine gewisse objektive Glaubwürdigkeit bieten.

Angst ist ihrem Wesen nach vorwiegend irrational und kann durch Statistiken allein, und seien sie noch so fundiert, nicht überwunden werden. Sie hat stets konkrete Ursachen, auch wenn ein Teil dieser Ursachen in psychisch bedingten Verzerrungen zu suchen ist. Die Frage künftiger Untersuchungen müßte nicht lauten, *wovor* wir Angst haben, sondern *warum*; unser Risikobewußtsein sollte nicht durch Risiko-, sondern durch Angstanalysen erforscht werden.

Einerseits sind wir also alle Opfer von Ängsten und Verzerrungen in unserer Wahrnehmung von Risiken. Andererseits kann es keine prinzipiell «unfallfreien» Systeme geben, keine absolute Sicherheit; und obendrein trägt Murphys Gesetz das seine bei (alles, was schiefgehen *kann*, geht auch *tatsächlich* irgendwann einmal schief). Wie ist dann ein vernünftiges Leben unter Risiken möglich? Dazu Perrow: «Ein vernünftiges Leben unter Risiken bedeutet, Kontroversen wachzuhalten, auf die Bevölkerung zu hören und den zutiefst politischen Charakter aller Risikoanalysen zu erkennen. *Letzten Endes geht es nicht um Risiken, sondern um Macht – um die Macht nämlich, im Interesse einiger weniger den vielen anderen enorme Risiken aufzubürden.*»

Es gibt nichts, wirklich nichts, das nicht ohne Formelkram von «normalen» Menschen verstanden werden könnte. Über alles kann offen informiert und diskutiert werden, zumindest so weit, daß jeder daran interessierte Betroffene zu einer Überzeugung kommen und eine Entscheidung treffen kann. Dazu bedarf es weder des vernebelnden Fachchinesisch der Experten noch der einschläfernden Wirkung mathematischer Formeln.

Eine wirklich rationale Überlebensstrategie ist zudem sehr oft eine Strategie der Vermeidung, vor allem wenn das Katastrophenpotential sehr hoch ist. Das Umdenken in Richtung *bessere Erwartungen* bei hohen Risiken ist im Kommen.

Partnerwahl: ein besonders pikantes Roulette

Offenbar gibt es nicht nur in den Bereichen Unternehmensforschung, Wirtschafts- und Gesellschaftspolitik viele ungelöste Probleme – die auch stets mit emotionalen Konflikten und Verzerrungen einhergehen –, sondern auch im nicht weniger verwirrenden *persönlichen Gefühlsbereich*. Der Mensch ist auch als Individuum zutiefst ein soziales Wesen mit einem Bedürfnis nach enger Partnerschaft. Wie finde ich den «richtigen» Lebenspartner? Hier steht für den Einzelmenschen sehr viel auf dem Spiel, geht es doch um Verständnis, Vertrauen, Herz, Nähe, Liebe, Sex, um die intimste soziale Bindung überhaupt, schlicht um Glück und Zufriedenheit, und das alles möglichst lange. Die Partnerbeziehung als Teil der Selbstverwirklichung. Für Alfred Bellebaum, Professor für Soziologie, ist der Mensch ein «glücksuchendes Wesen».

Gar so einfach ist eine Partnerwahl ja nicht; das beweisen etwa zehn bis zwölf Millionen meist unfreiwillig alleinlebende Bundesbürger. Und immerhin wird jede dritte Ehe geschieden – Tendenz steigend. Trennungen von nichtehelichen Beziehungen können überdies genauso schmerzhaft sein und kommen vermutlich noch weit häufiger vor. Die Partner*wahl* ist nicht das Schwierige an sich; die Kunst besteht vielmehr darin, einen Menschen zu wählen, mit dem die Partner*schaft* in der Zeit glücklich verläuft. So mancher unfreiwillig Einsame mag sich damit trösten, daß ein Großteil der Gebundenen oft auch nicht besser dran ist.

Vordergründig gibt es drei triviale Bedingungen für eine gelungene Partnerwahl:

- eine minimale Wahlmöglichkeit muß gegeben sein (ein potentieller Partner, Entscheidungsalternativen ja/nein);
- falls die Entscheidung positiv ausfällt, muß die Entscheidung des potentiellen Partners gleich lauten;
- die gegenseitige Partnerwahl muß sich auch noch nach Jahren rückblickend und laufend als richtig erweisen.

Das eigentliche Problem liegt natürlich in der dritten Bedingung – der des glücklichen Marathonlaufs. In vielen Fällen werden erfolgversprechende «Strategien» angepriesen, um diese Phase zufrieden und lebenswert, ja sogar glücklich zu gestalten; zahlreiche Bücher sowie der Andrang zu den Praxen der Ehetherapeuten zeugen davon.

Die Zufälle des Lebens

Wer paßt zu wem? Was sagt die statistische Liebesforschung? Ziehen sich Gegensätze an? Oder gesellt sich gern gleich zu gleich?

Die amerikanischen Psychologen David Lykken und Auke Tellegen spürten dem Flug von Amors Pfeilen nach: Warum entscheidet sich ein Mann für die Eine, eine Frau für den Einen? Gibt es Regeln, nach denen sie wählen? Oder verlieben sie sich im passenden Moment in den Nächstbesten, der des Wegs kommt, wie unter dem Bann des Zauberkrauts aus dem Sommernachtstraum?

Die Ergebnisse der neuen großen Studie, veröffentlicht im *Journal of Personality and Social Psychology*, sprechen für die romantisch-magische Variante und erschüttern damit viele etablierten Theorien von Kollegen, die klare Gesetzmäßigkeiten bevorzugen. Eine dieser Thesen, der zufolge sich Gegensätze anziehen, wurde schon vor geraumer Zeit durch zahlreiche Forschungsergebnisse widerlegt: Ehepaare, so die Lehrbücher, ähneln sich in Intelligenz, Religionszugehörigkeit, Bildung, Körpergröße, Augenfarbe und dergleichen eher, als daß sie sich unterscheiden. Somit hatte sich dies an den Fakultäten gerade als einheitliche Lehrmeinung durchgesetzt: Wir finden diejenigen sympathisch, die uns selbst ähneln – gleich und gleich gesellt sich gern.

Oberflächlich betrachtet kommt die neue Untersuchung zum selben Ergebnis. Doch die statistischen Ähnlichkeiten der über dreitausend Ehepartner waren nur schwach ausgeprägt: Der dreihundert Fragen umfassende Persönlichkeitstest attestierte beiden meist nur entfernt verwandte Charakterzüge. Beispielsweise machten sie in ihrer Freizeit nur gelegentlich dasselbe. Signifikante Einigkeit zwischen ihnen herrschte vor allem hinsichtlich der hergebrachten Werte: Abtreibung, Kirchgang, Verteidigung des Vaterlands usw. Wenigstens einigermaßen vergleichbare Werte erzielten die Ehepaare *in nur zehn von den insgesamt 88 Skalen*, auf denen die Forscher die Untersuchten einteilten.

Auch eine andere Lieblingstheorie der Psychologen verträgt sich nur schlecht mit den Ergebnissen der neuen Studie. Ihre Verfechter sehen den Heirats*markt* streng als marktwirtschaftliche Veranstaltung nach dem schon jahrzehntealten Jeder-bekommt-was-er-verdient-Modell. Immerhin klingt es plausibel, daß das, was man bekommen kann, davon abhängt, was man selbst zu bieten hat; eine solche Ansicht suggeriert Gerechtigkeit. Das freie Spiel von Angebot und Nachfrage führe am Ende zu Verbindungen von Teilnehmern mit vergleichbarem Marktwert. «Verkaufe, wenn du kannst, doch du eignest dich nicht für alle Märkte» – so formulierte bereits der Menschenkenner William Shakespeare diese Strategie. Auch nach diesem Modell hätten Lykken und Tellegen einander ähnliche Partner finden müssen. (Plötzlich fallen mir zahlreiche Ausnahmen zum Jeder-bekommt-was-er-verdient-Modell ein.)

Vielleicht müßte am Ende für jeden Mann und jede Frau, mit seinen beziehungsweise ihren ganz persönlichen Vorlieben und Abneigungen, eine eigene Theorie der Partnerwahl aufgestellt werden? Vielleicht gibt es ja Regeln, doch in jedem Einzelfall ganz eigene, so daß scheinbar der blinde Zufall herrscht?

Um das zu entscheiden, wählte Lykken für seine Untersuchung eine Gruppe von Menschen, die schon öfter Forschern in aussichtsloser Lage half: Zwillinge. Sie sind zur selben Zeit und meist in derselben Umgebung aufgewachsen, eineiige haben zudem identisches Erbgut. Immer wieder hatte sich gezeigt, wie sehr sie einander ähneln. Wenn es nun Regeln gibt, und seien sie noch so individuell und kompliziert, dann müßten sich Zwillingsbrüder jeweils für Frauen entscheiden, die wenigstens ein paar grundlegende Gemeinsamkeiten haben. Das Gegenteil ist der Fall: Die Partner und Partnerinnen eines Zwillingspaares sind einander kaum ähnlicher, als es der Computer für zufällig kombinierte Paarungen errechnete. Und dasselbe Ergebnis wurde auch ohne Computerstatistik bestätigt: Die Wissenschaftler fragten jeden Zwillingsbruder, ob er sich vielleicht selbst in die Auserwählte seines Doppelgängers hätte verlieben können, als er sie zum erstenmal sah. Keineswegs. (Nur bei Kleidung, Möbeln und Ferienzielen – herzloser Vergleich – hatten sie den gleichen Geschmack.) Und weiblichen Zwillingen erging es mit den Männern der Schwestern nicht anders.

Diese Befunde sind ein harter Schlag für viele Theoretiker der Liebe. Er trifft auch Psychoanalytiker, die überzeugt sind, die Persönlichkeit der Eltern bestimme die Partnerwahl der Kinder. Menschen verlieben sich nach der neuen großen Studie «beinahe zufällig» ineinander. Die Dichter scheinen also recht zu haben; und auch Blaise Pascal – einer der Begründer der Wahrscheinlichkeitsrechnung – mit seinem tiefsinnigen französischen Wortspiel: «Le cœur a ses raisons que la raison ne connaît point.» (Das Herz hat seine Gründe, die die Vernunft nicht kennt.)

Die Zähmung des Zufalls in der Partnerwahl?

Es ist ja nicht ganz auszuschließen, daß die rund zehn bis zwölf Millionen Singles und die Scheidung jeder dritten Ehe zumindest teilweise auf den Umstand zurückzuführen sind, daß sich die Menschen «beinahe zufällig» ineinander verlieben. Denn Zufälle und Wahrscheinlichkeiten können arg täuschen; und die Folge einer Täuschung ist meistens eine Ent-täuschung.

Ist denn *rationales Denken im Gefühlsbereich* undenkbar? – Vernunft sollte kein Hindernis für Glück sein. Vielleicht hätten die Marktgesetze – und die Beteiligten – im emotionalen Bereich bessere Chancen, wenn nicht nur das Stammhirn und das limbische System, die älteren Hirnregionen, eingesetzt würden, sondern auch der Neocortex, Sitz der Denkfähigkeit. Dazu schreibt Stefan Mehlisch in seinem Buch *Liebe auf den ersten Brief*: «Je schwieriger und je wichtiger eine Entscheidung, desto mehr plant und überlegt der moderne Mensch und um so systematischer geht er vor. Das gilt für die meisten Bereiche: die Ausbildung, den Beruf, den Urlaub, die Wohnung und auch die Kinderzahl. Obwohl die Wahl des Lebenspartners minde-

stens genauso bedeutend ist, herrschen gerade hier erstaunliche Kopflosigkeit, platte Unfähigkeit und naiver Schicksalsglaube. Auch heute
geht der aufgeklärte Mensch automatisch davon aus, daß nicht nur ein
bestimmter Partner sein *Schicksal* ist, sondern daß dieser ihm auch
noch wie im Märchen im Lauf seines täglichen Lebens irgendwann begegnet. Die Partnersuche wird so zu einer Art Glücksspiel.» Ein
Glücksspiel mit lausigen Chancen allerdings, wenn auch nicht ganz so
lausig wie beim Lotto.

Um der Kopflosigkeit und dem Schicksalsglauben entgegenzutreten,
das Steuer selbst in die Hand zu nehmen und damit dem Zufall auf die
Sprünge zu helfen, empfiehlt Mehlisch Kontaktanzeigen (beantworten
und/oder aufgeben, aber nicht voreilig die Flinte ins Korn werfen:
neues Spiel – neues Glück). Damit hätten Partnersuchende die besten
Chancen, denn das sei der *wahre Markt* dafür; nicht die Bushaltestelle,
das Büro oder die Kneipe. Und vor allem auch nicht die gewerblichen
Partnervermittlungen, da diese nur eine *sehr eingeschränkte* und überdies *total verzerrte* Stichprobe (vor allem «Außenseiter und
Mauerblümchen») vom Markt zu bieten hätten, und das unter mehrheitlich unseriösen Bedingungen und gegen oft horrende Honorare.

Ob jemand nun einen Partner für die «unteren Regionen» sucht oder
aber einen wirklichen Lebenspartner, der findet in dem fundierten und
humorvollen Taschenbuch von Mehlisch nützliche Anleitungen und
Hinweise. Achim Schwarze, ein anderer Autor, beziffert aus eigener
Erfahrung die Erfolgsquote: «Nach zehn bis dreißig Kontakten trifft
der Inserent jemanden zum Verlieben» ... *der ebenfalls sucht*, müßte
ergänzt werden, denn das ist ganz wichtig. «Und wenn nicht: Von
zwanzig Verabredungen werden immerhin fünfzehn bis neunzehn als
angenehm empfunden – vorausgesetzt, das Inserat und das Antwort-
schreiben wurden klug formuliert und richtig interpretiert. Dabei
stehen die wichtigsten Informationen – wie beim Arbeitszeugnis – zwischen den Zeilen.» Versuchen Sie einmal selbst – nur falls Sie ein Kan-
didat sind –, diese Erfolgsquote in Ihrer Kneipe oder an Ihrer Bushaltestelle zu erreichen.

Informationsverarbeitung und Prognose

Erklärungen werden gesponnen und verworfen, neue Theorien ersonnen und erweitert – und das alles nur zu einem Zweck: *Voraussagen zu treffen.* Einerseits ist nach einem chinesischen Sprichwort «Prophezeien extrem schwierig, besonders im Hinblick auf die Zukunft»; andererseits ist es eine ebenso banale Tatsache, daß wir die uns verbleibende Zeit in der Zukunft verbringen werden. Um so wichtiger ist es, einen Blick auf verschiedene Prognoseaspekte zu werfen. Manchmal sind die zugrunde gelegten Annahmen so komplex, etwa wenn es um die zukünftige Entwicklung der Weltbevölkerung geht, daß man besser nicht von Prognosen, sondern von Wenn-dann-Aussagen sprechen sollte.

Wettervorhersage und Rouletteballistik

«Wenn der Hahn kräht auf dem Mist, ändert sich's Wetter, oder es bleibt, wie's ist.» So umschreibt der Volksmund die ohne Vorkenntnisse erreichbare etwa 50 Prozent treffsichere Wettervorhersage.

Aufwendigere deterministische Methoden, in die eine ungeheure Menge an Vorkenntnissen einfließt, erreichen für zweitägige Vorhersagen etwas über 70 Prozent. Grundsätzlich ist das Wettergeschehen an einem bestimmten Tag, ganz ähnlich wie das Resultat eines einzelnen Coups im physikalischen Roulette, mit den Aspekten der Chaostheorie verknüpft: Kleine Ursachen können große, unvorhersehbare Wirkungen zur Folge haben.

Eine weitere Methode der Wettervorhersage ist nicht deterministischer, sondern statistischer Art, denn statistisch hat man ja klimatische Entwicklungen längst erfaßt. Damit können Wahrscheinlichkeiten für bestimmte Entwicklungen angegeben werden, die für Großwetterlagen zu über 80 Prozent zutreffen.

Ein ganz anderes Verfahren hat Anfang der achtziger Jahre wegen seiner außerordentlich hohen Treffsicherheit nicht nur in Fachkreisen Aufsehen erregt. Es ist in den USA entwickelt worden und nur auf einer Großrechenanlage durchführbar. Man hat die in einem Gebiet im Verlauf mehrerer Jahre beobachteten Wetterentwicklungen typisiert, codiert und abgespeichert. Nun wird der Rechner mit den aktuellen Ausgangsdaten gefüttert. Der Vorhersagemechanismus ist dann ganz einfach: Es wird diejenige in den *Lerntabellen* gespeicherte Wetterentwicklung ausgewählt, deren Ausgangslage mit den aktuellen Daten am besten übereinstimmt. Mit dieser Methode ist bisher die beste Treffsicherheit erzielt worden. Bemerkenswert daran ist nicht zuletzt, daß dieses Verfahren weitgehend empirisch ist und grundsätzlich keine meteorologischen Kenntnisse voraussetzt.

Die Suche nach der besten ballistischen Prognose im Roulette hat sich nach dem gleichen Muster vollzogen. Zuerst wurde mit der Regressionsmethode versucht, einfache funktionale Abhängigkeiten als Motor einer Vorhersage zu verwenden; zwei Parameter mußten ermittelt werden. Die Resultate waren nur mäßig befriedigend. Aufgrund der verschiedenen Effekte war schnell klar, daß statt zweier Parameter eine größere Menge von Daten – in jeder Datenkategorie – gelernt, geeignet gemittelt und abgespeichert werden mußte: Das war die typische statistische Methode, mit besseren Ergebnissen.

In der nächsten Stufe wurden keine Mittelwerte mehr gebildet und gespeichert, sondern ganze Einheiten von Coups, jedoch in zwei durch die Kollision getrennten Phasen: einer deterministischen und einer stochastischen.

Schließlich gaben wir diese «Abschnürung» zwischen dem Roll- und dem Streuvorgang auf, wodurch Effekte und Auswirkungen der (ersten) Laufphase auf die (zweite) Streuphase individuell, das heißt für jeden integralen Coup, erfaßt werden konnten. Es war unsere «implizite Methode» (immer noch auf statistischer Basis), die schließlich bei gleichen Bedingungen die größte Treffsicherheit hatte. Und diese implizite Lösung entspricht ziemlich genau der Philosophie der oben beschriebenen besten Wettervorhersage. Viele Datenzellen und komplizierte deduktive Berechnungen konnten aufgegeben werden, die Anforderungen an die Vorkenntnisse schwanden, und die Prognosen wurden treffsicherer.

Die Simulation im Fadenkreuz der Methoden

Lerntabellen, wie sie sowohl bei der Wettervorhersage als auch in der Rouletteballistik verwendet werden, bilden die Stammdaten jeder Simulation. In den Ingenieur- und Naturwissenschaften gehören Simulationen schon länger zum Werkzeugstandard der Forschung und werden in unzähligen Anwendungen – oft gepaart mit Methoden der Künstlichen Intelligenz – in Chemie und Biologie, in der medizinischen Diagnostik, der Bildverarbeitung für Roboter, der Festkörperphysik sowie in allen Sparten der Technik genutzt.

Bei der Lektüre wirtschaftswissenschaftlicher Abhandlungen schleicht sich jedoch häufig der Verdacht ein, daß man bei der Behandlung vor allem wirtschaftspolitischer Probleme und Themen noch nicht soweit ist. Dabei würde sich gerade die Ökonomie wegen ihres komplexen, nichtlinearen Gegenstands und der ungeheuren Anzahl der Marktteilnehmer sehr gut eignen, ihre Theorien auch mit Hilfe von Simulationen zu erforschen. Schließlich wird die reale Wirtschaftswelt von einem gewaltigen Gemisch aus positiven und negativen Rückkopplungen gesteuert, die in ihrer Eigengesetzlichkeit und Kraft stärker sind als die paar Menschen, die die aberwitzige Aufgabe haben, mit ein paar traditionellen Instrumenten «alles unter Kontrolle» zu halten. Simulationen liefern angesichts dieser Komplexität eine solide Basis für Entscheidungen, ob es sich um die Analyse eines Fabrikationsunternehmens handelt, um Warteschlangenmodelle oder um volkswirtschaftliche Zusammenhänge. *Simulationen helfen, die Wirklichkeit zu begreifen.*

Die Simulation ist ein effizientes Instrument zur Erkenntnisgewinnung und sollte gleichberechtigt neben Theorie und Experiment stehen. Für die Bewältigung bestimmter Aufgaben ist sie geeigneter als jede andere Methode. Neben ihrer Flexibilität bei der Erprobung aller möglichen Modelle, von der simplen Erzeugung von Zufallszahlen bis hin zu ganzheitlichen, komplexen Mustern und Verhaltensweisen – die oft mittels überraschend einfacher Regeln erzeugt werden können –, hat sie, dank der Leistungsfähigkeit immer modernerer, auch parallel arbeitender Computer, als einen weiteren wesentlichen Vorteil ihre *Schnelligkeit* ins Feld zu führen.

Neben der Dreieinigkeit Theorie – Simulation – Experiment möchte ich nur noch die damit verwandte Triade Analyse – Simulation – Kon-

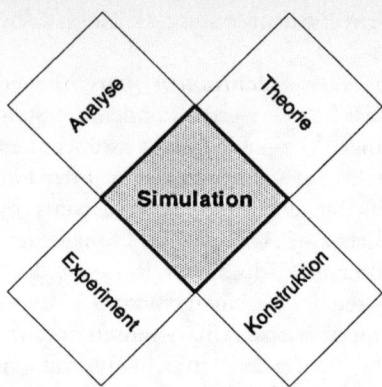

Abb. 31: Zwei Triaden: *Theorie – Simulation – Experiment* und *Analyse – Simulation – Konstruktion*: die Simulation im Fadenkreuz der Methoden

struktion erwähnen, wie sie beispielsweise bei der Entwicklung technologisch hochwertiger Produkte oder bei der Erforschung von Rückkopplungsphänomenen in Frage kommt. Ein bemerkenswerter Umstand besteht darin, daß es viel leichter ist, ein Objekt mit einfachen Eigenschaften zu konstruieren als zu analysieren, wie Valentin Braitenbergs hochinteressantes Buch *Vehikel – Experimente mit kybernetischen Wesen* zeigt.

Wahrscheinlichkeit, Glaubwürdigkeit und Plausibilität

Bereits bei der Behandlung der Rouletteprobleme haben wir uns mit zahlreichen konkreten Informationen und mit der Beurteilung ihrer Relevanz auseinandergesetzt. Speziell ging es oft darum, ungewisse Ereignisse hinsichtlich der Wahrscheinlichkeit ihres Eintretens – oder auch hinsichtlich der Erwartung, die ein Wetteinsatz haben würde – zu bewerten. Einerseits hängen die zu erzielenden Erkenntnisse in starkem Maß von der Verarbeitung der vorhandenen Informationen ab, andererseits bestimmen aber begriffliche Differenzierungen verschiedene Erkenntnisarten. Zum Beispiel führen die Adjektive «wahrscheinlich», «glaubwürdig» und «plausibel», die nur ähnliche Bedeutungen haben, zu unterschiedlichen Einsichten über die Ungewißheit eines Ereignisses.

In seinem Buch *Das Ziegenproblem* schreibt Gero von Randow: «Wenn der Staatsanwalt in seinem Plädoyer sagt: *Danach verließ der Angeklagte den Tatort*, klingt das nicht so überzeugend wie: *Danach warf der Angeklagte einen Blick aus dem Fenster und verließ den Tatort*. Szenarien, obwohl unwahrscheinlicher, sind eben anschaulicher. Detaillierte Angaben suggerieren Glaubwürdigkeit und bestimmte Kausalverknüpfungen.»

Eine Bedingung fehlt: Nur wenn die vom Staatsanwalt vorgetragenen Ereignisse voneinander unabhängig sind, gilt die Multiplikationsregel für Wahrscheinlichkeiten, und das Produkt kann nicht größer sein als jeder einzelne Faktor. Im vorliegenden Fall darf diese Voraussetzung zumindest bezweifelt werden. Warum sollte ein Staatsanwalt ein Ereignis vortragen, wenn es zur Schuld des Angeklagten konkret nichts beiträgt? Dies wäre entweder ein Grund für die Verteidigung, in Form eines scharfen Gegenplädoyers zu protestieren, oder… die Ereignisse sind gar nicht so unabhängig voneinander. Der Angeklagte mag nach der Tat einen Blick aus dem Fenster geworfen haben und von einem Zeugen erkannt worden sein, oder er mag den ankommenden Polizeiwagen erblickt haben, weswegen er dann versuchte, über die Hintertreppe oder übers Dach zu fliehen, bevor er dennoch gestellt wurde. Vielleicht gibt es ja irgendwelche Kausalverknüpfungen. Wir wissen es nicht. Es ist aber anzunehmen, daß die Anwesenden im Gerichtssaal vollständiger informiert sind und über die Glaubwürdigkeit der Aussage des Staatsanwalts besser befinden können. Existieren in einem solchen Fall Kausalverknüpfungen zwischen Ereignissen, kann die sogenannte Bayessche Formel – manchmal – weiterhelfen, eine Formel für die «Beweiswürdigung», wie die Juristen sagen.

Die Frage, ob Ereignisse unabhängig zu betrachten sind oder nicht, ist sehr wesentlich und entscheidend für alles weitere, ganz egal, ob sich die Aussagen auf die Vergangenheit, die Gegenwart oder die Zukunft beziehen. Würden die Ereignisse in einer Kette von Indizien als voneinander unabhängig angesehen werden, dann erschiene ja die Tat um so unwahrscheinlicher, je länger oder dichter die Indizienkette wäre, und bei nur einem Indiz wäre die Schuld mit höchster Wahrscheinlichkeit praktisch erwiesen…

Die Adjektive *wahrscheinlich, glaubwürdig* und *plausibel* für ein Ereignis bezeichnen alle mehr oder weniger den Grad der Ungewißheit dieses Ereignisses. Diese Begriffe sind mathematisch exakt definiert und miteinander verknüpft worden, weil das Adjektiv *wahrscheinlich* allein zur Beschreibung des Ungewißheitsgrades nicht ausreicht. Immer mehr setzt sich die Erkenntnis durch, daß es *unterschiedliche Kategorien von Ungewißheit* gibt, und diese Erkenntnis entspringt weder einer Grundsatzdiskussion über die Natur des Zufalls noch einem unwiderstehlichen Drang zur Haarspalterei, sondern gewöhnlichen Lebenssituationen und umgangssprachlichen Deutungen.

Information wird letztlich immer in bezug auf bestimmte Fragen gesucht und analysiert. Fragen wir nach dem Alter einer bestimmten Dame. (Dieses Beispiel und die begleitenden Überlegungen entnehme ich leicht geändert von Jürg Kohlas, der an der Universität Freiburg/ Schweiz auf diesem Gebiet – Synthese von Logik und Wahrscheinlichkeitsrechnung – forscht und lehrt.) Die gesuchte Angabe ist nicht verfügbar – etwa aus einem Dokument –, doch könnten wir zum Beispiel die im folgenden skizzierten drei verschiedenen Arten von Informationen zum Alter der Dame erhalten:

Eine erste Auskunftsperson erklärt, sie habe die Dame gesehen und sie sei offenkundig *jung*. Dies ist zweifellos eine Information, wenn auch eine *unscharfe* oder *vage*. Es ist unmöglich, damit eine klare Abgrenzung zu anderen Begriffen wie «alt» vorzunehmen – eine typische Eigenschaft umgangssprachlicher Information. Dennoch klärt sich mit einer solchen Angabe das Bild der Dame schon einigermaßen. Offenbar ist sie nicht achtzig; ein Alter zwischen zwanzig und dreißig oder vierzig erscheint plausibel, wobei sicher das Alter der Auskunftsperson, die die Dame als jung bezeichnete, berücksichtigt werden muß. Es wäre zweifellos ein Informationsverlust, wollte man diese Angabe wegen ihrer Vagheit verwerfen.

Eine zweite Auskunftsperson glaubt, die Dame aufgrund der Beschreibung zu kennen, und diese Bekannte ist achtzehn Jahre alt. Das ist an sich eine exakte Information, die jedoch nicht ganz sicher ist, weil die fragliche Dame mit der Bekannten der Auskunftsperson doch nicht identisch sein könnte. Möglicherweise ist also die Information wertlos – Beispiel einer bedingten, *unzuverlässigen* oder zumindest nicht völlig zuverlässigen Information. Unter bestimmten Annahmen enthält sie eine präzise Angabe; falls diese Annahmen jedoch nicht zutreffen, enthält sie keinerlei Information zur gestellten Frage. Diese Art unzuverlässiger Information ist typisch für Sensoren (die defekt sein können) und für Aussagen von Zeugen (die sich irren können).

Eine dritte Auskunftsperson weiß schließlich, daß die fragliche Dame soeben ihr Abitur abgelegt hat. Das Abitur wird bekanntlich meistens zwischen achtzehn und zwanzig abgelegt; aber auch in einem späteren Lebensabschnitt ist dies noch möglich, etwa über den dritten Bildungsweg. Es gibt sogar statistische Daten, die diese Aussage präzisieren. Dies ist eine *verteilte* Information. Sie ist typisch für die meisten auf Erfahrung oder Statistik gestützten Informationen über Häufigkeiten von verschiedenen möglichen Ergebnissen oder Ereignissen. *Das ist die Art von Information, auf der die Wahrscheinlichkeitsrechnung gewöhnlich aufbaut.* Allzuoft wird Ungewißheit a priori mit dieser Form identifiziert. Die ersten beiden Beispiele zeigen jedoch klar, daß die Unsicherheit einer Information keineswegs nur statistischer oder verteilter Natur sein muß.

Die drei Beispiele weisen auf drei unterschiedliche Arten partieller Information hin, deren Verarbeitung mit Hilfe des klassischen Wahrscheinlichkeitskalküls (einschließlich der universellen Bayes-Formel) weder stets möglich noch zweckmäßig ist. Es ist wichtig, mit allen drei Arten von mangelhafter Information umgehen zu können. Zudem sollte man sie möglichst miteinander verknüpfen, um ein Gesamtbild der verfügbaren Information zu erhalten.

Daß die verfügbare Information selten exakt und unfehlbar ist, sondern meist eher summarisch, vage, mit Vorbehalten versehen, unzuverlässig und sogar widersprüchlich, ist keineswegs nur negativ zu bewerten. Bei genauerer Überlegung stellt sich heraus, daß die auf den ersten Blick mangelnde Qualität der Information einem weitgehend universellen *ökonomischen Prinzip der Informationsverarbeitung* entspricht.

Menschliche Denkprozesse beruhen größtenteils auf der Umgangssprache. Unscharfe Qualifikationen wie groß und klein, jung und alt, arm und reich, gesund und krank beinhalten konzise, wenn auch vage Informationen, die offenbar für den größten Teil der alltäglichen Kommunikationsbedürfnisse ausreichend sind. Erfahrung umfaßt Wissen, das *in den meisten Fällen* zutrifft – eine Quelle für die Heuristiken – und oft genügt, um sehr komplexe Probleme zu meistern. Deshalb erscheint es sinnvoll, das erwähnte ökonomische Prinzip auf dem Gebiet der Informationsverarbeitung zu nutzen. Standen zu Beginn dieser Forschungen (Synthese von Logik und Wahrscheinlichkeitsrechnung) die Entscheidungstheorie und die Unternehmensforschung (Operations Research) allein da, so ist nach und nach eine Vielzahl von Theorien (Künstliche Intelligenz, Expertensysteme, Theorie der Hinweise und Indizien, Evidenztheorie usw.) und Anwendungen (Fuzzy-Logik in industriellen Produkten und Robotern, Steuerung der Autofokussierung von Kameras usw.) bekannt geworden. Das *plausible* und *wahrscheinliche Schließen* wird in Expertensystemen für die medizinische und technische Diagnostik eingesetzt, bei der Bildverarbeitung und bei der Überwachung verschiedenartigster Prozesse.

An einem konkreten Beispiel soll noch gezeigt werden, wie die Begriffe *Glaubwürdigkeit* und *Plausibilität* – wie auch ihre Maße – zweckmäßig und den Wahrscheinlichkeitsbegriff ergänzend verwendet werden. Das folgende Schema gehört wohl zu den häufigsten Situationen des Schließens: Aus A folge B (wenn es regnet, wird – zur Abwechslung – die Wäsche naß), aber es ist nicht ganz sicher, ob A gilt (ob es regnen wird). Immerhin wollen wir annehmen, daß die Wahrscheinlichkeit von A, p(A), bekannt ist. Was kann dann bezüglich B gefolgert werden?

Aufgrund der vorliegenden Information kann B gefolgert werden, wenn A wahr ist. Man hat daher ein Argument für B, das mit Wahrscheinlichkeit p(A) gültig ist, und dies mißt die Zuverlässigkeit, mit der B aus der vorliegenden Information geschlossen werden kann. Man kann sagen, daß eine Hypothese wie B (daß die Wäsche naß wird) um so glaubwürdiger ist, je zuverlässiger sie aus der vorhandenen Information geschlossen werden kann. Die Glaubwürdigkeit – das heißt das Gewicht der Gründe, die die Hypothese glaubwürdig machen – läßt sich sogar zahlenmäßig durch die Wahrscheinlichkeit ausdrücken, mit der die Hypothese gefolgert werden kann. So ist im vorliegenden Beispiel der *Grad der Glaubwürdigkeit* der Hypothese B durch

$$\text{sp}(B) = p(A)$$

ausgedrückt (sp kommt vom englischen *support, degree of support*), der Grad, zu dem die Hypothese durch die vorliegende Information *gestützt* wird (das Maß der belastenden Argumente – was belastet den Angeklagten?)

Es ist sehr wichtig zu sehen, daß das *Gegenteil* von B (die Wäsche bleibt trocken) nun nicht etwa den Grad der Glaubwürdigkeit $1 - \text{sp}(B)$ hat, wie man aus der Gewohnheit der Wahrscheinlichkeitsrechnung voreilig folgern könnte. In der Tat haben wir soweit noch kein Argument für das Gegenteil von B (wenn es nicht regnet, könnten ja die Kinder die Wäsche bespritzen oder der Nachbar die Wäsche nässen, wenn er den Rasen sprengt, usw.). Das bedeutet aber nichts anderes, als daß der Grad der Glaubwürdigkeit des Gegenteils von B im Lichte der bislang vorhandenen Information mit Null bemessen werden muß, was wiederum nicht heißt, daß das Gegenteil von B unmöglich ist, sondern nur, daß noch kein konkretes positives Argument dafür vorliegt. (Solche Überlegungen hatte bereits Jakob Bernoulli in seinem 1713 erschienenen Werk *Ars conjectandi* angestellt und in diesem Zusammenhang von «reinen» Argumenten gesprochen. Diese Betrachtungsweise ist jedoch in der nachfolgenden Entwicklung der Wahrscheinlichkeitstheorie außer acht gelassen und erst in jüngster Zeit wieder aufgegriffen worden.)

Grundlegend für eine Theorie des Schließens unter Ungewißheit auf dieser Grundlage ist nun, daß gezeigt wird, wie beim Eintreffen neuer Information die bisher erarbeiteten Grade der Glaubwürdigkeit revidiert werden können. Neue Information bedeutet möglicherweise neue Argumente für oder gegen die betrachtete Hypothese. Es geht darum, zu einer neuen Synthese der vorhandenen Argumente zu gelangen, wobei man sich eventuell auch mit widersprüchlichen Argumenten auseinandersetzen muß. Das erfordert die Entwicklung eines Kalküls, der auch in einer widersprüchlichen Lage zu einer saubereren, logisch korrekten Synthese kommt.

Die Betrachtung kann nun noch in eine andere Richtung ausgeweitet werden. Bislang haben wir nur gefragt, inwiefern eine Hypothese aufgrund der vorhandenen Information gefolgert werden kann, das heißt notwendigerweise richtig sein muß – was zum Grad der Glaubwürdigkeit führt. *Es können aber auch alle Argumente in Betracht gezogen werden, die eine Hypothese nicht widerlegen*, insbesondere jene, die die Hypothese zwar nicht beweisen, aber auch ihr Gegenteil nicht belegen. Je wahrscheinlicher oder zuverlässiger solche Argumente sind, um so weniger spricht gegen die fragliche Hypothese – um so *plausibler* ist sie. Daher definiert man den *Grad der Plausibilität* einer Hypothese, $\text{pl}(B)$, als die «Gegenwahrscheinlichkeit des Grads der Glaubwürdigkeit des Gegenteils der Hypothese»:

$$pl(B) = 1 - sp(nicht B)$$

Betrachten Sie diese Definition ruhig als Kuriosum; seien Sie aber versichert, daß dies ebensowenig ein perfides Wortspiel ist wie die Definition der Gesamtstreuung (S. 45). Manche formale Definitionen wie die des Plausibilitätsgrades sind vielleicht etwas gewöhnungsbedürftig, aber im Grunde genommen nicht schwer zu verstehen. Schließlich gehen wir meist intuitiv im täglichen Leben damit um, allerdings speziell bei widersprüchlichen Informationslagen formal nicht sehr korrekt.

Je kleiner der Plausibilitätsgrad $pl(B)$ ist, desto weniger verträglich ist die Hypothese B mit der Information, desto mehr Zweifel an der Hypothese sind aufgrund der vorliegenden Information angebracht. In der Tat kann das Komplement $1 - pl(B)$ als Maß für den *Grad des Zweifels* an einer möglichen Hypothese oder Aussage B betrachtet werden (das Maß der entlastenden Argumente – was entlastet den Angeklagten?).

Wenn nichts gegen eine Hypothese spricht, dann erhält diese den Plausibilitätsgrad 1. Je näher der Plausibilitätsgrad einer Hypothese bei 1 liegt, desto verträglicher ist sie mit der vorliegenden Information, desto weniger Zweifel an ihr legt die Information nahe.

Es ist auch möglich, daß nichts für und ebenfalls nichts gegen eine Hypothese spricht. Sie hat dann den Grad der Glaubwürdigkeit 0 und den Grad der Plausibilität 1. Auf diese Weise kann das Fehlen jeglicher Aussagekraft einer Information in bezug auf eine bestimmte Frage zum Ausdruck gebracht werden. Das löst überdies auch die Widersprüche auf (oder läßt sie erst gar nicht aufkommen), die dem sogenannten Prinzip des unzureichenden Grundes entspringen. (Es besagt, daß wir für Annahmen, deren Gewißheit wir nicht beurteilen können, «Gleichwahrscheinlichkeit» unterstellen dürfen. Danach darf zum Beispiel jedem Angeklagten eine a-priori-Schuld von 50 Prozent unterstellt werden – während in unserem erweiterten Begriffssystem noch gar keine Rede ist von der *Wahrscheinlichkeit* einer behaupteten Schuld. Vielleicht sollten auch exotische Wahrscheinlichkeitsausdrücke, wie der für die Existenz von Leben im All, nach dieser neuen *Argumentationstheorie* revidiert werden.)

Auf eine Darstellung der Erkenntnisformel von Thomas Bayes, die auf Rückschlüsse angewandt wird und eine Art «universelle Formel der Wissenschaft» verkörpert, habe ich verzichtet. Der Schwachpunkt des Bayesschen Modellansatzes in der Praxis liegt darin, daß die dazu erforderlichen bedingten und a-priori-Wahrscheinlichkeiten schwierig zu bestimmen und andererseits ausschlaggebend für das Rechenergebnis sind. (Dagegen ist im Rahmen des neuen Ansatzes nicht einmal eine anfängliche Wahrscheinlichkeitsschätzung für die Schuld eines Angeklagten nötig!) Die neuen Überlegungen und Formalismen sind eher als eine Erweiterung und Differenzierung der klassischen Gegebenheiten zu betrachten, ähnlich wie die Einsteinsche Relativitätstheorie als Erweiterung der Newtonschen Mechanik gilt.

Eine mathematische *Theorie der Argumentation* scheint in einem gewissen Gegensatz zur klassischen mathematischen *Entscheidungstheorie* zu stehen, die sich als Theorie des rationalen Handelns begreift. Wie wir aber im folgenden Kapitel sehen werden, werden die rationalen Entscheidungsprinzipien, die dieser Theorie zugrunde liegen, bei weitem nicht allgemein von real Handelnden akzeptiert und befolgt, oft aus guten Gründen. Kohlas: «Die Rolle der Mathematik ist es auch, nicht nur Modelle rationalen Handelns zu entwickeln, sondern ebensosehr Modelle des vernünftigen Argumentierens zur Verfügung zu stellen, Methoden zur Modellierung von Argumenten, von Schlüssen und ihrer Gewichtung. So zeichnet sich am Horizont eine neue argumentative, mathematische Theorie der *Entscheidungsvorbereitung* oder *-unterstützung* ab. Diese begnügt sich damit, Argumente für und wider mögliche Handlungen aufzubereiten, und wird damit möglicherweise in manchen Fällen der Informationslage besser gerecht als die präskriptive Entscheidungstheorie, die den Anspruch erhebt, die beste Handlung auszuwählen, jedoch in Wirklichkeit nur selten über die dazu notwendigen Informationen tatsächlich verfügt.»

Wo Psychologie Logik schlägt

Roulette und Black Jack haben fixe Auszahlungsquoten im Gewinnfall. Es sind Spiele, bei denen die psychologische Komponente bei den Entscheidungen während des Spiels die Gewinnquoten nicht beeinflußt. Das Wissen um die Psychologie der Mitspieler kann bei Roulette und Black Jack Ihre Erwartung nicht erhöhen.

Betrachten wir dagegen Spiele wie Lotto, Poker, Sportwetten oder Börsenspekulationen, fällt zuerst auf, daß es hier keine fixen Auszahlungsquoten gibt. Die Gewinnquoten variieren in Abhängigkeit von der Anzahl der Gewinner oder in Abhängigkeit von den Aktionen der übrigen Teilnehmer. Was die einen wenigen gewinnen, verlieren die vielen anderen. (Bleibt die Summe der Gewinne gleich der Summe der Verluste, wird von einem *Nullsummenspiel* gesprochen. Bei allen Spielen kassieren allerdings stets auch Betreiber und Staat einen Anteil, so daß es sich höchstens um unechte Nullsummenspiele handelt.)

Wenn die Gewinnquoten aber von der Anzahl der Gewinner oder von den Aktionen aller Teilnehmer abhängen, steht ja nicht nur mehr der Gegenstand der Wette (Lottozahlen, Fußballvereine, Pferde, Aktien usw.) zur Debatte, sondern auch das mögliche Verhalten der übrigen Teilnehmer – und dieses bedarf einer Verhaltensanalyse.

Kann Lotto eine positive Erwartung haben?

Es ist eine Tatsache, daß Lotto ein reines Glücksspiel ist – in dem Sinne, daß jedem der fast vierzehn Millionen Sechsertips die gleiche (Un-) Wahrscheinlichkeit zukommt. Also ist es gleichgültig, *welche* Zahlenkombinationen Sie ankreuzen? Um die richtigen Zahlen zu treffen, ist es (eben wegen der Gleichwahrscheinlichkeit) in der Tat egal; treffen Sie aber, steht die Höhe Ihres Gewinns noch in den Sternen. Erst nach der vollständigen Auswertung aller Teilnehmerscheine stellt sich heraus, mit wie vielen Mitgewinnern Sie teilen müssen.

Würden alle Teilnehmer wirklich zufällig tippen, dann würden die Gewinnquoten auch nur zufällig schwanken – wesentlich weniger als in Wirklichkeit. Bei Zufallsauswahlen ist die mathematische Erwartung konstant und beträgt negative 50 Prozent des Einsatzes, da die Gesamtausschüttung nur 50 Prozent der Gesamteinnahmen ausmacht. Statistische Untersuchungen haben aber gezeigt, daß die Zahlen nicht zufällig getippt werden: Viele Teilnehmer tippen Kalenderdaten, wie etwa Geburtstage – wodurch gewisse Zahlengruppen überrepräsentiert sind –, oder vermeiden Zahlen, die auf dem 7×7-Tippfeld am Rand liegen. Abbildung 32 zeigt diese vom Würzburger Statistiker und Hochschullehrer Herbert Basler ermittelte Klasseneinteilung der Zahlengruppen.

Werden nun häufig getippte Zahlen gezogen, gibt es im Mittel mehr Gewinner und daher weniger Geld für den einzelnen. Besteht der Sech-

1	2	3	4	5	6	7
8	9	10	11	12	13	14
15	16	17	18	19	20	21
22	23	24	25	26	27	28
29	30	31	32	33	34	35
36	37	38	39	40	41	42
43	44	45	46	47	48	49

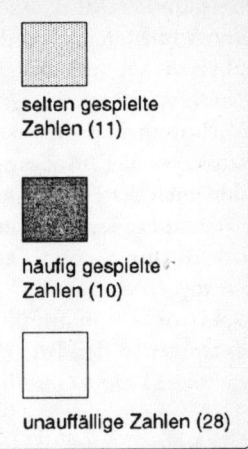

selten gespielte
Zahlen (11)

häufig gespielte
Zahlen (10)

unauffällige Zahlen (28)

Abb. 32: Einteilung der Lottozahlen in drei Gruppen nach der Häufigkeit ihres Auftretens in Tippreihen (nach einer statistischen Analyse von Herbert Basler)

ser dagegen überwiegend aus selten getippten Zahlen, gibt es tendenziell weniger Gewinner, die dann aber in den Genuß einer höheren Gewinnquote kommen.

Hier tritt folgende paradoxe Situation auf: Je mehr Leute glauben, sie spielten ein Glücksspiel, desto mehr kann dieses den Charakter eines Geschicklichkeitsspiels annehmen – mit zum Teil sehr variablen Erwartungen, die bei klugen Entscheidungen auch positiv werden können. Die Strategie für eine höhere Erwartung ist einfach: geschicktes Tippen, das heißt die Auswahl ungewöhnlicher Kombinationen. Nur: «Niemand kennt die Kombinationen, die von den Tippern vernachlässigt werden», sagt Herbert Basler (*Focus* 52/1994). «Dieses Wissen wäre Millionen wert. Wer auch nur eine einzige der seltenen Zahlen ankreuzt, kann seine Gewinnerwartung um 30 Prozent erhöhen.»

Das denkbar beste System ließe sich aus den Millionen von Tippreihen gewinnen, die in den Computern der Lottogesellschaften landesweit gespeichert sind. Basler hält es für denkbar, daß die Gewinnerwartung durch Tippen der seltenen Reihen mindestens auf das Doppelte des Einsatzes steigt: Statistisch könnte der erwartete Gewinn für eine Tippreihe (Einsatz: eine Mark) auf zwei Mark wachsen, obwohl pro eingesetzter Mark nur 50 Pfennig ausgeschüttet werden. Voraussetzung: Niemand sonst darf die seltenen Reihen kennen; jeder Mitwisser kann die Quoten drücken.

Obwohl uns die seltenen Reihen nicht bekannt sind, läßt sich aber auch aufgrund dieser unvollständigen Information ein optimales System erstellen. Ausgangspunkt ist die Einteilung der Zahlen in Gruppen nach der Häufigkeit ihres Auftretens (Abbildung 32).

Erste Frage: Welcher Anteil der sechs Richtigen stammt im statistischen Durchschnitt aus jeder der drei verschieden umfangreichen Gruppen? Antwort: 1,35 aus der seltenen, 1,22 aus der häufigen und 3,43 aus der unauffälligen, das heißt zufälligen Gruppe; diese Anteile entsprechen den Bruchteilen *Umfang der Gruppe (11, 10 beziehungsweise 28) zum Gesamtumfang (49), bezogen auf den Umfang einer Tippreihe (6).*

Zweite Frage: Welche Anteile sollten Sie aus den verschiedenen Gruppen für Ihre Tippreihen klugerweise auswählen? Antwort: Tendenziell mehr seltene und weniger häufige Zahlen als durchschnittlich ausgewiesen. Konkret könnten Sie also zwei Zahlen aus der seltenen Gruppe auswählen, nur eine aus der häufigen und die restlichen drei aus der unauffälligen Gruppe.

Dritte Frage: Läßt sich dieser Systemaufbau trotz fehlender Information über die seltenen Tippreihen noch verfeinern? Antwort: Ja. Dies kann mittels zweier sich gegenseitig stützender Verfahren geschehen; erstens durch eine weitere Gruppenaufteilung (unter beliebigem Gesichtspunkt), speziell der großen unauffälligen Gruppe (28 Zahlen) in beispielsweise zwei Gruppen zu je 14 Zahlen; zweitens durch eine statistische Analyse der Beziehung zwischen der Verteilung der Gewinnzahlen auf die verschiedenen Gruppen und den jeweiligen Auszahlungsquoten. Besonders diese Bewertung ist der beste Ersatz für das fehlende Wissen über die seltenen Tippreihen.

Lotto hat also zweifellos einen Geschicklichkeitsaspekt. Bei anderen Spielen wie Poker, Sportwetten und Börsenspekulationen hängen die erzielbaren Erwartungen nicht nur von den Aktionen der Teilnehmer ab, sondern auch noch von der Ungleichverteilung der Wahrscheinlichkeiten. Diese Spiele haben einen höheren «Freiheitsgrad», das heißt noch mehr Kategorien von Aktionsmöglichkeiten.

Die möglichen Ereignisse bei einem Spiel und die Einschätzungen der Teilnehmer hierzu sowie deren Aktionen hängen eng zusammen. Da aber das Endresultat (zum Beispiel der Kurs einer Aktie zu einem bestimmten Zeitpunkt) die über Angebot und Nachfrage zustande gekommene Wirkung aller Teilnehmeraktionen darstellt, ist der psychologische Aspekt umfassender als etwaige fundamentale oder technische Aspekte allein.

Das Bluffen im Pokerspiel

Die Psychologie des Pokerspiels ist natürlich eine andere als die der Sportwetten und Börsenspekulationen. Beim Pokern haben wir es wegen der geringen Teilnehmerzahl mit (aktiven und passiven) individualpsychologischen Aspekten zu tun, während die anderen genannten Spiele durch massenpsychologisches Verhalten geprägt werden und der statistischen Analyse leichter zugänglich sind.

Trotzdem können für das Pokerspiel allgemeingültige Verhaltensregeln und Strategien angegeben werden, wie einige Arbeiten zeigen (von Neumann/Morgenstern, Sklansky, Othmer). Es gibt unzählige Varianten dieses zum Teil äußerst komplexen Spiels. Ich beschränke mich hier auf den Hinweis, daß es bis zu einem gewissen Grad möglich ist, aus der Körpersprache des Gegners (Enttäuschung, unterdrückte Gefühlswallung bei Laien, Färbung der Sprache, *Poker face* usw.) Rückschlüsse auf sein Blatt zu ziehen, sowie auf eine kurze Erörterung des bekanntesten psychologischen Manövers, des *Bluffens*.

Das wesentliche Moment beim Pokern ist, daß ein Spieler mit starkem Blatt wahrscheinlich hoch bieten – und oft überbieten wird. Wenn folglich ein Spieler hoch bietet oder überbietet, kann sein Gegenspieler annehmen, daß ein starkes Blatt vorhanden ist, was ihn unter Umständen zum Passen veranlassen wird. Da aber beim Passen die Karten nicht verglichen werden, kann gelegentlich auch ein Spieler mit schwachem Blatt einen Gewinn gegen einen Spieler mit stärkerem Blatt erzielen, indem er durch hohes Bieten oder Überbieten den Eindruck von Stärke erzeugt, vor dem der Gegner kapituliert. Dieses Manöver, bekannt als Bluffen, wird von allen erfahrenen Spielern angewandt.

Doch liegt dem Bluffen nicht nur das eben beschriebene Motiv zugrunde. Wenn nämlich von einem Spieler bekannt ist, daß er nur bei starkem Blatt hoch bietet, wird sein Gegner in solchen Fällen passen. Der Spieler wird daher gerade in den Fällen, wo ihm seine wirkliche

Stärke die Möglichkeit dazu bietet, nicht in der Lage sein, große Gewinne zu erzielen. Daher ist es für ihn ratsam, bei seinem Gegner in dieser Hinsicht Ungewißheit zu erzeugen, das heißt durchblicken zu lassen, daß er mitunter auch bei schwachem Blatt hoch bietet.

Es gibt also zwei mögliche Motive für das Bluffen: der Wunsch, bei (wirklicher) Schwäche den (falschen) Eindruck von Stärke, und der Wunsch, bei (wirklicher) Stärke den (falschen) Eindruck von Schwäche zu erwecken. Beide Motive sind Beispiele für *verkehrtes Signalisieren*, das heißt für die Irreführung des Gegners. Wichtig ist dabei, daß die erste Art des Bluffens am erfolgreichsten ist, wenn sie «gelingt», das heißt, wenn der Gegenspieler wirklich paßt, da dies den gewünschten Gewinn sichert, während die zweite am erfolgreichsten ist, wenn sie «mißlingt», wenn also der Gegner aufdeckt, weil ihm dies die beabsichtigte irreführende Information verschafft.

Solche Verhaltensweisen sind riskant, und daher kann es sich lohnen, sie durch geeignete Gegenmaßnahmen *noch riskanter* zu machen, um so ihren Gebrauch durch den Gegenspieler einzuschränken. Eine mögliche Gegenmaßnahme wäre eine direkte Alternative zum zweiten Motiv des Bluffens (bei wirklicher Stärke den falschen Eindruck von Schwäche zu erwecken), nämlich eine Art Tiefstapeln, das heißt, niedrig zu bieten bei starkem Blatt, gerade noch mitzuhalten, um den Gegenspieler zu einem Bluff anzustiften, und dann aufzudecken oder gar plötzlich stark zu überbieten. (Während das zweite Bluffmotiv mehr für die statistische Beobachtung durch den Gegenspieler geeignet ist, zielt die Variante des Tiefstapelns viel perfider und direkter auf einen großen Partiegewinn – und wird bei Erfolg die Bluffneigung des Gegenspielers etwas einschränken. Starkes Überbieten zum Schluß soll ja auch den Eindruck des plötzlichen Bluffens vermitteln, wodurch der Gegenspieler in der laufenden Partie noch weiter «angeheizt» wird. Bei Erfolg wird die Gelegenheit in einer solchen dynamischen Folge von Partien günstig, wieder einen eigenen Bluff, erstes Motiv, anzubringen usw.)

Auf jeden Fall sind die verschiedenen Aspekte und Tiefen des Bluffens im Pokerspiel Instrumente zur spürbaren Verbesserung der konkreten Erwartungen.

Fußballwetten und Pferderennen

Nun kommen wir zu den Spielen, bei denen die Massenpsychologie der Teilnehmer einen entscheidenden Einfluß auf die Gewinnquoten hat. Bei Sportwetten, vorwiegend Fußballwetten und Pferderennen, sind erstere sowie das Rennquintett weniger interessant, weil die Toto-Gesellschaften in Deutschland wie beim Lotto in der Regel nur 50 Prozent der Einsatzeinnahmen ausschütten. Werden etwa 80 Prozent ausgeschüttet wie in Großbritannien, dann ähnelt die Ausgangslage der von «normalen» Pferdewetten und ist damit schon wesentlich weniger nachteilig.

Die Teilnehmer an solchen Wetten orientieren sich mehrheitlich an Prognosen von Spezialisten, die die jeweilige Szene im allgemeinen gut kennen. Solche Prognosen spiegeln die fachmännisch *logische* oder *technische Form* der Wettkampfteilnehmer wider, seien es Fußballvereine oder Pferde mit ihren Jockeys. Wenn sich nun diese Prognosen zum größten Teil erfüllen – und ab und zu tun sie es tatsächlich –, dann sind die vielen Gewinner meistens enttäuscht, weil die Quoten so niedrig liegen. Es wäre klüger, zumindest für die Erwartung, das zu vermeiden, was alle tun. Und dabei ist nicht einmal ein Fußballwissen oder ein «Pferdeverstand» nötig: Die publizierten Vorhersagen der Fachleute bilden den besten Ausgangspunkt, und zwar aus zwei Gründen. Erstens erspart man sich diese Arbeit, die man selbst ohnehin nicht besser machen könnte, und zweitens hat man dadurch die wertvolle Information, wie denn die Mehrheit spielen wird.

Hier muß dann die nicht ganz einfache Analyse ansetzen, ausgehend von statistischen Daten aus der Vergangenheit (*Prognosen* und *Ergebnisse*) oder, falls diese nicht mehr erhältlich sind, von jetzt an eine Zeitlang in die Zukunft. Analysiert werden die Beziehungen zwischen Prognosen und Ergebnissen für jede Wettart getrennt. (Geht es um Fußball, dann sind vor allem die Unentschieden- und die Ergebniswetten interessant; geht es um Pferderennen, so können Sieg- und Platzwetten betrachtet werden, Zwillingswetten, Zweierwetten, Dreierwetten, Finishwetten usw. Natürlich werden die Galopp- und Trabrennen getrennt behandelt sowie die Arten der Rennen innerhalb jeder Kategorie.)

Speziell bei Pferderennen sind die Gewinnquoten auf der sogenannten Totalisatortafel kurz vor Rennbeginn besonders wichtig, denn sie geben Aufschluß darüber, welche *Favoriten* vom Publikum *unterschätzt* werden. Auf dieser Basis sind fundierte Systeme mit positiver Gewinnerwartung entwickelt worden. Wer sich dafür interessiert, sei vor allem auf Fabricand und Ziemba/Hausch hingewiesen.

Börse und Psychologie: Qualitatives

Viele Menschen nehmen am Börsengeschehen teil, und die Spekulation erfüllt nach überwiegender Meinung einen marktwirtschaftlichen Nutzen. Aber offensichtlich mischt nur ganz selten auch ein wahrhaft rationaler Homo oeconomicus mit, eine Tatsache, die schon Johan Huizinga erkannt hatte. In seinem Buch *Homo ludens* (1938) schreibt er: «Man spielt am Roulette-Tisch, und *man spielt an der Börse.* Im ersten Fall wird der Spieler zugeben, daß sein Handeln Spielen ist, im zweiten nicht. Kaufen und Verkaufen mit der Hoffnung auf unsichere Aussichten von Preissteigerung und Preissenkung gilt als ein Teil des *Geschäftslebens*, der ökonomischen Funktion der Gemeinschaft. In beiden eben genannten Fällen ist das Streben, Gewinn zu machen, maßgebend. Im ersten wird die reine Zufälligkeit der Chance zugestanden, wenn auch nicht völlig, denn es gibt ja *Systeme*, um zu gewinnen. Im anderen Fall macht sich der Spieler irgendeinen Wahn vor, er könne die zukünftige Tendenz des Marktes berechnen. Der Unterschied in der Geisteshaltung ist äußerst gering.»

Das Börsengeschäft wird offensichtlich auch vom Homo emotionalis betrieben, mitunter vom Homo irrationalis, und, nicht zu vergessen, auch vom Homo criminalis. Kurzum: Auch dies Geschäft wird von Menschen betrieben, die nicht anders sind als andere.

Das Schweizer Magazin *Bilanz* berichtet (3/94), daß spielsüchtige Börsianer immer häufiger auch auf dem Parkett der internationalen Finanzmärkte ausrutschen, angezogen von der Aussicht auf enorme Gewinne. Ihr Erkennungsmerkmal: «Je mehr sie verlieren, desto fanatischer werden sie», beobachtet Iver Hand, Psychiatrieprofessor und Verhaltensforscher an der Universität Hamburg. Dahinter stecke der Glaube, die Spielregeln der Finanzmärkte zu durchschauen. «Selbst wenn sie schon 90 Prozent verloren haben, denken sie, daß sie das System eines Tages bestimmt knacken werden», erklärt Hand.

Da sind zum einen die Fachleute der Banken, und diese befinden sich nicht selten in einem Interessenskonflikt: einerseits als Anlageberater, andererseits als Kreditgeber für die Wirtschaft. Also ist von denen nichts wirklich Zuverlässiges, Objektives zu erwarten.

Dann gibt es die lauten Börsengurus, Verkäufern von Roulettesystemen vergleichbar: *forget them!* Extremprognosen machen zwar Furore, wenn sie (zufällig) eintreffen; wenn nicht, ist der Bart ab. Und die Sieger von gestern sind die Verlierer von morgen – und zwar trotz des Umstands, daß sie mit ihren beachteten Prognosen oftmals die Kursbewegungen auslösen, die sie vorhersagen.

Was ist mit den Fundamentalisten und den Chartisten? «Je ökonomischer sie argumentieren, desto unsinniger werden die Prognosen», stellen Maas und Weibler in ihrem Buch *Börse und Psychologie* fest. Die Hauptthese: Rationales Verhalten an der Börse ist eine Fiktion. Nachfolgend eine Zitat-Collage aus dem Buch, auf eigene Verantwortung zusammengestellt:

Je rationaler Menschen meinen zu denken, desto weniger rational verhalten sie sich. Märkte mögen effizient* sein, Menschen sind es nicht; und je effizienter Märkte sind, desto mehr braucht man einen Psychologen, um sie zu verstehen.

Es ist besser, nichts zu wissen, da nach dem Zufallsprinzip zusammengestellte Aktienfonds bessere Ergebnisse erzielt haben als professionell gemanagte Fonds.

Markteffizienz, Nutzenfunktion und Innovation

Jeder Wertpapierhändler und Portfoliomanager gibt sich überzeugt davon, daß er in der Lage ist, durch die Auswahl der geeigneten Wertpapiere, Märkte und Währungen langfristig eine höhere Rendite zu erzielen, als er nach den eingegangenen Risiken zu erwarten hätte; er glaubt, er könne «den Markt schlagen». Auf dieser Auffassung basiert ein Wirtschaftszweig von internationaler Bedeutung, nämlich die aktive Vermögensverwaltung und das Wertpapiergeschäft.

---

* Ein Markt wird effizient genannt, wenn die Marktpreise alle verfügbaren relevanten Informationen widerspiegeln. Dies ist der Inhalt der *Markteffizienzhypothese*, die im folgenden Abschnitt eine wichtige Rolle spielen wird.

Demgegenüber geht die Lehre vom Homo oeconomicus davon aus, daß Kapitalmärkte effizient seien (Markteffizienzhypothese). Effizienz bedeutet, daß sich alle kursrelevanten Informationen unverzüglich und korrekt in den Kursen niederschlagen, was zur Folge hätte, daß kein Anleger auf Dauer eine überdurchschnittliche Rendite, eine *Überrendite*, erzielen kann, ohne gleichzeitig ein überproportionales Risiko einzugehen.

Während die Markteffizienzhypothese Aussagen über die Kapitalmärkte als Ganzes macht, bezieht sich die aus ihr abgeleitete *Random-Walk-Hypothese* jeweils auf den Kurs eines Wertpapiers. Ihr zufolge haben die zu erwartenden Kursänderungen weitgehend Zufallscharakter, weil die Anzahl der Einflußfaktoren zu groß ist, um eine Prognose zu ermöglichen. Daraus ergäbe sich der Schluß, daß dem aktiven Wertpapierhandel eine Existenzberechigung fehlt, um so mehr, als dieser darüber hinaus zusätzliche Transaktionskosten verursacht. Sinnvoll und effizient wäre dann lediglich das passive Halten des Markt- oder Indexportfolios.

Praxisbezogene Untersuchungen ergaben, daß aktive Vermögensverwalter selten besser, immer aber teurer als ein Index sind. Demzufolge weichen institutionelle Anleger in den USA mehr und mehr auf Indexportfolios aus. Anleger, die in diese Indizes investieren, gehen grundsätzlich davon aus, daß die Märkte effizient sind. Hierbei unterscheidet man drei Formen der Markteffizienz: die schwache, die mittelstrenge und die strenge. Der Strengegrad der Markteffizienz ist jedoch nur eine von mehreren *Dimensionen* zur Beschreibung des Marktgeschehens. Es gibt mindestens zwei weitere Dimensionen: eine *menschlich-psychologische* und eine *wissenschaftlich-technologische*. Die «menschliche» Dimension ist für die Frage nach der Existenz von Überrenditen kaum von Bedeutung, solange alle Marktteilnehmer mehr oder weniger denselben menschlich-psychologisch begründeten Verhaltensmustern unterliegen. Nur in dem Maß, wie die menschlichen Nutzenfunktionen um Einschätzungen, Meinungen und Gefühle der objektiven Gewinnoptimierungsfunktion nahe kommen, sind Vorteile gegenüber der Masse der «anderen» Teilnehmer möglich.

Um eine optimale Rendite zu erzielen, wären zwei Dinge erforderlich:

● eine zuverlässige Prognose von künftigen Kursen und Renditen, und
● die mathematische Portfolio-Optimierung.

Für die Portfolioberechnung stehen heutzutage leistungsfähige Computerprogramme zur Verfügung, während der Prognosebereich bisher noch unterentwickelt ist. Sogenannte *naive* Prognosen, zum Beispiel Kurs von morgen = Kurs von heute, erbrachten in etwa dieselben Ergebnisse wie ausgefeilte ökonometrische Modelle. Da Prognosen von Renditen und Kursen mit erheblicher Unsicherheit behaftet sind, bereits eine kleine Änderung einer Voraussage die optimale Portfoliostruktur stark verändern kann – und ein neues Portfolio auch nach den Transaktionskosten noch effizienter sein muß als das alte –, lassen sich auch die (vorhandenen) guten und ausgefeilten Portfolio-Optimierungsprogramme nicht voll ausnutzen. Sie werden demzufolge in der Regel nur indikativ und in größeren Zeitabständen eingesetzt.

Die Schwierigkeit, akkurate Prognosen zu erhalten, liegt in der Komplexität der Wirklichkeit, die sich deduktiv nur unzureichend modellieren läßt. Zahlreiche geistige Werkzeuge werden entwickelt, um das eine oder andere Teilproblem in den Griff zu bekommen.

Ausgefeiltere Modelle entstehen fast immer durch Differenzierung eines vorher global gebrauchten Begriffs. Zum Beispiel wird das *Risiko* in zwei Kategorien eingeteilt: das *systematische* und das *unsystematische*. Während sich letzteres durch Diversifizierung (Risikostreuung: Additionsgesetz der Streuungen) praktisch minimieren läßt, bleibt ersteres bestehen (reines, echtes Restrisiko). Analog dazu können auch die *Kursbewegungen* in zwei Gruppen eingeteilt werden: die *exogenen* und die *endogenen*. Exogen ist eine Kursbewegung, wenn sie als Reaktion auf eine Änderung äußerer Gegebenheiten erfolgt, zum Beispiel der Kursverlust einer Aktie, nachdem das Unternehmen einen Gewinneinbruch bekanntgegeben hat. Endogene Kursbewegungen sind hingegen das Ergebnis der inneren Börsendynamik, der ein unmittelbarer äußerer Anlaß fehlt. In einem hypothetischen «idealen Markt» fehlen sie gänzlich. Sie resultieren aus der Verarbeitung (auch exogen) ausgelöster Kursveränderungen durch die aggregierten (auch rein subjektiven) Nutzenfunktionen der Börsenteilnehmer. Da zu jedem Zeitpunkt eine Vielzahl exogener Einflüsse auf die Börse wirken und ebenso viele endogene Kursveränderungen auslösen, können sie mit heutigen Methoden nur unzureichend analysiert werden.

Während es unmöglich ist, exogene Kursveränderungen zu prognostizieren, ist bei der Voraussage endogener Kursveränderungen in nächster Zeit eine grundlegende Innovation zu erwarten. Die Anwendung neuronaler Netze als Zweig der Künstlichen Intelligenz ermöglicht erstmals eine simultane Globalanalyse auch nichtlinearer und diskontinuierlicher Beziehungen zwischen Input-Daten und Kursen. Einem neuronalen Netz werden nicht Regeln vorgegeben, sondern nur Beispieldaten, aus denen es aufgebaut, *trainiert* wird. Daraus leitet es Regelmäßigkeiten und Zusammenhänge, die herkömmlichen Analysemethoden verborgen bleiben, selbständig induktiv ab, ohne der subjektiven Interpretation eines menschlichen «Experten» zu unterliegen.

Wie könnte eine solche Informationsverarbeitungstechnologie in das Konzept der Markteffizienz passen, und wie wären die durch technologische Innovationen gegebenenfalls erzielbaren Überrenditen fundiert?

Die Markteffizienzhypothese geht implizit davon aus, daß der Markt für alle Teilnehmer im wesentlichen gleich effizient ist. Dies ist jedoch dann nicht der Fall, wenn innovative Marktteilnehmer erstmals neue Technologien anwenden, mit denen sie für eine gewisse Zeit Überrenditen erzielen können. Das Schema ist jeweils das gleiche und weist drei Phasen auf:

1. Der Markt ist effizient, weil kein Marktteilnehmer gegenüber seinen Konkurrenten über einen Kommunikations-, Wissens- oder Technologievorteil verfügt.
2. Neue Erkenntnisse und Errungenschaften werden zunächst von Innovatoren erkannt, die sich damit Überrenditen sichern können oder könnten.
3. Andere Marktteilnehmer haben nachgezogen und damit wieder für einen Ausgleich gesorgt. Die Märkte sind wieder effizient, aber auf einem höheren wissenschaftlich-technischen Niveau.

In der Vergangenheit kam dieses Muster bereits mehrfach zum Tragen, beispielsweise beim Einsatz neuer Kommunikationstechnologien:

1. Markteffizienz war für damalige (nicht jedoch für heutige) Verhältnisse bereits gegeben, als die heute weltumspannenden Kommunikationsnetze noch nicht existierten. Damals fehlten die technischen Möglichkeiten, um beispielsweise Arbitrage-Gewinne zu realisieren – wobei an zwei verschiedenen Handelsplätzen gleichzeitig gekauft und verkauft wird.
2. Die Fernmeldegesellschaft, die als erste transatlantische Telefonkabel verlegte, hätte dies für sich selbst nutzen können. Ihr wären da-

durch als einzige die Goldpreise in London und in New York gleichzeitig zugänglich gewesen. Hätten diese differiert, hätte sie völlig risikolos auf dem einen Markt Gold aufkaufen und am anderen Markt zum höheren Preis verkaufen können. Sie wäre offensichtlich in der Lage gewesen, Überrenditen zu erzielen.

3. Sobald aber anderen Marktteilnehmern ebenfalls direkte Verbindungen von Börsenplatz zu Börsenplatz zu Verfügung standen, schwand die Möglichkeit zu Überrenditen, und der Markt wurde auf einem höheren kommunikationstechnischen Niveau wiederum effizient.

Ähnliches galt für die Anwendung von wissenschaftlichen Erkenntnisfortschritten, hier wiederum auf die Börse:

1. Bevor die «Modern Portfolio Theory» entwickelt wurde, versuchte man, die Anlagerisiken nach traditionellen Regeln mehr oder weniger günstig, aber dennoch willkürlich zu verteilen. Niemand wußte genau, wie *Rendite* und *Risiko* zu optimieren waren, so daß auch niemand einen systematischen Vorteil hatte.

2. Solange die Wissenschaftler, welche die Kapitalmarkt- und Portfoliotheorie entwickelten, ihre Erkenntnisse für sich behielten beziehungsweise ohne Wissen der breiten Öffentlichkeit zu ihrem eigenen Nutzen anwendeten, konnten sie systematisch Überrenditen erzielen. (Daß sie dies nicht oder nicht länger taten, kann wiederum mit Hilfe einer Nutzenfunktion begründet werden, die bei einem Wissenschaftler weniger in der monetären Komponente als in Ruhm und Ansehen in der *scientific community*, einem Lehrstuhl an einer berühmten Universität, einem Nobelpreis etc. besteht.)

3. Seit diese Erkenntnisse, publiziert und an Universitäten gelehrt, Eingang in die Praxis gefunden haben, sind sie Allgemeingut geworden. Der Markt hat *dazugelernt*, und die aus dem isolierten Wissensvorteil resultierenden Überrenditen sind verschwunden.

Es wäre nicht erstaunlich, wenn dieser Innovationszyklus auch auf die Anwendung neuer Informationsverarbeitungstechnologien zuträfe:

1. Die Wissenschaft geht heute größtenteils davon aus, daß die Märkte mittelstreng effizient sind, weil die vorhandenen Daten weltweit von zahlreichen Analytikern mit den besten verfügbaren statistischen,

ökonometrischen, quantitativen und anderen Methoden untersucht werden.

2. Mit Hilfe erst seit kurzem erhältlicher und noch kaum (oder fehlerhaft) angewendeter technologischer Innovationen wie neuronaler Netze lassen sich aus den jeweils aktuellen Daten mehr und andere Informationen gewinnen und Zusammenhänge erkennen, die niemandem sonst zur Verfügung stehen. Die ersten Anwender könnten möglicherweise Überrenditen erzielen.

3. Andere Marktteilnehmer verfügen ebenfalls über die neue Technologie und machen dadurch den Markt auf einem höheren technologischen Niveau wieder effizient.

Außer den drei typischen Phasen haben alle drei geschilderten Situationen eine weitere Gemeinsamkeit: Es waren stets *Outsider*, Techniker, Wissenschaftler oder Informationstheoretiker, *nicht aber Börsenpraktiker*, welche die Rolle des Innovators spielten. Dies wirft die grundsätzliche Frage nach dem Verhältnis des Menschen zu Innovationen auf.

Risiko, Ratio und Nutzen

Risikosituationen und das Rationalitätsproblem

Das Eintreten oder Zusammentreffen von Ereignissen, das nach menschlichem Ermessen nicht mit Bestimmtheit vorhergesagt werden kann, schreiben wir dem Zufall zu. Das Planen und die Durchführung von Aktionen stehen in einem gewissen Gegensatz dazu. Und dennoch: Jedes auch noch so sorgfältig geplante Handeln ist grundsätzlich immer von ungewissem Ausgang. Dies war der Menschheit seit eh und je ein Dorn im Auge. Mit allen denkbaren Mitteln – von der Astrologie bis hin zu den Naturgesetzen – versuchte sie, diese Ungewißheit zu beseitigen, was ihr freilich nur beschränkt gelang.

Die Statistik und die Wahrscheinlichkeitsrechnung können als Versuch zur Quantifizierung der Ungewißheit angesehen werden und beinhalten das Eingeständnis, daß diese sich nicht völlig in Gewißheit auflösen läßt. Die Unsicherheit ist ein untrennbarer Bestandteil der ganzen Wirtschaft – wie überhaupt des Lebens.

Situationen der Ungewißheit, Unbestimmtheit oder Unsicherheit verwenden wir synonym und in allgemeinster Bedeutung; hier mögen die Wahrscheinlichkeiten für die möglichen Ereignisse unbekannt beziehungsweise im objektiven Sinne nicht vorhanden sein. Ungewißheitssituationen dagegen, die sich durch eine Wahrscheinlichkeitsverteilung beschreiben lassen, eine Verteilung, die festlegt, mit welchen Wahrscheinlichkeiten die verschiedenen möglichen Gewinne und Verluste (als Ergebnis einer Entscheidung) zu erwarten sind, werden als *Risikosituationen* bezeichnet. Bei ihnen treten also die möglichen Ergebnisse mit gewissen, dem Entscheidenden bekannten Wahrscheinlichkeiten ein. Diese umfangreiche Kategorie wird gelegentlich auch als meßbare (oder versicherbare), die andere als unmeßbare Ungewißheit bezeichnet.

Die klassische Entscheidungstheorie begreift sich als Theorie des rationalen Handelns in Ungewißheitssituationen. Aus ihr schöpft der

Homo rationalis (und speziell der Homo oeconomicus) seine Verhaltenskriterien (Prinzipien und, konkreter, Regeln). Eine Ungewißheitssituation wird auch «Entscheidungssituation» oder «Entscheidungsproblem» genannt.

Wird das Psychische, Emotionale generell als *irrational* definiert, dann ist selbst der Wunsch nach Rationalität irrational. Andererseits erkannte F. H. Knight bereits 1921: «Im langen Lauf der Geschichte gibt es zweifellos eine Tendenz hin zur Rationalität, selbst bei menschlichen Erregungen und Schrullen.»

Der Ökonom Maurice Allais, Nobelpreisträger 1988, beschreibt den rational Handelnden wie folgt: «(a) er verfolgt Ziele, die in sich kohärent, nicht widersprüchlich sind, und (b) er verwendet geeignete, angepaßte Mittel zu ihrer Erreichung». Diese allgemeine, aber verschwommene Definition läßt vermuten, daß beim Verhalten des Homo oeconomicus sehr schwer zwischen subjektiver und objektiver Rationalität unterschieden werden kann. Mathematiker und Ökonometriker fordern deshalb eine *operationale* Definition der Rationalität, das heißt deren experimentelle Ermittlung, die sie dann als *rationale Norm* proklamieren können. An ihr kann in konkreten oder gedachten Situationen getestet werden, ob sich Versuchspersonen rational verhalten würden oder nicht. Hans Schneeweiß vom Institut für Ökonometrie der Universität Saarbrücken hält in seinem Buch *Entscheidungskriterien bei Risiko* dagegen: «Ein Nachteil der operationalen Methode ist, daß man an jeder als rational proklamierten Verhaltensweise ihre Rationalität bezweifeln kann; auch können jederzeit neue typische Verhaltensnormen für rational erklärt werden. Das Problem der Rationalität ist also immer offen, selbst dann, wenn ein weitgehend allgemeiner Konsens erzielt werden kann.»

Es gibt also keine wie auch immer geartete *absolute* Rationalität, und wir können immer wieder nur rational zu handeln versuchen, indem wir unseren gesunden Menschenverstand selbstkritisch einsetzen und erkannte Fehler in einem nie aufhörenden Prozeß korrigieren. Dabei spielt es keine Rolle, wo wir damit beginnen. Wir sollten uns nur bewußt sein, daß es Prioritäten geben könnte; denn oft ist mehr getan, wenn wir ein paar *richtige Dinge* tun, als wenn wir irgendwelche *Dinge richtig* tun.

Natürlich ist auch die Logik eine wichtige Grundlage für rationales Verhalten: Eine Handlung, die aufgrund falscher Berechnungen oder

Deduktionen unternommen wird, ist unrational. Jedoch stehen die Verhaltensnormen der Entscheidungstheorie außerhalb des Bereichs der reinen Logik.

Verfallen wir nun nicht in den Irrtum zu meinen, jeglicher Rationalitätsbegriff sei ohnehin subjektiv oder zumindest sehr relativ: Immer wenn es objektive, nachprüfbare Indikatoren oder Maße gibt, die zu Entscheidungen bei Unsicherheit herangezogen werden können, können auch – durch diese Indikatoren oder Maße bestimmt – *objektive rationale* Entscheidungsregeln oder zumindest allgemein akzeptierte Heuristiken angewandt werden. Solche Maße sind beispielsweise Wahrscheinlichkeiten, Erwartungen, Streuungen usw.

Warum wir dazu neigen, solche Entscheidungskriterien oft nicht zu beachten, wird in der Psychologie eingehend untersucht, speziell die *systematisch verzerrten Schätzungen* in konkreten Situationen (siehe Tversky/Kahneman). Eine der Ursachen liegt wohl in der Tendenz des menschlichen Geistes, Schätzungen auch dann *linear* vorzunehmen beziehungsweise zu extrapolieren, wenn es um komplexe, nichtlineare Situationen geht; eine andere Ursache dürften jene abergläubischen Verhaltensregeln sein, die im Homo emotionalis als undifferenzierter Erfahrungsschatz verankert sind; das alles führt zu gefühlsmäßigen Täuschungen.

Auch im Abschnitt «Hochrisiko-Roulette und Angst» haben wir gesehen, daß ein verzerrtes Risikobewußtsein zu Entscheidungen mit erhöhtem Risiko führen kann. Es wäre jedoch ein Irrtum zu meinen, ein *objektives* Risikobewußtsein führe zwangsläufig zu *rationalen* Entscheidungen. Um dies verständlich zu machen, wenden wir uns einer der rationalen Entscheidungsregeln zu, die also durch objektive, nachprüfbare Indikatoren oder Maße bestimmt werden. Die älteste und bekannteste Entscheidungsregel in Ungewißheitssituationen verlangt, die mathematische Erwartung einer Wahrscheinlichkeitsverteilung zu maximieren. Stehen sich zum Beispiel bei gleichem (unwiederbringlichem) Einsatz von 10 Mark die Ergebnisalternativen A und B mit den Auszahlungen 100 und 200 Mark und mit den jeweiligen Wahrscheinlichkeiten 9 und 6 Prozent gegenüber, dann empfiehlt die Entscheidungsregel, auf die Alternative B zu setzen: $200 \times 0,06 - 10 = +2$, während sich für die Alternative A $100 \times 0,09 - 10 = -1$ ergibt.

So einleuchtend und vernünftig diese Regel uns auch erscheinen mag, sie kann uns zu unvernünftigen, widersprüchlichen Entscheidungen veranlassen. Es gibt tatsächlich spezielle Situationen, in denen sie nicht zu rationalem Verhalten führt. Dies gilt besonders für Risikosituationen, die sich nur ein einziges Mal einstellen. Stellen Sie sich vor, Sie wüßten aufgrund ballistischer Berechnungen oder aufgrund eines mysteriösen PSI-Systems, daß die Nummer «28» mit der Wahrscheinlichkeit von 10 Prozent im nächsten Coup erscheint; Ihre Gewinnerwartung (Tronc nicht berücksichtigt) betrüge demnach

$$35 \times 10\,\% + (-1) \times 90\,\% = +2{,}6$$

– das sind + 260 Prozent Ihres Einsatzes. Kurz bevor der Coup geworfen wird, drückt Ihnen ein Mafioso in bewährter Manier eine Pistole (mit Schalldämpfer) in den Rücken und gibt Ihnen zu verstehen, daß dies Ihr letzter Coup wäre, wenn Sie keinen Gewinn machen. Würden Sie nun Ihre Spielweise nach der maximalen Gewinnerwartung ausrichten und auf die «28» setzen oder etwa zwei Dutzende und noch die Hälfte vom dritten Dutzend (mit der Wahrscheinlichkeit von $\frac{30}{37} \approx 81$ Prozent, aber mit negativer Erwartung) belegen? Ich vermute in Ihrem Interesse, daß Sie Ihre Entscheidung nach der größeren Überlebenschance treffen würden, wie dies bei *einmaligen* Ereignissen auch vernünftiger ist. Denn die Ausrichtung nach der maximalen Gewinnerwartung (+ 260 Prozent) beschert Ihnen eine Überlebenschance von nur 10 Prozent, während die andere Spielweise Ihnen trotz ihrer negativen Erwartung eine Überlebenschance von etwa 81 Prozent sichern würde.

Es ist dies ein Beispiel dafür, daß als rational angesehene Entscheidungskriterien nicht unter allen Umständen rational sind, ja daß sie sogar zu Paradoxien und Widersprüchen führen können, was unter anderem in der Tatsache begründet liegt, daß die Angabe einer mathematischen Erwartung noch keine Information über die *Streuung* der Zufallsgröße um diesen (theoretischen) Mittelwert liefert. Gerade die Streuung einer Wahrscheinlichkeitsverteilung mahnt zu Vorbehalten gegenüber der Neigung, dem Erwartungs- oder Durchschnittswert ein zu großes Gewicht beizumessen. So gibt es zwar durchschnittlich pro Erdbewohner genügend Nahrung auf der Welt, doch bewirken die (keineswegs zufälligen) Streuungen in der Nahrungsverteilung die bekannte Hungersnot in weiten Regionen.

In einem allgemeinen Sinne könnten wir sogar sagen, das *Denken in Streuungen* ergänze das *Denken in Erwartungen* in ähnlicher Weise wie letzteres das *Denken in Wahrscheinlichkeiten* – wohl wissend, daß die Vorstufen der Ergänzungen stets notwendig, aber für eine rationale Bewertung allgemeiner Risikosituationen nicht immer hinreichend sind.

Die Nutzenfunktion als Bewertung von Risikosituationen

Der Ausweg aus den Paradoxien, zu denen Entscheidungsprinzipien führen können, erfolgte im wesentlichen in zwei Schritten: der Einführung *subjektiver* Nutzenfunktionen und der Formalisierung ihrer Eigenschaften durch ein Axiomensystem.

Nutzenbewertung setzt eine Präferenzrelation voraus: Von zwei Dingen oder Ereignissen ist das nützlicher, was man vorzieht, wenn man die Wahl hat. Ein Kauf kommt nur zustande, wenn der Verkäufer den entsprechenden Geldbetrag der Ware und der Käufer die Ware dem Geldbetrag vorzieht; der Preis P muß also zwischen dem Nutzen des betreffenden Gegenstands für den Verkäufer, $u(V)$, und dem für den Käufer, $u(K)$, liegen, formelmäßig $u(V) < P < u(K)$, wobei die Präferenzen jedes einzelnen natürlich dessen höchstpersönliche Angelegenheit sind.

Eine experimentell gemessene Nutzenfunktion $u(x)$ (u für *utility*, Nutzen) eines Individuums in Abhängigkeit von den *monetären* Alternativen x hängt von der subjektiven Einstellung der einzelnen Testperson ab und kann sich bei ein und derselben Person in Abhängigkeit von der jeweiligen Umweltsituation ändern. Für Casinobesucher kann die Nutzenfunktion einerseits in einem Unterhaltungswert bestehen, andererseits darin, einen monetären Nutzen aus dem Spiel ziehen zu können, meist unter Zuhilfenahme eines Spielsystems.

Ausgehend von Daniel Bernoulli im Jahre 1738 sind im Laufe der letzten zweihundertfünfzig Jahre zahlreiche spezielle Nutzenfunktionen eingeführt und untersucht worden. Trotz der subjektiven Einflußfaktoren konnte eine typische Gestalt dieser Nutzenfunktion, wie sie Abbildung 33 veranschaulicht, von Harry Markowitz 1959 gefunden und bestätigt werden.

In den Augen eines Mathematikers hat sie zwei wichtige Eigenschaften: Sie ist *nach oben und unten beschränkt*, formelmäßig

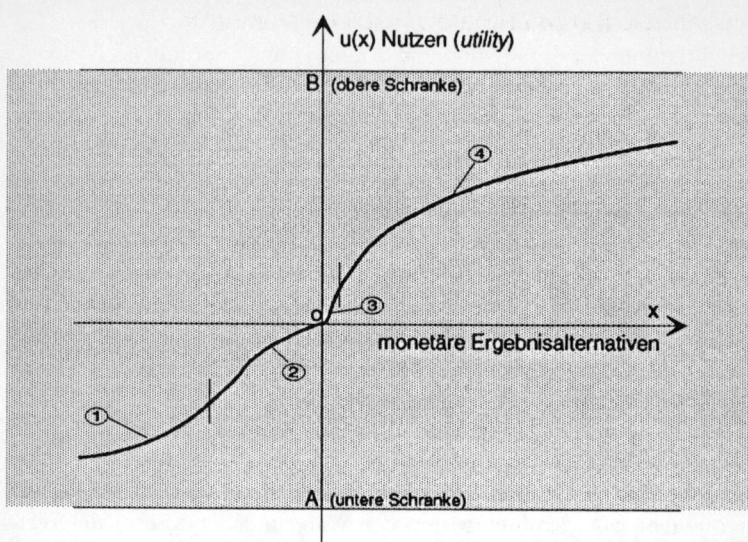

Abb. 33: Gestalt einer typischen Nutzenfunktion

$A \leq u(x) \leq B$, wobei A und B reelle Zahlen darstellen, und sie ist *schwach monoton steigend*, das heißt, aus $x_1 < x_2$ folgt $u(x_1) \leq u(x_2)$. Dies hat insbesondere zur Folge, daß die Nutzenzuwächse bei gleich großen Zuwächsen an Gewinnen immer kleiner werden, wenn man nur von ausreichend hohen x-Werten ausgeht («abnehmender Grenznutzen»).

Je nach spezieller Gestalt der Kurve hat man es mit verschiedenen individuellen Risikoausprägungen der Menschen zu tun. Steigt beispielsweise – entgegen unserer Abbildung – der Kurventeil (3) erst bei großen positiven Geldbeträgen verstärkt an, und sinkt der Kurventeil (2) erst bei größeren negativen Geldbeträgen verstärkt ab, so liegt die Nutzenfunktion eines Menschen mit starker *Risikopräferenz* vor: Kleinere finanzielle Verluste werden nicht merklich bedauert, wogegen erst bei Zugewinn großer Geldbeträge ein fühlbares Erfolgserlebnis eintritt. Häufig verläuft jedoch der positive Teil der Kurve wie in unserer Abbildung: Der konvexe Teil (3) ist sehr kurz und steigt steil an – als ob die Menschen, die eine derartige Nutzenfunktion wählen, sich nach dem Motto «Was ich hab, das hab ich» verhielten.

Das Prinzip der maximalen Nutzenerwartung

Die Analyse unzähliger alter und neuerer Entscheidungsprinzipien wurde immer tiefer und abstrakter, bis das berühmte Axiomensystem von John von Neumann und Oskar Morgenstern (1947) den ersehnten Durchbruch in der Konzeption einer widerspruchsfreien Grundsteinlegung und Behandlung von Ungewißheitssituationen erbrachte. Aus diesem Axiomensystem ließen sich erstmals die Eigenschaften des Bernoulli-Nutzens logisch ableiten. Nicht zuletzt dank dieser axiomatischen Begründung wird er in der Literatur auch «Neumann-Morgenstern-Nutzen» genannt. Das *Bernoulli-Prinzip* gilt heute als das allgemeinste rationale Entscheidungsprinzip und *postuliert für einen Entscheidenden die Maximierung der Erwartung seines subjektiven Nutzens.*

Es erhebt sich die Frage, welche Beziehungen zwischen diesem «modernen» Prinzip einerseits und anderen, immer noch gebräuchlichen, klassischen Entscheidungskriterien andererseits bestehen, Kriterien, die keine Nutzenfunktion verwenden, sondern die die Entscheidung von dem Wert eines objektiven Indikators oder Maßes abhängig machen – wie die älteste und bekannteste Entscheidungsregel, nämlich die Maximierung der Erwartung einer Wahrscheinlichkeitsverteilung.

Es ist das Verdienst von Schneeweiß, nachgewiesen zu haben, daß die klassischen Entscheidungskriterien zur Bewertung von Risikosituationen *im allgemeinen*, das heißt für allgemeine Wahrscheinlichkeitsverteilungen, nicht geeignet sind. Schneeweiß machte vielmehr das Bernoulli-Prinzip, also die maximale Erwartung der subjektiven Nutzenfunktion, kurz die maximale Nutzenerwartung, als *das* rationale Entscheidungsprinzip aus, aus dem jedoch die klassischen Entscheidungsprinzipien im allgemeinen nicht gefolgert werden können. Der Hinweis «im allgemeinen» deutet darauf hin, daß Ausnahmen möglich sind. In der Tat gibt es viele Fälle, bei denen die älteste und einfachste Entscheidungsregel (Maximierung der Erwartung der Wahrscheinlichkeitsverteilung) mit dem Bernoulli-Prinzip (Maximierung der Erwartung der Nutzenfunktion) verträglich ist: Meistens handelt es sich um die sich oft wiederholenden Risikosituationen, die sich beispielsweise durch die einfache Normalverteilung beschreiben oder approximieren lassen – wie das Roulette.

Die Widersprüche und Paradoxien der klassischen Entscheidungsprinzipien wurden auf die gleiche Art beseitigt wie die Widersprüche und Paradoxien des alten, einfachen Wahrscheinlichkeitsbegriffes, und diese Vorgehensweise ist typisch für die Mathematik. Jahrhundertelang suchte man nach immer exakteren Begriffen, um widersprüchliche Sachverhalte aus dem Weg zu räumen. Das Ergebnis war eine abstrakte axiomatische Definition, 1933 von dem sowjetischen Mathematiker Kolmogoroff gefunden, die sich insbesondere durch Widerspruchsfreiheit auszeichnete. Dies war der Beginn der modernen Wahrscheinlichkeitstheorie. Aber sowohl für letztere als auch für die Entscheidungstheorie sind die Begriffe eines formalen und abstrakten Axiomensystems leider nicht so anschaulich wie die ursprüngliche, umgangssprachliche Terminologie.

Dennoch: Genau so, wie uns die älteste und einfachste Definition der Wahrscheinlichkeit für unsere Zwecke genügt, können wir uns an die älteste und einfachste Entscheidungsregel bei der Bewertung von Ungewißheitssituationen bei fortgesetzten Spielfolgen halten.

Arrow, Gödel & Co.:
Was können wir wissen?

Der Unmöglichkeitssatz von Kenneth Arrow

Wie einigen sich die Gemeinderatsmitglieder, wenn sie zwischen dem Bau einer Schule, eines Schwimmbads und einer Umgehungsstraße wählen müssen? Wie einigen sich die Eigner einer Firma, wenn sie über deren weitere Aussichten alle verschiedener Meinung sind?

Eine zentrale Frage der politischen Ökonomie lautet: Wie können aus individuellen Präferenzen auf demokratischer Basis gesellschaftliche Präferenzen abgeleitet werden?

Hat jedes Mitglied einer Gruppe eine gegebene Menge von Alternativen zu einer anstehenden Entscheidung nach seinen Präferenzen geordnet, dann sollten die Wertschätzungen des Kollektivs durch eine Auswahlfunktion (ein mehr oder weniger kompliziertes Wahlverfahren) bestimmt werden können. Ohne auf den mathematischen Formalismus einzugehen, setzen wir voraus, daß jeder individuelle Entscheidungsträger für *alle* Alternativen zu einer Entscheidung eine Präferenzordnung hat: $x \succ y$ soll bedeuten, daß die Alternative x der Alternative y vorgezogen wird.

Nun machen wir eine vernünftige, *rationale* Voraussetzung: Zieht der Entscheidungsträger die Alternative x der Alternative y vor und y der Alternative z, so soll er x auch z vorziehen: aus $x \succ y$ und $y \succ z$ soll $x \succ z$ folgen. Ist diese Bedingung nicht erfüllt, so ist das Verhalten des Entscheidungsträgers offensichtlich nicht rational. Diese Eigenschaft wird *transitiv* genannt. (Zum Beispiel sind Verwandtschaftsverhältnisse transitiv, Freundschaften dagegen nicht: Sind A und B Freunde, B und C ebenfalls, dann folgt daraus nicht, daß A und C befreundet sind; sie müßten sich ja nicht einmal kennen oder könnten sogar verfeindet sein.)

Am Beispiel der Alternativen «Bau einer Schule, eines Schwimmbads oder einer Umgehungsstraße» läßt sich zeigen, daß die kollektive Prä-

258   Arrow, Gödel & Co.: Was können wir wissen?

ferenz im allgemeinen nicht rational sein muß, auch wenn alle individuellen Präferenzen rational sind, und selbst bei einem noch so raffinierten Auswahlverfahren. Dieses Abstimmungsparadoxon könnte folgende Mehrheitsentscheidung zur Folge haben: Der Bau des
Schwimmbads wird dem Bau der Schule, der Bau der Schule dem Bau
der Umgehungsstraße und der Bau der Umgehungsstraße dem Bau des
Schwimmbads vorgezogen usw. Diese kollektive Präferenz ist nicht
mehr transitiv, kollektive Rationalität wird nicht erreicht. Solche Paradoxien bei Mehrheitsentscheidungen sind spätestens seit dem Marquis
de Condorcet (1743–1794), dem «letzten» der französischen Aufklärungsphilosophen des 18. Jahrhunderts, bekannt und stellen keine
spitzfindig ausgedachten Ausnahmefälle dar, sondern vielmehr, wie
wir heute wissen, die Regel.

*Bei mehr als einem Entscheidungsträger und bei mehr als zwei Alternativen gibt es kein noch so kompliziertes Auswahlverfahren, das
sowohl demokratisch ist als auch zu rationalen kollektiven Entscheidungen führt.* Dies ist die dramatische Konsequenz des Unmöglichkeitssatzes von Kenneth J. Arrow, Sozial- und Wirtschaftswissenschaftler
mit mathematischem Background. Es gibt also kein prinzipiell strukturerhaltendes, hier: die Transitivität erhaltendes Auswahlverfahren in der
Demokratie – was nicht etwa heißen soll, daß Demokratie und Vernunft
keine gemeinsamen, miteinander verträglichen Bereiche hätten; dies gilt
nur nicht zwangsläufig.

Im Jahre 1951 publizierte Arrow sein Buch *Social Choice and Individual Values*, das eine Flut von Diskussionen und Forschungen auslöste. Im Jahre 1972 erhielt er für seine «bahnbrechenden Arbeiten
zur allgemeinen Theorie des ökonomischen Gleichgewichts und der
Wohlfahrtsökonomie» den Nobelpreis für Wirtschaftswissenschaften. Der Unmöglichkeitssatz zeigt, daß alle Versuche, ein *perfektes
Wahlsystem* zu konstruieren, das nie zu paradoxen Ergebnissen führt,
zum Scheitern verurteilt sind. Jedes Wahlschema wird bisweilen Unzulänglichkeiten aufweisen. Auch der *Marktmechanismus* ist kein
Auswahlverfahren, das rationale kollektive Entscheidungen garantiert. Diese Konsequenz zerstörte die Träume unzähliger Sozialphilosophen, die über ein Jahrhundert lang nach gerechten, nicht manipulierbaren Wahlsystemen gesucht hatten.

Unmöglichkeitssätze aus neuerer und früherer Zeit

Die gerechte Sitzverteilung in Parlamenten gehört zu den Fundamenten der Demokratie. Die Wahlergebnisse sind im allgemeinen nicht ganzzahlig, im Gegensatz zu den Parlamentssitzen. Ähnliche Probleme entstehen auch immer dann, wenn bei einer Auflistung oder Zuteilung *gerundet* werden muß.

Die Mathematiker Michel L. Balinski und H. Peyton Young zeigten 1980, daß es keine allgemeine Methode gibt, eine vorgegebene Menge von Brüchen auf ganze Zahlen mit einer fest vorgegebenen Summe zu runden, wenn ein paar als ganz natürlich anzusehende Bedingungen gestellt werden. Daher gibt es auch keine vollkommen befriedigende Lösung des Problems, wie die Parlamentssitze aufgrund eines Wahlergebnisses auf die verschiedenen Parteien verteilt werden sollen. (Die *Vernunft der Demokratie* besteht im Grunde genommen in der Einigung über ein nicht vollkommen befriedigendes System.

In der Physik wurde 1927 ein Unmöglichkeitssatz entdeckt, der das gesamte Gebäude des bis dahin gebräuchlichen Determinismus in der Philosophie des 19. Jahrhunderts zum Einsturz brachte: die berühmte Heisenbergsche Unschärferelation. Sie besagt, daß es unmöglich ist, sowohl den Ort als auch den Impuls (Produkt aus Masse und Geschwindigkeit) eines Teilchens zu einem fest vorgegebenen Zeitpunkt exakt zu bestimmen. Das Produkt aus den Unschärfen dieser beiden Variablen ist immer größer als eine gewisse natürliche, positive Konstante.

Schon in der frühen Geschichte der Mathematik ist man auf Unmöglichkeitssätze gestoßen. Die *Irrationalität* der Zahl $\sqrt{2}$ – in dem Sinne, daß es unmöglich ist, sie als Verhältnis (lateinisch *ratio*) zweier ganzer Zahlen auszudrücken – war bereits den alten Griechen bekannt. Die *Transzendenz* der Zahl π – in dem Sinne, daß sie niemals Lösung einer algebraischen Gleichung mit rationalen Koeffizienten sein kann – ist ein anderes Beispiel für einen «Unmöglichkeitssatz», der mit der Quadratur des Kreises verwandt ist. Weitere bekannte Unmöglichkeiten: die Würfelkopplung, die Dreiteilung eines Winkels und die Rektifikation des Kreisumfangs mit Zirkel und Lineal.

Der Unvollständigkeitssatz von Kurt Gödel

Was ist Mathematik, und worin bestehen ihre Grundlagen? Mathematik ist die Wissenschaft von den formalen Systemen. Sie arbeitet mit *Axiomen* oder *Postulaten*, das sind Grundannahmen, und mit Beweisen und wahren Behauptungen, logisch abgeleitet aus den Grundannahmen, wobei Beweise dazu dienen, neue Wahrheiten zu entdecken, relative, eher *künstliche* Wahrheiten im Rahmen der Grundannahmen und des Instrumentariums der Logik. Aber die formalen Schlußfolgerungen, die so gezogen werden, enthüllen dennoch wahre Behauptungen über den Bereich der Welt, in dem die zugrunde gelegten Annahmen einen Sinn haben. Diese Beziehung zwischen Mathematik und der realen Welt ist schließlich eine Beziehung zwischen formal-logischen Strukturen und faktischer Wahrheit.

David Hilbert, einflußreichster Mathematiker seiner Zeit, verkündete um 1900 sein berühmtes Forschungsprogramm, das zwei wesentliche Ziele hatte: die Nachweise,

- daß die Mathematik konsistent ist (keine Widersprüche enthält) und
- daß sie vollständig ist (alles, was – mathematisch – richtig ist, läßt sich auch beweisen).

Nach einer Periode intensivster Arbeit an Hilberts Programm kam dann der österreichische Mathematiker Kurt Gödel 1930 (als vierundzwanzigjähriger Doktorand) zu einem schockierenden Ergebnis: Er zeigte, daß mathematische Theorien immer Aussagen beinhalten, die sich aufgrund der Axiome und der Logik des Schließens nicht beweisen lassen – sogenannte *unentscheidbare* Aussagen. Ein Abgrund hatte sich aufgetan: Im Rahmen eines gegebenen Axiomensystems gibt es immer Aussagen, die sich in der durch dieses Axiomensystem bestimmten Terminologie formulieren lassen, aber aufgrund dieser Axiome weder bewiesen noch widerlegt werden können.

Gödel zeigte, daß die Gesamtheit mathematischer Wahrheiten nicht aus einem einzigen, endlichen Axiomensystem abgeleitet werden kann. Dies führt zwangsläufig zu der Erkenntnis, daß Axiome, Sätze und Wahrheiten auf drei verschiedenen Komplexitätsebenen liegen. Durch eine mathematische Theorie M bewiesene Sätze werden «Theoreme» genannt. Vermutungen sind Aussagen, die bisher weder bewiesen noch widerlegt werden konnten. Eine Vermutung könnte sich eines Tages als wahr oder falsch erweisen – oder als unentscheidbar.

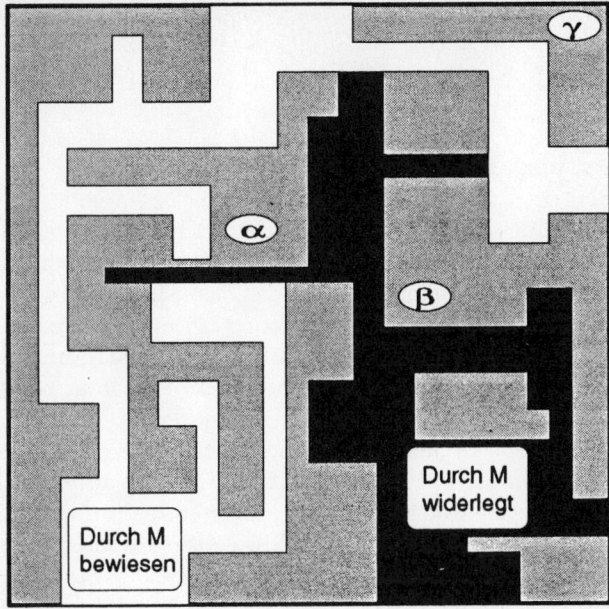

Abb. 34: Gödels Satz: Im Rahmen einer widerspruchsfreien mathematischen Theorie M mit endlicher Beschreibung gibt es immer ein graues Gebiet, in dem Aussagen α, β, γ… existieren, die durch die Theorie M weder beweisbar noch widerlegbar sind (unentscheidbare Aussagen).

Vielleicht ist die berühmte Goldbachsche Vermutung, die der deutsche Mathematiker Chr. Goldbach 1742 in einem Brief an Leonhard Euler formulierte, eine solche unentscheidbare Aussage. Sie besagt, daß jede gerade Zahl als Summe zweier Primzahlen dargestellt werden kann. (Eine Primzahl ist eine natürliche Zahl ≥ 2, die nur durch 1 und sich selbst teilbar ist; mit 2, 3, 5, 7, 11, 13, 17, 19, 23, 29, 31… beginnt die Folge der Primzahlen.) Seit mehreren hundert Jahren zerbrechen sich nun die Primzahltheoretiker den Kopf über diese Vermutung. Halten wir uns die einfachen Gegebenheiten und den Inhalt der Vermutung vor Augen: Einerseits ist jede zweite Zahl gerade, andererseits sind die Primzahlen immer dünner gesät, das heißt, der durchschnittliche Abstand zwischen zwei benachbarten Primzahlen wird immer größer; und trotzdem soll jede zweite Zahl Summe von nur zwei Primzahlen sein?

Die Jagd nach Wahrheiten

Gödels Resultat schockierte die Welt der Mathematiker, bedeutete es doch, daß das Programm des großen David Hilbert zum Scheitern verurteilt war und, schlimmer noch, daß der Mathematik inhärente Grenzen gesetzt sind. Der britische Mathematiker Alan Turing (1912–1954) versuchte daraufhin, mit einem anderen Ansatz weiterzukommen. Vielleicht ließe sich, überlegte er, im voraus bestimmen, welche Aussagen unentscheidbar seien. Die Frage, die sich Turing stellte, lautete, ob es ein automatisches Verfahren, eine *Prozedur*, geben könnte, mit der sich unentscheidbare Aussagen auffinden lassen. Hatte Gödel die Existenz von unbeweisbaren und unwiderlegbaren Wahrheiten demonstriert, so wollte Turing diese Wahrheiten methodisch auffinden. Und beweisen, daß sie unentscheidbar sind. Die dazu notwendige Formalisierung des Begriffs *Prozedur* führte zum Konzept einer Rechenmaschine, zuerst allerdings als rein gedankliches Konstrukt. Damit konnte Turing beschreiben, was er unter einer *berechenbaren Funktion* (der Prozedur, dem Programm) verstand. Tatsächlich entdeckte er dabei jedoch, daß es nicht möglich ist, die unentscheidbaren Aussagen von vornherein zu finden.

Was ursprünglich als Gedankenexperiment zur Definition einer Rechenvorschrift begonnen hatte, fand sehr bald Anwendung in der Konstruktion von Rechenmaschinen und Lösungsalgorithmen. Turings Satz könnte wie folgt formuliert werden: Es gibt kein allgemeines Verfahren, um für jede gegebene Rechenmaschine M mit Programm P zu entscheiden, ob P anhalten wird oder nicht.

Folglich besteht die einzige Möglichkeit, die Laufzeit eines Programms zu ermitteln, darin, dieses laufen zu lassen und abzuwarten – eventuell bis in alle Ewigkeit. Das bedeutet aber genau die Unlösbarkeit des «Halteproblems», das darin besteht, eine allgemeine Methode zu finden, mittels deren sich entscheiden ließe, ob eine beliebige Rechenmaschine endlos laufen wird oder ob sie ein Ergebnis ausdrucken und sich dann selbst abschalten wird. Eine wichtige Konsequenz aus der

Unlösbarkeit des Halteproblems besteht auch in der Praxis darin, daß es kein Verfahren, auch kein Computerprogramm geben kann, das immer korrekt voraussagt, ob ein Programm wunschgemäß arbeiten wird oder nicht.

Gödels Satz löste noch weitere Überlegungen aus, die sich in Erkenntnissen über die Grenzen unseres Wissens niederschlugen. Das Problem zu entscheiden, welche Sätze S durch eine gegebene mathematische Theorie M beweisbar sind, ist als das «Entscheidungsproblem» bekannt. Der Logiker Alonzo Church zeigte 1936, daß das Entscheidungsproblem unlösbar ist. Dieses Resultat, als «Churchs Satz» berühmt, besagt also, daß es keinen einfachen Weg gibt, im voraus zu sagen, ob ein Satz durch die mathematische Theorie M bewiesen werden kann oder nicht. Liegt im Rahmen der Theorie M eine zu beweisende Aussage S vor, so kann man nur probeweise beginnen, etwas durch M zu beweisen und darauf zu achten, ob S unter den Implikationen auftaucht. Sollte S in Wirklichkeit eine unentscheidbare Aussage im Rahmen der Theorie M sein, so strickt man weiter bis in alle Ewigkeit und hofft jeden Augenblick auf den befreienden Beweis für die Aussage S.

Diese Erkenntnis schiebt natürlich jedem Versuch, eine wie auch immer geartete universelle Maschine zur automatischen Erarbeitung von Beweisen relevanter Sätze zu entwickeln, einen Riegel vor. Dies veranlaßte wiederum den Philosophen Emil Post zu untersuchen, inwieweit Gödels Satz zeigt, daß die Mathematik ihrem Wesen nach *schöpferisch* und nichttechnisch ist. Und der berühmte Alfred Tarski benutzte Gödels Satz, um die logisch-semantische Undefinierbarkeit von «Wahrheit» zu beweisen. Kaum einer hat sich dem Problem des Wahrheitsbegriffes so gewidmet wie Tarski, beginnend mit den Versuchen der klassischen Konzeption, die ihren Ausdruck in den Worten der *Metaphysik* des Aristoteles findet: «Von etwas, das ist, zu sagen, daß es nicht ist, oder von etwas, das nicht ist, daß es ist, ist falsch, während von etwas, das ist, zu sagen, daß es ist, oder von etwas, das nicht ist, daß es nicht ist, wahr ist.» *Tautologien* ($A \Rightarrow A$, zum Beispiel «wenn es regnet, regnet es») dürften wohl die einzigen unumstrittenen Wahrheiten sein. Auch die Behauptung «Es gibt mehr oder weniger intelligentes Leben im Weltall» dürfen wir noch als wahr ansehen – falls wir uns mit der Erde zum Weltall rechnen. Dagegen ist die Aussage «Der Satz *Es gibt unendlich viele Primzahlzwillinge* ist entweder wahr, das heißt beweisbar, oder falsch, widerlegbar» eindeutig falsch, denn

Arrow, Gödel & Co.: Was können wir wissen?

er könnte ja, nach Gödels Satz, unentscheidbar, also weder beweisbar noch widerlegbar sein.

Viele Logiker benutzten die Techniken von Gödel, um eine verwirrende Vielfalt verwandter Ergebnisse aus dem Unvollständigkeitssatz abzuleiten. Auch Gödel selbst bewies – unterstützt von J. Barkley Rosser – die Folgerung aus seinem Satz, daß keine inhaltsreichere mathematische Theorie ihre eigene Widerspruchsfreiheit beweisen könne (es gelingt in aller Regel nicht, sich selbst aus dem Sumpf zu ziehen).

Auch die Informatiker mischten mit. Ging es in Gödels Satz um die *Existenz* von Wahrheiten und bei Turing und Church um das *Auffinden* von Wahrheiten, so ging es den Informationstheoretikern um die *Struktur* beziehungsweise um die *logische Tiefe* von Wahrheiten – in (quantitativen) Begriffen von *Bits*, das heißt von Informationseinheiten. Angeregt durch Gödels Satz, stießen sie, allen voran Charles Bennett und Gregory Chaitin von IBM, auf höchst bemerkenswerte Folgerungen. Chaitin bewies einen Satz, aus dem sich Gödels Satz problemlos ableiten läßt, während sich Bennett die Frage vorlegte, ob denn Wahrheiten *einfach* seien, und sich mit deren «logischer Informationstiefe» befaßte. In seinem Buch *Der Ozean der Wahrheit* interpretiert Rudy Rucker die Tragweite ihrer Resultate: «Chaitin zeigte, daß wir die Existenz eines einfachen Geheimnisses des Lebens nicht widerlegen können, aber Bennett beweist, daß, selbst wenn uns jemand das Geheimnis des Lebens verraten würde, es für uns ein unglaublich schwieriges Problem wäre, daraus ein nützliches Wissen zu ziehen. Das Geheimnis des Lebens ist vielleicht gar nicht wissenswert!»

Das Wissen über unser Wissen

Bahnbrechende Forschung war dies alles nicht selten deshalb, weil alte Hoffnungen zerstört wurden. Was vorher absolut schien, offenbarte sich oft als widersprüchlich, und objektive Widerspruchsfreiheit ließ sich paradoxerweise erst durch Einführung subjektiver Elemente herstellen. Das Rationalitätsproblem ist dafür ein Beispiel.

Nach den Erkenntnissen von Gödel, Turing, Church, Tarski, Chaitin und Bennett ist der alte Traum, alle Wahrheiten in einem endlichen logischen Netz einzufangen, endgültig ausgeträumt. Die Analyse der Berechnung durch Turing legt sogar den Gedanken nahe, daß auch der

Mensch und seine Denkprozesse als endliches logisches System den Sätzen von Gödel und Church unterworfen sind. Jenseits von Denkebenen, Wahrheiten und Realitäten, die weit über die Mathematik hinaus Bedeutung haben, erkennen wir langsam die prinzipiellen Grenzen unserer absolutistischen und reduktionistischen Ideale, und zwar in allen Bereichen unseres Denkens und Handelns.

Stehen wir nun vor einem Scherbenhaufen, weil nichts absolut ist, weder ein Anfang des Denkens noch irgendeine objektive Erkenntnis? Oder ist das nicht vielmehr eine gute Gelegenheit, die Befriedigung anthropischer Bedürfnisse über Bord zu werfen und weiser zu werden? Auch «negative Lösungen» bereichern unseren Einblick in die Mechanismen der realen Welt, in der wir leben – einer Welt, in der bei weitem noch nicht alles rational erklärt werden kann und in der es vielleicht sogar auf ewig Inseln der Irrationalität geben wird. Nicht *mehr* Wissen kann ein neuer Aufbruch sein, sondern *anderes* Wissen. Etwa auch Wissen über unser Wissen – eine Form des Bewußtseins.

Im Grunde genommen teilen uns die Sätze von Gödel und Church auch etwas Erfreuliches mit, nämlich daß nicht alles von vornherein durch Anweisungen, Regeln und Codes festgeschrieben und somit unsere Welt des Denkens und Handelns nicht rein deterministisch ist. Dies bedeutet aber, daß wir wirklich frei sind. In einer Welt, in der Gödels Satz nicht gälte, gäbe es für jede Art menschlichen Handelns eine verbindliche programmartige Beschreibung: Wie werde ich Künstler, Schriftsteller, Wissenschaftler usw.? In einer Welt, in der zusätzlich auch Churchs Satz nicht gälte, gäbe es für jede Art menschlichen Handelns sogar einen festgelegten Bewertungscode, nach dem künstlerische und wissenschaftliche Arbeiten sowie Kreativität gemessen und unwiderruflich klassifiziert würden. Die Erfahrung lehrt uns aber, daß sich die Modetrends des Marktes abnutzen.

Wir leben bestimmt nicht in der besten aller Welten. Mit Dilemmata und Konflikten werden wir uns immer herumschlagen müssen, schon weil es mehrheitlich keine einfachen, stabilen Gleichgewichte gibt: Zum Beispiel ist ein aufgeräumter Arbeitsmarkt noch kein aufgeräumter Konsummarkt. Außerdem ist der Geschmack der Besten eben nicht der Geschmack der meisten. Aber wir sind verantwortlich für das, was wir tun, und Voltaire ergänzte: auch für das, was wir nicht tun.

Zur Art und Weise, wie wir etwas tun sollen, gibt uns der 1994 verstorbene Wissenschaftsphilosoph Paul Feyerabend den ermutigenden

Hinweis: «*Anything goes!* Mach, was du willst!» Das ist die Aufforderung, ständig Neuschöpfungen ausgefallener Ideen zu wagen, den Methodenpluralismus zu bejahen und den Expertokraten und Wissenschaftspriestern zu widersprechen, die hinter der Fassade der Rationalität entgegen allen Eigengesetzlichkeiten der schöpferischen Kreativität verbindliche Regeln für die Logik der Forschung vorschreiben wollen. Neuschöpfungen und Methodenpluralismus sind der Reichtum, nicht Konformismus und Scheuklappendenken. So etwas wie eine reine methodische Vernunft der Wissenschaften gibt es den Sätzen Gödels und Churchs zufolge nicht.

Im *Ozean der Wahrheit* sinniert Rudy Rucker: «Unsere Welt ist unendlich viel komplizierter als ein endliches Programm oder eine endliche Menge von Regeln. Der Mensch ist frei und wirklich lebendig. Es gibt weder eine Vorschrift, was er als nächstes zu denken habe – noch einen Grund, warum er nicht die Spuren verwischen und irgendwann ein neues Leben beginnen sollte.» Änderungen müssen nicht immer so radikal sein. Aber es gibt offenbar nur eine Möglichkeit, sich weiterzuentwickeln: kreative Änderungen zu bewirken. Vielleicht ist sie auch die einzige Möglichkeit, sich selbst treu zu bleiben. Optimieren wir schrittweise unsere Erwartungen und *faisons nos jeux* auf dem unendlichen Roulettetableau der Welt und des Lebens.

Literatur

Ahrens, J. H./Dieter, U.: Realistic and Abstract Roulette: a Comparison: *Proceedings of the 4th Pannonian Symposium on Mathematical Statistics*, Bad Tatzmannsdorf 1983

Allais, M.: Le comportement de l'homme rationnel devant le risque. In: *Econometrica* 1953, 21 (503–546)

Arrow, K. J.: Social Choice and Individual Values. New York 1951

Bachelier, L.: Théorie de la Spéculation. Thèse, Paris 1900

Bachelier, L.: Le Jeu, la Chance et le Hasard. Paris 1929

Bachelier, L.: La Spéculation et le Calcul des Probablilités. Paris 1938

Balinski, M. L./Young, H. P.: Fair Representation: Meeting the Ideal of One Man, One Vote. New Haven 1982

Barnhart, R. T.: Casino Gambling: Why You Win, Why You Lose. New York 1978/London 1979

Barnhart, R. T.: Gamblers of Yesteryear. Las Vegas 1983

Barnhart, R. T.: Beating the Wheel: Winning Strategies at Roulette. Secaucus 1992

Basieux, P.: Roulette – Die Zähmung des Zufalls. München 1993 (3., erweiterte und aktualisierte Neuausgabe)

Basieux, P.: Roulette im Zoom: Anatomie des Kugellaufs. München 1989

Basieux, P.: Ordnung, Chaos und Kreativität. In: *Steckenpferd*, München 1991 (1)

Bass, T. A.: The Eudaemonic Pie. Boston 1985 (Des ordinateurs contre Las Vegas. Paris 1987)

Bass, T. A.: The Newtonian Casino. London 1990 (Der Las Vegas-Coup. Basel 1991)

Becker, M./Ebner, M.: Planen und Entscheiden mit Operations Research. Zürich 1986 (4. Aufl.)

Bellebaum, A.: Glück und Zufriedenheit. Wiesbaden 1993

Beveridge, W. I. B.: The Art of Scientific Investigation. New York 1950

Bild der Wissenschaft: Spekulanten im Aufschwung. Stuttgart, 4/1994

Binnig, G.: Aus dem Nichts: Über die Kreativität von Natur und Mensch. München 1989

Blum, W.: Hellsehen wäre billiger. In: *Die Zeit*, 3.6.1994

Braitenberg, V.: Vehikel: Experimente mit kybernetischen Wesen. Reinbek 1993

Braun, J. H.: How to Play Winning Blackjack. Chicago 1980

Breiman, L.: Optimal Gambling Systems for Favorable Games. *Proceedings of the Fourth Berkeley Symposium on Mathematical Statistics and Probability*, Los Angeles 1961

Caillois, R.: Les Jeux et les Hommes. Paris 1958/1967

Capra, F.: Le Temps du Changement. Monaco 1983

Carse, J. P.: Endliche und unendliche Spiele. Stuttgart 1987

Case, S.: Any Way the Ball Bounces. In: *Blackjack Forum*, Oakland 1984, vol. 4/ Nr. 4

Cash: Interview mit Leo Wallner, Chef der Casinos Austria. Zürich, Nr. 5/1993

Cerutti, H.: Die Magier unserer Zeit. In: *Neue Zürcher Zeitung*, 24./25.4.1993

Château, H.: La Science de la Roulette et du Trente-et-Quarante. Paris 1926

Clarius, W.: Methode Optimum. Garmisch-Partenkirchen (1965/1966)

Comtat, J.: Passe, Pair... et Gagne! Paris 1988

Coolidge, J. L.: The Gambler's Ruin. *Annals of Mathematics*, 1908, 10, 181–192

Cordonnier, C.: Black Jack: Spiel und Strategie. München 1993 (2. Aufl.)

Cordonnier, C.: Black Jack für Anfänger: 60 Strategie-Beispiele in Wort und Bild. München 1988

Davies, P.: Prinzip Chaos. Die neue Ordnung des Kosmos. München 1988

Davis, P. J./Hersh, R.: Descartes' Traum. Frankfurt a. M. 1988

Dengel, A.: Künstliche Intelligenz: Allgemeine Prinzipien und Modelle. Mannheim 1994

Dörner, D.: Die Logik des Mißlingens: Strategisches Denken in komplexen Situationen. Reinbek 1989

Downton, F.: Rational Roulette. In: *Bulletin of the Australian Mathematical Society*, 1982, vol. 26, n° 3

Dreyfus, H. L./Dreyfus, S. E.: Künstliche Intelligenz. Reinbek 1987

Drösser, C.: Fuzzy Logic: Methodische Einführung in krauses Denken. Reinbek 1994

Dubins, L. E./Savage, L. J.: How to Gamble if You Must. New York 1965/1976

Eigen, M./Winkler, R.: Das Spiel. München 1975

Epstein, R. A.: The Theory of Gambling and Statistical Logic. New York–London 1977 (rev. ed.)

Ethier, S. N.: Testing for Favorable Numbers on a Roulette Wheel. *Journal of the American Statistical Association*, Sept. 1982, 77/379

Fabricand, B. P.: The Science of Winning. New York 1979

Feyerabend, P. K.: Über Erkenntnis. Zwei Dialoge. Frankfurt a. M. 1992

Finkelstein, M./Whitley, R.: Optimal Strategies for Repeated Games. *Adv. in Appl. Probalility*, 1981 (13)

Focus: Lotto: Mit Hilfe der Statistiken lassen sich die Gewinne steigern. München, Nr. 52/1994

Fucks, W.: Nach allen Regeln der Kunst. Stuttgart 1968

Galbraith, J. K.: Baisse – Ein Professor mit Vermögen. Frankfurt a. M. 1992

Galbraith, J. K.: Finanzgenies – Eine kurze Geschichte der Spekulation. Frankfurt a. M. 1992

Garfunkel, S./Steen, L. A. (Hg.): Mathematik in der Praxis. In: *Spektrum der Wissenschaft*, Heidelberg 1989

Gödel, K.: Über formal unentscheidbare Sätze der Principia Mathematica und verwandter Systeme I. In: *Monatshefte für Mathematik und Physik* 38 (1931) 173–198

Golec, J./Tamarkin, M.: The degree of inefficiency in the football betting market; Statistical Tests. In: *Journal of Financial Economics* 30 (1991) 311–323

Goller, F. C.: Bube Dame Zocker Knast. Leinfelden 1970

Granger, C. W. J./Newbold, P.: Forecasting Economic Time Series. New York 1977

Griffin, P. A.: The Theory of Blackjack. Las Vegas 1981

Gröll, R.: Der Unmöglichkeitssatz von K. Arrow. In: *Jahrbuch Überblicke Mathematik 1975*; Mannheim

Gross, J.: Nur der Irrtum ist verläßlich. In: *Impulse*, Köln 6/1990

Guntern, G.: Gott spielt mit gezinkten Würfeln. In: *Finanz und Wirtschaft*, Zürich, 24.11.1993

Hanke, T.: Geruch nach frischem Geld; Börsenprofi macht Millionen mit System. In: *Die Zeit*, 22.9.1989

Haseloff, O. W.: Die Spieler. In: *lui*, deutsche Ausgabe, Nr. 10 (Okt.) 1978

Hasselblatt, D.: Spielregeln, Lebensregeln. In: *Frankfurter Allgemeine Zeitung*, 31.12.1982

Henn, R./Künzi, H. P.: Einführung in die Unternehmensforschung (I, II). Berlin−Heidelberg 1968

Hermes, H.: Aufzählbarkeit, Entscheidbarkeit, Berechenbarkeit. Berlin−Heidelberg−New York 1971

Hinder, A.: Portfolio-Optimierungsmodelle in der «Asset Allocation». In: *Neue Zürcher Zeitung*, 18.12.1990

Hoyle, F./Wickramasinghe, C.: Lifecloud; the Origin of Life in the Universe. New York 1978

Hüttner, M.: Prognoseverfahren und ihre Anwendung. Berlin 1986

Huff, D.: How to Lie with Statistics. New York 1954

Huff, D.: The Mathematics of Sex, Gambling and Insurance. New York 1959

Huizinga: Homo ludens (1938). Reinbek 1956

Illich, I.: Fortschrittsmythen. Reinbek 1978

Kaiser, R./Gottschalk, G.: Elementare Tests zur Beurteilung von Meßdaten. Mannheim 1972

Kauffman, S. A.: The Origins of Order. Self-Organization and Selection in Evolution. Oxford 1994

Kelly, J. L.: A New Interpretation of Information Rate. *Bell System Tech. J.*, 1956, Vol. 35, 917−926

Kimmel, S.: Roulette and Randomness. In: *Gambling Times*, December 1979

Klotz, J. H.: A Winning Strategy for Roulette. University of Wisconsin at Madison, 1993

Knight, F. H.: Risk, Uncertainty and Profit. Boston−New York 1921

Kohlas, J.: Die Darstellung und Verarbeitung vager und ungewisser Informationen. *Working Paper* N° 192, Okt. 1991, Institut für Automation and Operations Research, Univ. Freiburg/Schweiz

Kohlas, J.: Glaubwürdigkeit und Plausibilität. In: *Die Unternehmung*, 4/92, Bern

Koken, C.: Roulette; Computersimulation und Wahrscheinlichkeitsanalyse. München 1987 (2. Aufl.)

Laurent, H.: Théorie des Jeux de Hasard. Paris 1965

Lauwerier, H.: Unendlichkeit: Denken im Grenzenlosen. Reinbek 1993

Leib, J. E.: What's a Kelly Man To Do? In: *BlackJack Forum*, Oakland, Sept. 1993

Leib, J. E.: Why Kelly is Dead or The Ubiquitous «n → ∞». Presented at the *9th International Conference on Gambling and Risk Taking*, Las Vegas, Nevada, June 1994

Leigh, N.: Thirteen Against the Bank. New York 1976

Levinson, H. C.: Chance, Luck and Statistics. New York 1965

Lindlau, D.: Wenn der Goldjunge kommt. In: *Playboy* 4/1981

Lisch, R.: Spielend gewinnen? Chancen im Vergleich. *Stiftung Warentest*, Berlin 1983

Maas, P./Weibler, J. (Hg.): Börse und Psychologie. Köln 1990

Marigny de Grilleau: Le Gain Scientifique d'une seule Unité. Marseille 1926

Markowitz, H. M.: Portfolio Selection; Efficient Diversification of Investment. New Haven 1959–1970

Mehlisch, S.: Liebe auf den ersten Brief. Bergisch Gladbach 1992

Mehlisch, S./Basieux, P.: Markteffizienz, Nutzenfunktion und Innovation. Paper, 1991 (privat im Umlauf)

Neumann, J. v./Morgenstern, O.: Spieltheorie und wirtschaftliches Verhalten. Würzburg 1973 (3. Aufl.)

Noack, H.-J.: Die Deutschen im Spielrausch. In: *Der Spiegel*, Nr. 6/1988

Oehler, A.: «Anomalien» im Anlegerverhalten. In: *Die Bank*, 11/1991, 600–607

Othmer, K.: The Elements of Seven Card Stud. Cupertino/CA 1989–1992 (2nd printing)

Paulus, J.: Nicht gesucht und doch gefunden. In: *Die Zeit*, 7.1.1994

Perina, U.: Chancen wie beim Pferderennen; (Kapitalmarkt/DTB). In: *Die Zeit*, 19.1.1990

Perina, U.: Spielfeld für Zocker – Risiken an den Börsen. In: *Die Zeit*, 1.3.1991

Perrow, C.: Normale Katastrophen. Frankfurt a. M. 1989

Poincaré, H.: Science and Method. New York 1958

Popper, K. R.: Objektive Erkenntnis. Hamburg 1974 (2. Aufl.)

Randow, G. v.: Das Ziegenproblem: Denken in Wahrscheinlichkeiten. Reinbek 1992

Rapoport, A.: Decision Theory and Decision Behaviour. Dordrecht–Boston–London 1989

Rossi, S.: Roulette. Tavola di probabilità di guadagno sui numeri pieni. Genova 1982

Rucker, R.: Der Ozean der Wahrheit. Frankfurt a. M. 1988

Rüsenberg, M./Hohlfeld, A.: Black Jack. Düsseldorf 1986

Sachsse, H.: Kausalität – Gesetzlichkeit – Wahrscheinlichkeit. Darmstadt 1979

Schlesinger, D. E.: The Ups and Downs of Your Bankroll. In: *Blackjack Forum*, Oakland 1985, vol. 5/Nr. 2

Schneeweiß, H.: Entscheidungskriterien bei Risiko. Berlin–Heidelberg 1967

Schöneburg, E./Hansen, N./Gawelczyk, A.: Neuronale Netzwerke. Haar b. München 1990

Schumacher, M.: Börsen-Profi mit dem PC. Düsseldorf 1990

Scott, L.: How to Beat Roulette. Dona Ana 1990

Scott, L.: Biased Wheel Report. Dona Ana 1991

Sklansky, D.: Sklansky on Poker Theory. Las Vegas 1980 (rev. ed.)

Smith, G. J.: Optimal Strategy at Roulette. *Zeitschr. f. Wahrsch.theorie & verw. Gebiete*, 1967, 8, 91–100

Sorge, H.: Pokerprofis – eine Zunft mit Zukunft. In: *Der Spiegel*, Nr. 43/1988

Spektrum der Wissenschaft: Mathematik in der Praxis. Heidelberg 1989

Spiegel: Roulettbetrug: «Hm-krr-chch-zwo-zwo». Hamburg, Nr. 32/1989

Spiegel: Glücksspiele – Chips im Schuh. Hamburg, Nr. 30/1990

Steiner, M./Wittkemper, H.-G.: Aktienrendite-Schätzungen mit Hilfe künstlicher neuronaler Netze. In: *Finanzmarkt und Portfolio Management*, 1993, Nr. 4

Stern: Computerspieler. Hamburg, Nr. 21/1980

Stewart, I.: Does God Play Dice? The Mathematics of Chaos. Oxford 1989

Straus, J.: Million Dollar Poker Champion. In: *Hustler*, Dec. 1982

Tenbrock, C.: Zocken, was das Zeug hält. In: *Die Zeit*, 8.4.1994

Terheggen, E. H. M.: La Ruleta: Teoría y Práctica. Barcelona 1979

Thorp, E. O.: Beat the Dealer. New York 1962/1966

Thorp, E. O.: Optimal Gambling Systems for Favorable Games. *Rev. of the Int. Statistics Institute*, 1969, 3, 37

Thorp, E. O.: Physical Prediction of Roulette. Woodland Hills 1982

Thorp, E. O.: The Mathematics of Gambling. Secaucus 1984

Thorp, E. O.: The Kelly System. In: *BlackJack Forum*, Oakland, June 1993

Thorp, E. O.: Basic Strategy. In: *BlackJack Forum*, Oakland, June 1993

Thorp, E. O./Kassouf, S. T.: Beat the Market; A Scientific Stock Market System. New York 1967

Tversky, A./Kahneman, D.: Judgment under uncertainty; Heuristics and biases. In: *Science* (185), 1974

Vessillier, G.: Chances simples à la Roulette. Paris 1924

Vollmer, G.: Was können wir wissen? (Bd. 1) Stuttgart 1988 (2. Aufl.)

Wagenaar, W. A.: Numberhitting. Experimental Psychology / University of Leiden 1987

Waldrop, M. M.: Inseln im Chaos. Die Erforschung komplexer Systeme. Reinbek 1993

Wandschneider, D.: Die Gödeltheoreme und das Problem Künstlicher Intelligenz. In: *Ethik und Sozialwissenschaften* 1 (1990). Gödelsche Selbstreferenz und maschinelle Aspekte (ebenda)

Watzlawick, P.: Wie wirklich ist die Wirklichkeit? München 1976

Weizenbaum, J.: Die Macht der Computer und die Ohnmacht der Vernunft. Frankfurt a. M. 1977

Weymayr, C.: Blinder Alarm der Angst. In: *Die Zeit*, 18.2.1994

Wiley, D.: Understanding Gambling Systems. Las Vegas 1975

Wiley, D.: Money Management in the Casino. Las Vegas 1981

Wilson, A. N.: The Casino Gambler's Guide. New York 1965; 1970

Woitschach, M: Strategie des Spiels. Stuttgart 1968

Woitschach, M.: Logik des Fortschritts; unser Leben zwischen Zufall und Plan. Stuttgart 1977

Wong, S.: Professional Blackjack. La Jolla 1981

Wong, S.: Finding a Tilted Roulette Wheel. In: *The Player*, Atlantic City, Oct. 1990

Wong, S.: Blackjack Secrets. La Jolla 1993

Ziemba, W. T./Hausch, D. B.: Dr. Z's Beat the Racetrack. New York 1987

Register

Absageregel 78
Absagezeitpunkt 174 (→ Spielabsage)
Abstandshäufigkeit 202 f
Abweichungen 47 (→ Standardab.;
  Ecart)
– signifikante 39
adaptive Fitness 215
agonaler Angriff 65, 90, 111, 143, 183,
  204, 208
agonales Prinzip 27, 29–31, 53
Aktienkurs 239, 245 (→ Börse)
Allais, Maurice 250
Amerikanische Abstreichprogression
  60
Anfängerglück 56
Anfangsbedingungen 78, 88, 114, 200
– ballistische 188, 199 (→ Ballistik)
– gleiche 11, 80, 84 f, 112
– verschiedene 112
Annonce 148, 150, 189, 204
Anti-Progressionen 180 (→ Progressio-
  nen)
Arbitrage-Gewinn 246
Argumentationstheorie 234 f
Arrow, Kenneth J. 258
Aufspürstrategie 174 f
Auftreffvorteil 168, 172 f
Auftreffzahl 168
Ausgleichsgesetz 25, 47 f, 50 f, 61
Ausreißer 56, 106 f, 197
Aussagen
– unentscheidbar 262 f
– unterscheidbare 260
Ausstiegspunkt 146
Auszahlungsquoten, fixe 235 f
  (→ Gewinnqoten)
Avant-dernière 54
Axiom 260

Balinski, Michel 259
Ballistik 87, 111, 113, 119, 133, 137,
  147, 153, 177, 181, 185, 196, 199,
  205–207
– Bedingungen 145
– chaotische 79
– operationale 137
– reine 79
– sensible 79
Ballistikalgorithmus 96
Ballistikprogramm 183, 200 f
Ballistikrechner 88, 143, 147, 199, 208
Bank 20–22, 52, 157, 205
– betrügerisches Spiel 142
– Gegenmaßnahmen 181
Bankkapital 160
Bankvorteil 44, 83, 92, 140–142, 149
– mittlerer 157
Basler, Herbert 236 f
Bayessche Formel 229, 231, 234 f
Bellebaum, Alfred 220
Bennet, Charles 264 f
Bernoulli, Daniel 253
Bernoulli, Jakob 30, 35, 233
Bernoulli-Experiment 34, 40, 48
Bernoulli-Nutzen 255
Bernoulli-Verteilung 35, 40
Bieten 239
Bionomialverteilung 35 f, 38, 40, 43
Black Jack 28, 87 f, 235
Bluffen 239 (→ Poker)
– Motive 240
bold play 69–71, 73, 161, 164
Börse 31, 35, 242, 245
Börsenplatz 247
Börsenspekulation 28, 235, 238 f
Braitenberg, Valentin 228

Carré 179

Casinos 93, 105, 176 f

– Bad Dürkheim 152

– Baden-Baden 136, 152

– Bad Wiessee 98, 147

– Lindau 96, 98, 139

– Salzburg 147

– Valkenburg 146–148

– Wiesbaden 146, 152

Chaitin, Gregory 264 f

Chance 21 f, 24, 54, 162

– einfache 20–23, 54, 56, 63, 66, 166, 182

– mehrfache 36, 56, 150

Chancenteil 49, 54, 67

– komplementärer 61

Chaos 80 f, 208

Chaostheorie 30, 225

Cheval 14, 24 f, 150, 179

Chi-Quadrat-Test 107 f

Church, Alonzo 263–266

Clarius, W. 111

Coolidge, J. L. 69

Coup 15, 20, 33 f, 39 f, 49, 71, 73 f, 84, 99, 112, 115, 119, 123–129, 157, 164, 174, 200, 203, 225, 252 (→ Wurf-)

– Ergebnis 127, 129, 140, 154

– integraler 123

– Nahfilmaufnahmen 183

– Prognose 127, 129 (→ ebd.)

– Streuweite 184 (→ ebd.)

– Überschaubarkeit 48

– Variable 188

– Wiederholbarkeit 141

Coupfolge 53 (→ Marsch)

– bedienungsabhängig 84 f

– ununterbrochene 120

Croupier 11, 85, 111 f, 115, 120, 129, 136, 148, 150, 167

– Betrug 209

– Gleichmäßigkeitsgrad 11, 86, 113 f, 118, 121, 123 f, 126, 133, 138 f (→ Wurf-)

– linkshändiger 113

– Signatur 77, 111, 118

– veränderte Handhabung 79, 181

Croupier-Kessel-Ensemble 79

Croupier-Spieler-Team 141

Darstellungsspiele 27–29

Darwinsches Prinzip 211

Denken

– in Erwartungen 14, 252 (→ ebd.)

– in Streuungen 252 (→ ebd.)

– in Wahrscheinlichkeiten (→ ebd.)

– rationales 223 (→ Rationalität)

Determinismus 30, 189, 266

– schwache Form 15

– starke Form 32 f

Differenzengleichung 160, 162

Differenzspiel 56

Differenz-t-Test 107 f

Dominante 49

Dominantenspiel 53, 65

Doppler-Effekt 151

Dostojewski, Fjodor M. 35

«Dreckeffekt» 208

Drehkreuz 94, 115 f

Dreiercoup 54 (→ Coup)

Dubins, Lester 69 f

Durchführungsbedingungen 202

Dutzend 21, 26, 54, 63

Ecart 49 f, 61, 66

– absoluter 51

– negativer 61

– Rücklauftendenz 66

Einfallsektor 171 (→ Nummernkranz; Sektor)

Einsatz 12, 43, 138

– absoluter 164

– freier 23

– gesperrter 20, 23 f

– gleichbleibender 44, 72

– halbierter 23

– kombinierter 21

– schwankender 41

Einsatzabsage 79 (→ Absageregel; Spielabsage)

Einsatzbruchteil 165

– optimaler 166

Einsatzhöhe 54 f, 60 f

Einsatzmaxima 19–21, 23, 56, 62

– Definition 22
Einsatzminima 19–21, 62
Einsatzsignale 180, 182
Einsatzsplitting 67, 164
Einsatzstaffelung 73
Einsatzstrategie 69
Einsatzstück 13 f, 20 f, 56, 108, 155, 158, 161 f, 179, 200
Einsatzvariation 55
Einstein, Albert 47
Einzelwahrscheinlichkeit 38 (→ Wahrscheinl.)
Einzeleinsatz 109
Elementarereignis 13, 26, 34, 62, 76, 92 f
Entscheidungsproblem 263
Entscheidungsregel 255 f
Entscheidungssituation 250
Entscheidungstheorie 67, 213, 232, 235, 248, 251, 256
– klassische 249
Entscheidungsträger 257 f
Ereignismerkmal 12
Ereignisqualität 12
Ereignisvorrat 28
Erwartung 23–25, 161, 164, 251 (→ Erwartungswert)
– absolute/relative 204
– Anstieg 138
– Berechnung 25
– empirische 134, 140, 200, 202
– gleich Null 23
– mathematische 53, 55, 63, 76, 78, 158, 161, 164
– negative 24–26, 93, 129, 137, 156, 164, 180, 252
– positive 32, 55, 66, 69, 76, 78 f, 132, 134, 142, 152, 155, 161, 164, 166 f, 178, 180, 185, 205, 207 f, 237, 242
Erwartungswert 13 f, 24, 38 f, 48, 56, 162 (→ Zufallsvariable)
– Gewinnrate 74
– negativer 14, 26, 61–63, 67, 142
– positiver 65
– Schwankungen 62
Euler, Leonhard 261
Evidenztheorie 232

Evolution 211 f
Expertensysteme 232

Fächerkranz 94, 97, 106, 118, 200
Farbchance 49 (→ Chance; Rot; Schwarz)
Favoriten 83, 242
– echte 90
– signifikante 96 f
– statisches Aufsuchen 14
Favoritenspiel 65
Fehlerquellen 131
Fermat, Pierre de 30
Feyerabend, Paul 266
Fredrickson, Brent 167
Fucks, Wilhelm 77, 111

Gagnante 54
Galton-Brett 36
gambler's fallacy 33, 35, 50
Gaming Control Board 142
Gauß, Carl Friedrich 30
Gaußsche Fehlerkurve 40, 42, 131
Gaußverteilung 35, 40
Gegenmarsch 180 (→ Marsch)
Gegenwahrscheinlichkeit 36
Gesamtstreuung 46, 66 f, 131, 234 (→ Streuung)
Gesellschaftsspiel 29
«⅔ Gesetz» 49
Gesetz der großen Zahlen 12, 25, 44, 46–49
– schwache Form 48
Gesetz der Serie 48
Geschicklichkeit 30, 168–170, 172, 174 f, 238
– ballistische 167 (→ Ballistik)
Geschicklichkeitsspiel 27–29, 237
Gewinn 22, 28, 53, 55 (→ Erwartung)
Gewinnauszahlung 22, 25, 138
– konstante 25
Gewinncoup 58 f, 72
Gewinnentwicklung 158
Gewinnerwartung → Erwartung
Gewinnmoment 25
Gewinnoptimierungsfunktion 244
Gewinnplan 19, 24

Gewinnprogression 55, 58, 66, 72, 180
    (→ Progression; Verlustprogression)
Gewinnquote 236, 241
– Massenpsychologie 239, 241
Gewinnsaldo 56, 69
– positiver 55, 57, 71–73
Gewinntabelle 13, 21, 62
Gewinnverteilung 24 f
Gewinnwahrscheinlichkeit 12, 22, 25 f,
    64, 74, 158, 162, 165 (→ Wahr-
    scheinl.)
– hundertprozentige 14
– Maximierung 12, 14, 26, 69
Gewinnziel 70 f
Gewinnzuwachs 164
Glaubwürdigkeit 228, 232 f
Gleichverteilung 185, 202, 209
    (→ Normalv.; Verteilung)
Gleichwahrscheinlichkeit 35, 62, 234,
    236 (→ Wahrscheinlichkeit)
Glockenkurve 40 f
Glücksspiel 27, 29
– Regeln 27
Glückssträhne 82, 176
Gödel, Kurt 260, 262, 264–266
Gödels Satz 261, 263 f
Goldbach, Chr. 261
Goldbachsche Vermutung 261
Graham, Ronald 214
Grenzwertaussage 47
Grenzwertbildung 50
Grenzwertsatz, zentraler 43

Halteproblem 262
Hard, Iver 242
Harsanyi, John 29
Haseloff, Otto W. 30
Häufigkeit 47–49
– absolute 49
– relative 12
Häufigkeitsabweichung 102–105 (→
    Nummernhäufigkeit)
– zufällige 104
Häufigkeitsbauch 200
Häufigkeitsdifferenz 50
Häufigkeitsverteilung 35, 38, 108
    (→ Nummernhäufigkeit)

– Raute 198 (→ ebd.)
Hebelwirkung 167, 170 f, 177, 209
Heuristik 15, 231, 251
Hibbs, Albert 83
Hilbert, David 260, 262
Hochrisiko-Roulette 215
homo criminalis 242
homo irrationalis 30, 242
homo ludens 15, 30, 35
– emotionalis 205, 242, 251
– rationalis 82, 251
homo oeconomicus 35, 244, 250

Illich, Ivan 219
illusionary correlation 31
Impair 21
Information
– relevante 111, 140, 167, 205, 243
– unvollständige 238
– unzuverlässige 230 f
– verteilte 231
– widersprüchliche 234
Informationstiefe 265
Informationsverarbeitung 225, 231,
    246
Informationsverlust 230
Innovationszyklus 247
Innovatoren 246, 248
Irrtumswahrscheinlichkeit 106, 109,
    161

Jackpot 143
Jaggers, William 82
Jarecki, Richard 11, 84, 92, 96

Kapitalbedarfstabelle 162 f, 168
Kapitalmärkte 244
Kartenspiel 28 f
Kelly-Regel 164, 166
Kessel 11, 39, 167, 176, 179, 205
– amerikanischer 132
– europäischer 132, 148
– fehlerfreier 78 f, 86
– flacher 185
– Gedächtnis 34
– idealer 186
– Referenzpunkt 188

– Tilt 138, 190 (→ Kesselschieflage)
– Zuverlässigkeit 39
Kessel, fehlerhafter 65, 78, 87, 90, 105
– Angriff auf 82
– Auswirkungen richtungsabhängig
  99
– Steckbrief 94 f
– Ursachen 84
Kesselanordnung 125, 127
Kesselfehlerspiel 11, 84, 90, 92 f, 96,
  98, 118
– negative Erwartung 91
Kesselgucker 11, 79, 89, 142,
  145–147, 149, 152–154, 167, 171,
  173, 181, 194, 206 f, 209
Kesselhälfte 138, 140 f, 166, 178 f
– durchlöcherte 178
Kesselhersteller 83, 139
Kesselidentifikation 94
Kessel-Kugel-Croupier-Bedingungen
  169, 175
Kessel-Kugel-System 112, 198 f
Kesselmanipulation 208
Kesselrand 76
Kesselsektor 64, 84, 92
Kesselschieflage 122, 139, 189–191,
  194
Kesselvertauschung 106
Kimmel, Stephen 85
Knight, F. H. 251
Kohlas, Jürg 230, 235
Koken, Claus 54, 74
Kollision → Kugel
Kollisionsdiagramm 112, 122, 191 f
Kollisionsort 151, 198
Kollisionsraute 122, 184–186, 190,
  192, 195, 199, 202 (→ Raute;
  Kugel, Kollisionen)
Kollisionszahl 122
Kollisionszeit 151, 192 f, 196, 198 f
– Streuung 191
Kolonne 21
Kompensationseffekt 194
Komplexität 216
Kreuzarm 84, 114 f, 121
Kreuzliste 100 f
«Kronberger Kessel» 91

Kugel 11 f, 15, 113 f, 167
– Abwurfort 123–126, 128, 130
– Auftreffort 168
– Fall 36 f, 167–170, 175
– Gedächtnis 25, 34, 51
– Geschwindigkeit 188
– Handhabung 174 (→ Croupier)
– inhomogene 205
– Kollisionen 139, 183, 185, 190 f,
  196, 198
– Mehrfachkollisionen 185 f
– Rücksprung 185 f
– Streuverhalten 112, 122, 169, 183,
  185–187, 189, 193–195, 198, 202
– Wurfrichtung 125, 191
Kugelbahn 81 f, 195 (→ Kugellauf)
– Bremseffekt 151 (→ Kollisionsraute;
  Raute)
Kugelbeschaffenheit 139
Kugeleinfallbereich 193 f, 197
Kugellauf 183 f, 186 f, 189, 191
– deterministischer 189
– Gesetzmäßigkeit 183
– Phasen 183, 186
– Rauten 209 (→ ebd.)
– unregelmäßiger 186
Kugelortung 151
Kugelposition 144, 191
Kugel-Scheibe-Ballistik 78 (→ Ballistik)
Kugelsprungweite 131
Kugeltausch 181
Kugelumlauf 123 f, 145, 150, 179, 188
– Akustikanalyse 154
Kugelumlaufzeit 112 f, 139, 143 f, 192,
  194, 198 f
Kugelwurf 33, 76, 111, 120, 123
  (→ Coup; Wurf-)
– Gleichmäßigkeit 112, 123 (→ Crou-
  pier, ebd.)
Künstliche Intelligenz 207, 232, 246
Kursbewegungen 245

Laplace, Pierre S. 30
Laplace-Experiment 33 f
Laplacescher Dämon 33 f, 78, 82
Leonardo da Vinci 32
Lernstrategie 174

Lerntabellen 226 f
Linie 20
Lorenz, Edward 80
Lorenz-Sinaj-Modell 81
Lösungsalgorithmus 262
Lotto 28, 235, 237 f (→ Tippreihen)
Lykken, David 221 f

Mach, Ernst 47, 248
Manque 26, 146, 178 f
Markoff-Kette 115
Markowitz, Harry 253
Markteffizienz 243 f, 246 f
– 3 Formen 244
Markteffizienzhypothese 243 f, 246
Marsch 53 f, 66, 180 (→ Gegenmarsch)
– überlegener 54
Martingale 56, 70, 72–74
– Progression 74 (→ ebd.)
Masse-égale-Spiel 54–56, 66, 72, 108, 162 f, 166
Mehlisch, Stefan 223 f
Mehrfachmartingale 59 f
Mehrfachparoli 57
Meßballistik 209 (→ Ballistik)
Meßfehlerfortpflanzung 189
Minimum-Stück 70, 73 (→ Einsatz-stück)
Minusécart 49, 51
Mittelwert 24 (→ Streuung)
– empirischer 45, 48
Monte-Carlo-Regeln 119
Morgenstern, Oskar 255
Multinomialverteilung 36
Mutation 211

Nalimov-Test 107 f
Nash, John 29
Nebenraute 202 (→ Kollisionsraute; Raute)
Neumann, John von 255
Neumann-Morgenstern-Nutzen 255
neuronale Netze 246, 248
Normalverteilung 35, 40 f, 43, 50, 102, 132, 256 (→ Zufallsvariable)
– standardisierte 41
Nullécart 50 (→ Ecart)

Nullsummenspiel 236
Nummer 13 f, 18–22, 34, 36, 90, 157, 176, 200 (→ Cheval; Plein)
– benachbarte 178, 200
– prognostizierte 178
– signifikante 93 f
Nummernfach 15, 78, 91, 131 f, 134, 139, 184, 190
– fehlerhaftes 78
Nummernhäufigkeit 97, 108
– absolute 102
– Abweichungen 91, 100, 102–104
Nummernkombination 22, 24
Nummernkranz 83 f, 94, 97, 118 f, 125, 140, 145, 177, 185
– Position 144
– Sektoren 21, 140, 143, 168, 170
– Verdrehung 94, 106
Nutzenerwartung 255
Nutzenfunktion 253 f

operationale Größen 62 f
Operation Research 213 f, 232
Optimierung 213 f
Ordnung 77, 81, 111 (→ Chaos)
Orphelains (Waisen) 21, 208

Pair 21
Parolisatz 57 f
Parolispiel 57 f, 72
Partnerwahl 220–223
– gegenseitige 221
Pascal, Blaise 30, 223
Passe 26, 146, 173, 176, 178 f
Passen 239
Pearson, Karl 76, 82
Perdante 54
Permanenz 49, 51, 64 f, 82, 84, 92, 94, 96, 104 f, 118 f
– handelsübliche 119 f
– offizielle 98 f
Permanenzerfassung 181
Permanenzverlauf 58
– ungünstiger 56
Perrow, Charles 216, 218 f
Plaques 148
Platzer 67, 70

Plausibilität 228, 232, 234
Plein 13 f, 19, 24 f, 140, 142, 148,
    162 f, 179 (→ Nummer)
Pleingewinn 22, 43
Pleinspiel 166
Pleinverlust 43
Plünderungsstrategie 176
Poincaré, Henri 76, 86, 189
Poisson-Verteilung 40
Poker 28, 235, 238, 240
Police de Jeu 142
Popper, Karl 248
Portfolio 243, 245, 247
– Optimierung 244
Post, Emil 264
Prädiktor 199, 203
– Lerntabellen 199 (→ ebd.)
Präferenz, kollektive 257 f
Präferenzordnung 257
Präzisionskugellager 190
Primzahlen 261
Privatrisiko 218
Prochaine 54
Prognose 207, 225, 241, 244
    (→ Sektor, p.)
– ballistische 226 (→ Ballistik)
– deterministische 225
– naive 245
– treffsichere 245
Prognoseaspekte 225
Prognosesatz 179
Progression 55 f (→ Gewinnp.;
    Verlustp.)
– holländische 60
Progressionsabbruch 74
Progressionsparameter 58 f, 61
Progressionssatz 72
Progressionsschema 61
Progressionsspiele 55
Progressionsvariante 55

Quanteneffekt 198

Random-Walk-Hypothese 244
Randow, Gero von 229
Rationalität 249–252, 265
– kollektive 258

– operationale Definition 250
Raute 11, 15, 133, 144, 186–188,
    192, 199, 209 (→ Kollisionsraute)
Rauteneffekt 122, 189–192, 195
Referenzraute 123–127, 129 f, 188
Regressionsgerade 197 f
Reingewinn 132 f
Reingewinnüberschuß 93, 156
«Rentensystem» 25
«Restante» 49, 66
Restantenspiel 53, 65, 94
Restriktion 62, 71
Restrisiko 59, 74 f, 95, 209 (→ Spiel-
    system; Risiko)
– echtes 245
Rhombe → Raute
«Rhythmik-Spieler» 143
Rien ne va plus 15, 181, 189, 200
    (→ Absageregel; Spielabsage)
Risiko 218, 254 (→ Restrisiko)
– freiwilliges 218
– kontrollierbares 217
– systematisches 245
– unfreiwilliges 218
– unsystematisches 245
Risikoanalyse 216–218, 220
Risikobewußtsein 216 f, 219
– objektives 251
– verzerrtes 251
Risikokapital 12
Risikooptimierung 247
Risikosituation 249, 255
Risikostreuung 46, 67, 245
Rose, Armin 136 f, 139
Rot 21, 28, 34 f, 48 f, 54, 159
– Häufigkeit 49
Rotation 49, 100 f, 117
Rotor-Kugel-Paar 145
Roulette 11, passim (→ Spiel-)
– ballistisches 78, 86, 182, 206, 209,
    227 (→ Ballistik-)
– bedienungsabhängiges 85
– chaotisches System 208
– gemischter Spieltyp 29
– gleichmäßiges 77
– komplexes System 30
– mathematisch perfektes 61

– physikalisches 180, 225
– wissenschaftliche Aspekte 29 f
Roulette, fehlerhaftes 77, 91, 183, 208
Roulette, klassisches (fehlerfreies) 32,
    39, 53–55, 58, 66, 69, 156
– bedingter Gewinn 57
– Gewinnerwartung 63, 65, 67
– operationale Größen 62
– Zufallsereignisse 51
Roulette, nichtklassisches 76–79, 180
Roulettecomputer 145
Roulettekessel → Kessel
Rucker, Rudy 265, 267
Rückwärtsrechnen 144, 146
Ruinereignis 168
Ruinformel 159 f
Ruinproblem 158
Ruinwahrscheinlichkeit 159–164

Sauteuse 54
Savage, Leonard 69 f
Schätzungen 167, 252
Scheibe 15, 114, 116, 167
– gewellte 91 f, 98, 104
– rotierende 185 (→ Rotation)
– stillstehende 184 f
Scheibendrehsinn 11, 91, 112–115,
    120, 125, 127–129, 133, 200
– Richtung 99–102, 112, 119, 121,
    181
Scheibengeschwindigkeit 144, 175,
    185, 188
Scheibenposition 123, 190, 195
Scheibenumlaufzeit 112 f, 143, 188 f,
    199
Schließen 232 f
Schneeweiß, Hans 250
Schwarz 21, 34 f, 48 f, 54
– Häufigkeit 49
Scott, Laurance 154, 168
Sektor 15, 85, 115, 146, 167, 170 f,
    177 (→ Kesselsektor; Nummern-
    kranz, S.)
– bevorzugter 138
– durchlöcherter 178
– enger 171, 178
– Fünfer 172, 204

– Fünfzehn 173
– Neuner 168 f
– prognostizierter 129 f, 174, 178
– Umfang 207
Selbstdisziplin 152, 155
Selbstorganisation 211 f
Selektion 211
Selten, Reinhard 29
Serie
– große 21, 129, 167, 171, 208
– kleine 21, 143, 167, 171, 208
Serienspiel 171
Setztechnik 171, 175, 177 f, 180
Shannon, Claude 87
«3-sigma-Kriterium» 33, 39 f, 43, 51,
    71, 99 (→ Standardabweichung)
Signale 180
Signalisieren, verkehrtes 240
Simulation 227
Sinaj, Ja. G. 80
Smith, Gerald 69 f
Sortante 54
Spannung 50 f, 66
Spiel 27, 30
– agonales 27
– aleatorisches 27, 30
– limitiertes 66
– mathem. Behandlung 29
– strategisches 29
– (un)günstiges 161, 163
Spielabsage 181, 188, 206, 209
Spielbank → Bank
Spieler 22, 30, 33 (→ Systemspieler)
Spielfolgebeschränkung 71, 73
Spielkapital 70 f, 108–110, 159–161,
    165 f
– begrenztes 67
– Einzeleinsatz 158
– Fluktuationen 43 f, 155–157, 177
– geringes 156, 164
– Höhe 31, 62, 159, 178
– unendlich großes 56
– Verdoppelung 160 f
– Wachstumsrate 165 f
Spielraum 27 f, 55
Spielstrategie 174
Spielstrecke 55, 57, 59, 61, 65, 73

– begrenzte 66 f
– maximal erlaubte 75
Spielsystem 32, 50, 63, 66, 71, 156,
    180, 253
– Kardinalfehler 65 f
– klassisches Roulette 64, 72 (→ ebd.)
– kommerzielles 52
– mathematisches 11
– positive Erwartung 156
– Restrisiko 66
– sinnvolles 67
Spieltheorie 29
Spieltyp, gemischter 28 f
Spielvorschläge 67
Sportwetten 28, 235, 238 f
Standardabweichung 38–41, 43, 48,
    61, 63, 99, 102, 107, 157
– positive 43
Standardform 41
Standardstreuweitenabstand 193
Statistik 29, 115, 249
– angewandte 46 f
Stege 83, 95, 187
– Elastizität 91, 95
– fehlerhafte 78
– Höhe 91 f, 99
– manipulierte 210
Stellentilgung 180
Stellentilgungsspiel 56, 58–61
Stochastik 30, 34 (→ Zufall-)
Strategie 14
– kühne 70 (→ bold play)
– optimale 69
– schüchterne 166
Streusetztechnik 177–179, 207
Streuung 45, 106 f, 112, 177, 251
    (→ Kugel, S.)
– empirische 44, 131
– Gesetz 45 f
– Mittelwert 42 f, 107
Streuungsquadrat 48
Streuweiten 185 f, 193–195, 198
    (→ Kugel, Streuverhalten)
Streuweitenverteilung 184 f, 202
Stück → Einsatzstück
Suboptimum 213, 215
Systeme, dynamische 80

– Chaos 80
– komplexe 211
Systemerfinder 35, 51, 65, 156
Systemier → Systemspieler
Systemspieler 31 f, 52, 64, 140, 176, 178

Tableau 18, 21, 64, 174, 179
Tarnsätze 179
Tarnung 176 f, 207
Tarski, Alfred 263, 265
Tellegen, Anke 221 f
Tests, statistische 107–109
Thiele, Jacques 138
Thorp, Edward 85, 87 f, 132
Tilgungssteuerung 67
Tilt 138, 190
Tippreihen 237 f (→ Lotto)
– seltene 238
Tischmaximum 57, 70
Tischminimum 57
Totalverlust 74 f
Tournante 54
Transaktionskosten 244 f
Transitivität 258 f
Transversale 63
Transversale pleine 179
Trefferquote 207
– Erhöhung 170
Trefferwahrscheinlichkeit 93, 167, 183
Treffsicherheit 140
Tronc 13, 20, 24 f, 43, 52, 66, 93, 133,
    140–142, 148 f, 163, 169, 207, 252
Tuning 59
Turing, Alan 262, 264 f

Überbieten 240
Überkreuznummern 125, 127, 129
Überlagerung 72
Überlagerungsspiel 56
Überrenditen 244, 246–248
Umdrehungsirrtum 127, 194
Umsatzrendite 202
Ungewißheit 13, 230 f, 233, 250 f, 255 f
– Quantifizierung 249
Unmöglichkeitssatz 258 f
Unordnung 77, 111
Unschärferelation 259

Unternehmensforschung → Operation Research

Unvollständigkeitssatz 264 (→ Gödels Satz)

Varianz 38 f, 171, 177−179
− empirische 48
Verlust 28, 164 (→ Erwartung, negative)
− Verdoppelung 25
Verlustbegrenzung 155
Verlusteinsatz 58
Verlustentwicklung 158
Verlustprogression 55−60, 67, 72−74, 180 (→ Progression)
Verlustrechnung 23
Verlustrisiko 180
Verluststrecke 156 f, 168
Verlustwahrscheinlichkeit 159, 162, 165
Verschlüsselungssystem 62
Verteilung 35, 45, 115
− abflachende 185
Verteilungsklassen 35
Verteilungsschema 23
Verteilungstest 107 f
Viertelchance 24
Vorteilberechnung 168−170, 173

Wagenaar, Willem 140
Wahrheiten, einfache 264
Wahrheiten, künstliche 260
Wahrscheinlichkeit 12, 24, 33 f, 36, 47 f, 61, 168, 228 f, 232, 234, 251, 256 (→ Zufall)
− a priori 235
− bedingte 235
− einfache 22 f
− konstante 25
− «wahre» 12
Wahrscheinlichkeitsrechnung 12, 29 f, 33, 48, 69, 213, 223, 230 f, 233, 249
Wahrscheinlichkeitstabelle 156
Wahrscheinlichkeitstheorie 44, 46 f, 115, 256
Wahrscheinlichkeitsverteilung 63, 249, 251 f

− klassische 40
− Streuung 253
− Ungleichverteilung 238
Walford, Roy 83
Wertpapiergeschäft 243 f
Wetteinsatz 228
Wetten 241 (→ Sportwetten)
Wettervorhersage 225−227
Weymayr, Christian 217
Widerspruchsfreiheit 256, 264
Wilson, Allan 83, 85, 87 f, 140
Winkel, Benno 11
Wurfbedingungen 78, 139
Wurfcroupier 15, 79, 140, 149, 181 (→ Croupier)
Wurfgeschwindigkeit 86
Wurfhand 85, 114, 119
Wurfmaschine 138
Wurfmuster 144
Wurfserie 121
Wurfweite 11, 86, 112, 130, 133, 175, 208
− gleichmäßige 131 (→ Croupier, Gleichm.)
− Mittelwert 115, 133
− signifikante 118−121, 134 f
Wurfweitenballistik 148 (→ Ballistik)
Wurfweitendifferenz 112
Wurfweitenfolge 134, 210
Wurfweitengucker-Methode, vereinfachte 123, 126, 130 f
Wurfweitenschwerpunkt 133
Wurfweitenspiel 84−86, 111, 119, 167, 174, 181
Wurfweitenwanderung 133 f, 135, 181

Young, H. Peyton 260

Zero 20, 23 f, 74, 129
Zeroregel 159
Zielgewinn 70
Zielsektor 11 f (→ Sektor)
Zielwurf, aktiver 136 f, 171, 209 f (→ Croupier)
Zocker 71, 111, 152, 176, 180
Zufall 27−30, 34, 51, 65, 81, 140, 168, 210, 223, 230, 249

– absoluter 77
– Abweichungen 32, 76, 108, 180, 205, 208 f
– gesiebter 68
– künstlicher 208 f
– perfekter 208
– reiner 205, 242
Zufallsexperiment 33 f, 36, 46, 48
Zufallsgewinn 11
Zufallsgröße 252
Zufallsmechanismus 28
Zufallsschwankung 39, 43, 46, 156
– Totalverlust 46

Zufallsspiel 27
Zufallsvariable 23 f, 33, 35, 40 f
– binomial verteilte 39
– Erwartungswert 44
– Kennzahlen 38
– Mittelwert 24, 38
– normal verteilte 43
– Streuung 38
– Wahrscheinlichkeit 36, 38
Zufallsverteilung 90
Zufallszahlen 227
Zweiercoup 54 (→ Coup)

Die Reihe rororo «science» bietet Lesern, die sich für Naturwissenschaft und Technologien interessieren, aktuelle und verläßliche Informationen. Die Autoren sind Wissenschaftler und Wissenschaftsjournalisten, die ohne Formelhuberei und Fachkauderwelsch, dafür mit Sachverstand, Witz und farbiger Sprache über verschiedene Bereiche der Forschung und deren Auswirkungen auf unser Leben berichten.

Bernhardt Borgeest
Ein Baum und sein Land
24 Symbiosen
(rororo science 9536)
Ein neuer, ungewohnter Blick auf unsere knorrigen Gesellen - der Baum ist nicht nur aus botanischer Sicht faszinierend, sondern auch als kulturhistorisches und ethnologisches Phänomen: als Symbol idealer menschlicher Eigenschaften, als Ort der Riten und des Richtens, als Nationalheiligtum und schnöder Holzlieferant ist er aus unserer Geschichte und Gesellschaft nicht wegzudenken.

Claus Emmeche
Das lebende Spiel
Wie die Natur Formen erzeugt
(rororo science 9618)

Christoph Drösser
Fuzzy Logic
Methodische Einführung in krauses Denken
(rororo science 9619)
Alle reden von Fuzzy Logic - und keiner weiß genau, was das ist.

Der Wissenschaftsjournalist Christoph Drösser lädt ein zu einer vergnüglichen Zickzackfahrt durch Fuzzyland: die Grauzonen der graduellen Übergänge, des Noch-nicht-und-nicht-Mehr.

Michel Jouvet
Die Nachtseite des Bewußtseins
Warum wir träumen
(rororo science 9621)

Robert Ornstein/Richard F. Thompson
Unser Gehirn: das lebendige Labyrinth
(rororo science 9571)
«Unter den Veröffentlichungen der letzten Jahre auf dem Gebiet der Hirnforschung erhält das Buch seinen besonderen Stellenwert durch die eindrucksvollen Zeichnungen von Macaulay, der mit ungewöhnlichen, perspektivischen Darstellungen der Gehirnstukturen auch den vorgebildeten Leser verblüfft.»
bild der wissenschaft

Angelika Anders-von Ahlften/
Jürgen Altheide
Laser - das andere Licht
(rororo science 9664)
Erhältlich ab August '94.
Laser - das andere Licht: Was
ist das? Wie funktioniert es?
Was kann man damit
machen? Immer mehr
Menschen haben mit dieser
wichtigen technischen
Neuerung zu tun: in der Meß-
und Informationstechnik, in
Labors und Fabrikhallen, in
medizinischen wie in
künstlerischen Berufen.

John D. Barrow
Theorien für Alles
*Die Suche nach der
Weltformel*
(rororo science 9534)
Erhältlich ab September '94.
«Alles» ist ein großes Wort.
Gibt es eine Theorie, in der
alle Naturkräfte und -gesetze
vereinigt sind und die das
Weltgeschehen vom Anfang
bis zum Ende erklären kann?
Das ist die zentrale Frage der
Naturwissenschaft. Schon
Sokrates geriet bei diesem
Gedanken ins Schwärmen -
und Ende des 20. Jahrhun-
derts zeigen sich Wissen-
schaftler wie Stephen W.
Hawking zuversichtlich: «Es
ist möglich, daß uns eines
Tages der Durchbruch zu
einer vollständigen Theorie
des Universums gelingt.»

Adrian Desmond/James
Moore
Darwin
(rororo science 9574)
Erhältlich ab Mai '94.
Als «erste wirkliche Darwin-
Biographie» würdigte die

britische Presse dieses Werk,
das in weiten Teilen erst seit
wenigen Jahren zugängliches
Material auswertet: die
umfangreichen geheimen
Tagebücher und die 14.000
Briefe umfassende Korrespon-
denz. «Desmond und Moore
haben aus dieser Fundgrube
ein Darwin-Bild von bislang
nicht denkbarer Lebensnähe
rekonstruiert», schreibt Peter
Brügge in seiner *Spiegel*-
Rezension.

Gaby Miketta
Netzwerk Mensch
*Den Verbindungen von
Körper und Seele auf der
Spur*
(Rororo science 9662)
Erhältlich ab Oktober '94.
Der Mensch als Netzwerk:
Wie wir uns fühlen, wie wir
mit Belastungen fertig
werden, wie anfällig wir für
Erkrankungen sind - all das
hängt mit der stetigen
Wechselwirkung von
Nerven-, Hormon- und
Immunsystem zusammen,
dem Forschungsfeld der
neuen Wissenschaft
«Psychoneuroimmunologie».

Physik im Strandkorb *Von Wasser, Wind und Wellen*
Deutsch von
Helmut Mennicken
Mit Illustrationen von
Gloria Walters
(rororo science 9683 -
erhältlich ab Juli '94 - und als
gebundene Ausgabe im
Wunderlich Verlag)
Wie kommt das Salz ins
Meer? Warum gibt es Ebbe
und Flut? Wieso rollen die
Wellen immer parallel auf den
Strand zu?
«Ein herrlicher Ausflug vom
Strand bis ans Ende des Son-
nensystems.»
The New York Times

Physik in der Berghütte *Von Gipfeln, Gletschern und Gestein*
Deutsch von
Helmut Mennicken
(rororo science 9382 und als
gebundene Ausgabe im
Wunderlich Verlag)
James Trefils Streifzüge
durchs Gebirge sind keine
schweißtreibenden
Kletterpartien, sondern
lustvolle Gedankenreisen: von
Felsmassiven zur Geschichte
der Erde, vom sprudelnden
Gebirgsbach zu Strömungs-
lehre und Chaostheorie, vom
Drehwuchs der Bäume zum
Ursprung des Lebens.
«Trefil ist einer der wenigen
Wissenschaftler, die dem
Leser nicht nur die wissen-
schaftlichen Sachverhalte,
sondern auch den Spaß daran
vermitteln.»
Los Angeles Times

1000 Rätsel der Natur
Deutsch von
Helmut Mennicken
(als gebundene Ausgabe im
Wunderlich Verlag)
In lebendiger Sprache werden
die Grundlagen der Biologie,
der Physik, der Geologie und
Astronomie dargestellt. Wir
erfahren aber auch, was der
Daumen des Panda-Bären
evolutionsgeschichtlich bedeutet, warum wir alt werden, warum Blumen einst für
das Dinosaurier-Sterben verantwortlich gemacht worden
sind und was Computerviren
mit Krankheitserregern gemeinsam haben.

Fünf Gründe, warum es die Welt nicht geben kann *Die Astrophysik der Dunklen Materie*
(rororo science 9313)

Kosmologie und Astrophysik

Ausflüge ins All

Peter W. Atkins
Schöpfung ohne Schöpfer *Was
war vor dem Urknall?*
(rororo sachbuch 8391)

Reinhard Breuer (Hg.)
Immer Ärger mit dem Urknall
*Das kosmologische Standard-
modell in der Krise*
(rororo science 9323)

Rudolf Diehl
Sonne, Mond und Sterne
*Unser Sonnensystem -
Ein Überblick*
(rororo sachbuch 9305)

Hans Elsässer
Weltall im Wandel
Die neue Astronomie
(rororo sachbuch 8361)
Die Astronomie, zu deren
führenden Vertretern
Professor Hans Elsässer zählt,
entwirft heute ein neues Bild
vom Weltall. Durch das stark
erweiterte Arsenal ihrer
Beobachtungsmethoden hat
sich die älteste Wissenschaft
von der Natur in jüngster Zeit
geradezu explosiv entwickelt.
Werden und Vergehen im
Kosmos ist eines ihrer
zentralen Forschungsthemen.
Hans Elsässers reich bebilder-
te Darstellung bilanziert
umfassend und prägnant diese
«neue Astronomie».

Tor Nørretranders
Der Anfang der Unendlichkeit
Essay über den Himmel
(rororo science 9528)

Reinhard Breuer (Hg.)
Immer Ärger
mit dem Urknall
Das kosmologische
Standardmodell
in der Krise

James Trefil
**Fünf Gründe, warum es die Welt
nicht geben kann**
*Die Astrophysik der Dunklen
Materie*
(rororo science 9313)
«Trefils Buch ist eine
faszinierende Chronik der
geistreichen Versuche, mit den
Problemen der heutigen
Modelle des Universums zu
Rande zu kommen - ohne
technische Details, Formeln,
komplizierte Diagramme und
in einfacher, klarer Sprache.»
Wiener Zeitung

rororo sachbuch